Religion im Kindergarten

Gesammelte Beiträge für die Praxis
Herausgegeben von Hermine König

Kösel-Verlag

Herausgegeben im Auftrag des Zentralverbandes katholischer Kindergärten und Kinderhorte Deutschlands e. V. von Hermine König, Redakteurin der Zeitschrift »Welt des Kindes«

CIP-Kurztitelaufnahme der Deutschen Bibliothek

Religion im Kindergarten: ges. Beitr. für d. Praxis / hrsg. von Hermine König. [Hrsg. im Auftr. d. Zentralverb. Kath. Kindergärten u. Kinderhorte Deutschlands e. V.]. – München: Kösel, 1980.
ISBN 3-466-36059-5

NE: König, Hermine [Hrsg.]; Zentralverband Katholischer Kindergärten und Kinderhorte Deutschlands

ISBN 3-466-36059-5

Satz, Druck und Bindung: Kösel, Kempten
Umschlaggestaltung: Günther Oberhauser, München, unter Verwendung einer Kinderzeichnung, Archiv: K. H. König.

Inhalt

IV Advent und Weihnachten

V Ostern – Fest der Lebensfreude

Vorwort

In den siebziger Jahren stand die Diskussion um die Vorschulerziehung im Mittelpunkt des öffentlichen Interesses. In Verbindung mit der Sozialisationsforschung gewannen auch die Fragen der religiösen Elementarerziehung einen anderen Stellenwert. Religiöse Erziehung war zwar immer schon ein Schwerpunkt kirchlicher Kindergartenarbeit, aber im Verlauf der allgemeinen Curriculumsdiskussion wurde es notwendig, diese dort einzubeziehen.

Seit 1971 hat sich die Zeitschrift »Welt des Kindes« in zwei Heften jährlich mit diesen anstehenden religionspädagogischen Fragen auseinandergesetzt. Die meisten Hefte sind inzwischen vergriffen. Die ständige Nachfrage nach Beiträgen zeugt für ihre anhaltende Aktualität. So entstand die Idee, in einem religionspädagogischen Sammelband die wichtigsten Beiträge erneut für die Praxis verfügbar zu machen.

Es wäre eine lohnende Aufgabe, die gesamte Entwicklung der religionspädagogischen Diskussion, wie sie in der Zeitschrift sichtbar geworden ist, zu dokumentieren. Aber das wäre für den geplanten Sammelband zu umfangreich geworden und sicherlich für den Leser, der sich täglich mit den Anforderungen der Praxis konfrontiert sieht, mit zu viel Theorie belastet. So wurden dem Wunsch unserer Leser entsprechend zunächst solche Beiträge und Modelle ausgewählt, die nach wie vor einen starken Anregungscharakter für die Praxis haben und den kommunikativen Prozeß aller an der religiösen Erziehung Beteiligten unterstützen; somit neue Impulse vermitteln, Ansätze und Modelle für ihre Übertragung, Überprüfung, Erweiterung nutzbar machen.

Um grundsätzlich von der Theorieebene her einige Perspektiven der Curriculumsdiskussion aufzuzeigen, stellt Josef Quadflieg in einem curriculumorientierten Beitrag einen aktuellen Aspekt – nämlich die Frage nach der Beziehung von Situation und Glaube – dar, auf dessen Hintergrund die folgenden Beiträge in die Gesamtdiskussion eingegliedert werden können. Damit wird der prozeßhafte Charakter von religiöser Erziehung deutlich.

Nach mehreren Variationen der Auswahl blieben zuletzt fünf Themenbereiche: *Vom Leben erzählen, Miteinander spielen und schweigen, Nikolaus ohne Rute, Advent und Weihnachten, Ostern – Fest der Lebensfreude.* Aus Gründen des Umfangs und damit auch des Preises mußte leider auf Beiträge, die sich mit der Thematik *Gewissensbildung* und *Kindergarten und Gemeinde* befassen, verzichtet werden.

Jeder Themenbereich des vorliegenden Buches wird eingeführt durch einen theoretischen Beitrag, der die folgenden praxisbezogenen Anregungen oder

Modelle in den klärenden theoretischen Zusammenhang stellt und Verständnishilfen bietet wie: bibel-theologische Überlegungen zu »Weihnachten« und »Ostern«, Aufschlüsselungen zu sinnvollem Brauchtum während des Kirchenjahres, Erörterungen zu den Themen »Biblische Geschichten im Kindergarten«, »Meditative Übungen«.
Diese grundlegenden Artikel erfordern ein wenig Geduld. Sicherlich sind sie leichter im Team oder in einer Arbeitsgemeinschaft zu erarbeiten. Die Erfahrung zeigt, daß sich jedoch die Mühe lohnt, intensiver in die Sachfragen einzudringen. So weitet sich der Horizont, die eigene religiöse Biographie wird bewußter erfahren und reflektiert. Dann wird *Religiöse Erziehung im Kindergarten* leichter als ein gemeinsamer Prozeß von Kindern und Erwachsenen erlebt. Praxishilfen werden nicht einfach übernommen, sondern als Impulse für die eigene Arbeit eingebracht.
Die Herausgeberin hofft, daß durch die Vielfalt der Beiträge ein anregendes und hilfreiches Arbeitsbuch für die Praxis im Kindergarten entstanden ist, das dazu beiträgt, die religiöse Erziehung der Kinder lebendig und lebensnah zu gestalten.

März 1980 Hermine König

Zur Einführung

Josef Quadflieg

Korrelation von situationsbezogenen Maßnahmen und traditionsorientiertem Verhalten als religionspädagogisches Prinzip

In den vergangenen 70er Jahren sind die Begriffe »Korrelation«, »Situation« und »Tradition« oft unzulänglich und von einem zum anderen Autor so unterschiedlich gedeutet worden, daß wohl ein neuerlicher Verständigungsversuch erwünscht oder zumindest zulässig ist, vor allem, wenn ihm so viel Handgepäck beigegeben ist wie in den 29 zumeist praxisanleitenden Artikeln dieses Buches.

1. Situationsbezogene Maßnahmen

Bei dem Wort Maßnahmen denkt man gewöhnlich an Dirigistisches: »Zu ergreifende Maßnahmen«. Gemeint ist aber hier die Tätigkeit des Maß-Nehmens; Maß nimmt man, wenn und damit etwas passen soll; wenn für etwas Maß genommen wurde, sitzt es, es ist richtig, maß-gerecht, nichts ist beengend, das Gefühl ist wohltuend. Einen solchen Effekt von Richtigkeit, von Angemessensein, von nicht Beklemmendem, von Wohltuendem erreicht der Erzieher, wenn er sein Maß bezieht von den Situationen – und zwar von den individuellen seiner Kinder, von denen des sozialen Miteinanders und von denen ihrer gewählten oder gesetzten Umwelt; Maß aber auch von seiner eigenen aktuellen Situation oder seiner eigenen allgemeinen »Lage«. Das Wort Situation hat etwas mit setzen, sitzen zu tun. Situation ist ein Ereignis, das einen wirksamen Sitz im Leben des Kindes oder des Erziehers, Sitz im Jahreszeitenjahr, gelegentlich im Kirchenjahr hat.

Für die Praxis bedeutet dies, daß der Erzieher Situationen zum Maß-Stab allen religionspädagogischen Tuns machen muß. Gründlich falsch wäre es allerdings, wenn er den ganzen Tag auf der Lauer nach Situationen läge, die verwertbar sein könnten für die religiöse Erziehung. Er muß vielmehr abschätzen, ob Situationen nur flüchtig sind oder seßhaft – ob sie einen »Sitz im Leben« haben. Angesichts einer nicht aufgegessenen Brotrinde zum Beispiel vom Hunger in der Welt und vom Bezug dieses Themas zur »wunderbaren Brotvermehrung« in der Bibel zu strategieren, ist sicher wegen der Unverhältnismäßigkeit der Situation zur Tradition fragwürdig;

andererseits kann das Staunen über den Ton, der aus einem kunstfertig gespannten »Draht« aus dem Gitarrenhohlraum erklingt, angemessen sein, um als Ausgangs-Situation für den ersten Schritt des Staunens über das Nichtselbstverständliche in Betracht gezogen zu werden.
Situation zum Maßstab machen – das bedeutet aber nicht nur, Ausgangssituationen ernst zu nehmen. Auch eine End- oder zumindest eine Erwartungs-, also eine möglicherweise später eintretende Situation kann ihr Licht vorauswerfen auf jetzige religionspädagogische Maßnahmen. Mit solchen End- oder Erwartungssituationen sind neben den jetzigen die »künftigen Lebenssituationen« im Saul B. Robinsohnschen Sinne gemeint, für die religiöse Erziehung qualifizieren soll.
Eine dritte Art von Situationen könnten Regelkreis-Situationen genannt werden: Ein toter Maulwurf muß nicht Erst-Anlaß, muß nicht Ausgangs-Situation sein, um in ein Gespräch über Tod-und-was-dann zu kommen, sondern er ist möglicherweise sowohl eine Teilantwort auf bereits früher gestellte Fragen als auch ein Offenhalten der bei künftiger Gelegenheit zu erwartenden Frage nach »dem Mann, der da tot am Kreuz hängt«.
Ausgangs-, Erwartungs- und Regelkreissituationen spielen aber nicht nur beim Kind, sondern auch beim Erzieher eine Rolle: Er wird auf der Fahrt zum Dienst Zeuge eines Verkehrsunfalls – Ausgangssituation für ein Gespräch über Regeln und Ordnungen, über die Tücken der Technik, vielleicht über die Flüchtigkeit alltäglichen Glücks. Die Erzieherin erwartet ein Kind – Endsituation eines Prozesses von Liebe und Zuneigung, von Planung, vielleicht von Hoffnung, möglicherweise von Enttäuschung. Der Erzieher sieht sich heute wegen einer Unzulänglichkeit in der Kirche, morgen wegen der nicht durchschauten Komplexität eines Bibeltextes, übermorgen wegen der Unchristlichkeit der Christen im Glauben angefochten; ein andermal fühlt er sich umgekehrt von der Kirche, von der Bibel, von Christen im Glauben getragen – Regelkreissituationen, die ihm das eigene Glauben und die religiöse Erziehung der Kinder schwer oder leicht machen. Er wird jeweils entscheiden müssen, was er aus seiner Lebensgeschichte einbringt oder ausklammert, und wie er sich selbst damit regulierend in sein religionspädagogisches Tun einschaltet.

2. Traditionsorientiertes Verhalten

Auch das Wort Verhalten erinnert zunächst an etwas, was hier nicht gemeint ist: Wohlverhalten, Benehmen, ich »wußte nicht, wie ich mich verhalten sollte«, was schicklich, was angebracht war. Verhalten hat aber hier mit Halten, mit Sich-an-etwas-halten-Können, Halt geben, mit Halt also, mit Rück-Halt, mit Haltung zu tun; die Vorsilbe »ver« verstärkt das Gemeinte. Selber Halt zu nehmen und den Kindern Halt zu geben, so lautet die Forderung, sei an der Tradition; wörtlich: am Weiterzugebenden, an dem, was der Überlieferung wert ist. Solch Überlieferungswertes (oder: solche

Überlieferungswerte) finden sich im Alltäglichen: die Sprache und das gedruckte ABC, das Kochen von Speisen, die Musik, die Malerei; Überlieferungswertes findet sich, was die religiöse Erziehung angeht, in der Tradition des Christentums: in der Bibel vorab, und in vielem, was die Kirche empfangen hat, bewahrt und weitergibt.
Das Erziehungsverhalten sollte traditions-orientiert sein; orientieren hängt mit Orient zusammen: »Wo das Licht aufgeht«. Die Tradition kann das Verhalten, das der Erzieher übt und das Verhalten, zu dem er die Kinder führen will, erleuchten, erhellen, er-klären; »Welt und Mensch im Lichte des Glaubens sehen«, so formuliert es die Gemeinsame Synode der Bistümer in der Bundesrepublik Deutschland, wobei sie mit Glauben den christlichen Glauben meint, und weswegen ein christlicher Erzieher unter Tradition christliche Tradition verstehen muß.

Für die Praxis folgt daraus, daß der Erzieher sich als ein Christ versteht in der Reihe derer, die weitergeben, was sie empfangen haben. Unveränderlich ist innerhalb dieses Traditionsprozesses als erster Faktor die Bibel. Ich muß bereit sein, »die Heilige Schrift zu befragen und mich ständig von ihr in Frage stellen zu lassen«, damit ich mehr und mehr befähigt werde, den Zuspruch der Bibel zu erfahren und mich dem Anspruch der Bibel zu öffnen. So bieten auch die bibeltheologischen Beiträge innerhalb des vorliegenden Buches weiterführende Reflexionshilfen. – Ähnlich und doch anders ist die Rolle des zweiten Faktors, die Rolle der Kirche: Die Kirche, von Christus gestiftet und in Hände von Menschen gegeben, verändert sich im Laufe der Zeit; sie verändert mich im Laufe meines Lebens; und ich soll die Kirche verändern helfen. Der Erzieher müßte also seinen Beruf als Engagement für die Kirche sehen: wohlgesonnen konstruktiv-kritisch, und dabei bedacht, das kirchliche Leben, auch sein eigenes kirchliches Leben, stets an der biblischen Botschaft zu messen.

3. Korrelation als religionspädagogisches Prinzip

Die beiden Forderungen: »Maß beziehen von der Situation her« und »Sich selbst erleuchten lassen und anderen Halt geben durch christliche Überlieferungswerte« müssen in der Religionspädagogik mit- oder zueinander korrelieren. Korrelation ist ein in der Biologie, in der Geometrie, in der Logik, in der Medizin vielfältig verwendeter Begriff.
Immer ist gemeint, daß zwei Dinge zusammengehören, von einander abhängen und auf einander einwirken, wie etwa »Mutter und Kind«. Situation und Tradition sollen in dieser Intensität zueinander korrelieren. Als zueinander korrelierende Größen sollen sie »religionspädagogisches Prinzip« sein. Prinzip heißt Erstes, Wichtigstes, Nicht-Gelegentliches, sondern Durch-Gängiges, Beherrschendes (prinzeps heißt: der Fürst). Damit ist gesagt, daß es den sogenannten situationsorientierten Ansatz »rein« nicht

gibt, sondern immer nur den, der in reger Korrelation zur christlichen Tradition steht; und daß es die sogenannte eigentliche religiöse Erziehung (die da meint: Gebete lehren, Gottesdienste planen und durchführen, über Himmel, Hölle, Tod und Teufel sprechen) ebenfalls »rein« nicht gibt, sondern nur die, die sich in ständiger Korrelation zur Situation befindet. Die unterschiedlichen Ansätze und Modelle der folgenden Kapitel zeigen u. a. solche religionspädagogische Praxis.

In der Praxis treten an dieser Stelle häufig zwei Mißverständnisse zutage; erstens, der Erzieher solle jeder Situation ein traditionsorientiertes Schwänzchen anbinden; zweitens, er solle jedes biblisch-kirchliche Thema mit einer moralischen Nutzanwendung fürs tägliche Leben versehen. Beides ist nicht das, was mit Korrelation als religionspädagogischem Prinzip gemeint ist.
Das erste nennt man vielmehr induktive, das zweite deduktive Methode, weil das erste auf Umwegen auf (=in) ein Glaubensthema vorstößt, und weil das zweite von (=de) einem Glaubensthema herab auf das Leben hinunterstößt. Korrelation jedoch ist keine Methode, sondern, wie gesagt, ein Prinzip für das religionspädagogische Tun und Lassen. Es beginnt bei der Auswahl der Themen:
Auszuwählen sind situationsorientierte Themen, die das Kind existenziell angehen und in denen Fragen stecken könnten, auf die unsere christliche Tradition Antworten anbietet, selbst wenn der Erzieher im Kindergarten im Hinblick auf eine mögliche End- oder Erwartungssituation noch nicht sofort eine Antwort weiß oder gibt: wie z. B. Zeugung, Geburt, Tod, Hoffnung, Liebe, Freundschaft, Angst, Glück, Schuld, Vergebung, Leid, Zufall, Vertrauen, Verantwortung, Sorge, Scheitern, Spiel, Ekstase, Fest, Gottesdienst, Gebet, Unterprivilegierung, Armut, Hunger, Krieg, Frieden, Gerechtigkeit, Fortschritt, Zukunft, Entwicklung (Beispiele aus Dokumenten der Synode). – Auszuwählen sind andererseits traditionsorientierte Themen, in denen wiederum Fragen stecken könnten, die nicht nur eine damalige oder fremdartige Situation, sondern die Situation des Kindes hier und heute treffen: Gott kennt und liebt die Kleinen (Samuelberufung, Davidssalbung), Jesus feiert, ißt und trinkt gern (Kana, Brotwunder, Abendmahl), Leute singen und beten, sie sprechen von Jesus und halten Mahl (Sonntag, Eucharistie, Beten), und andere, wie der TRIERER PLAN sie nach sorgfältigem In-Beziehung-Setzen zur Lebenswirklichkeit anbietet.
Themen, die so ausgewählt sind, müssen nicht von der Situation zur Tradition oder von der Tradition zur Situation hingezerrt werden: es wohnt dem einen vielmehr jeweils das andere inne, so daß jedes Thema für sich stehen kann und doch immer zugleich situations- oder traditionsimmanent ist.
Damit ist im Grunde schon Hinlängliches über die Durchführung der Korrelation gesagt: Wer beim Thema Freude Maß nimmt am kindlichen Grundbedürfnis nach Freude und sich mit dem Kind und den Kindern freut; und wer beim Thema Vertrauen Maß nimmt an der kindlichen Grunderfah-

rung von Vertrauen, das Kind und die Kinder annimmt und ihnen Vertrauen schenkt, der geht religionspädagogisch situationsbezogen vor; er braucht nicht seine Maßnahme in eine biblische Geschichte einmünden zu lassen, sondern er schafft Korrelation insofern, als er Grunderfahrungen vermitteln hilft, an die zu gegebener Zeit die Erfahrungen, die sich in der Bibel niedergeschlagen haben, und die Verhaltensweisen, die in der Kirche angestrebt werden, anknüpfen und weiter wirken können. – Wer andererseits die Geschichte vom Samariter oder von der Ehebrecherin gut erzählt, der braucht nicht hinüberzuführen zu einer kleinkarierten »Und-so-wollen-denn-auch-wir-Maßnahme«, sondern der geht religionspädagogisch traditionsorientiert vor: er bringt den Kindern ein in der Bibel geschichtegewordenes Verhalten nahe, das eines Tages wieder anklingen kann, wenn die Situation ähnlich ist wie die durchs Erzählen aufgenommene: Gnade vor Recht ergehen lassen; jemanden »sehen und nicht an ihm vorübergehen«.

I Vom Leben erzählen

Detlev Dormeyer

Bibel – ein Buch für Kinder?

Problemstellung

Wie drängend die Fragestellung dieses Themas ist, konnte ich auf einer Fortbildungsveranstaltung für Erzieherinnen erfahren, die unter einem ähnlichen Thema stand: »Biblische Geschichten im Kindergarten.« Die Erzieherinnen nahmen zu drei Fragen Stellung:

1. Welche Schwierigkeiten haben Sie mit dem Erzählen?
2. Was erzählen Sie?
3. Welche Wirkung des Erzählens beobachten Sie bei Kindern?

Die Antworten zu Fragen 1 und 3 stelle ich hier vor, weil sie alle die Probleme ansprechen, die in unserer heutigen, nüchternen Zeit mit Erzählen verbunden sind. Zugleich decken sie die positiven Erfahrungen mit Erzählungen auf.

Schwierigkeiten mit dem Erzählen?

- zu starres Festhalten am Text
- Ansprechbarkeit von 3- bis 6jährigen
- Geschichten mit einfachen Worten zu erzählen
- Wiedergabe von nicht ansprechbaren Erzählungen
- so zu erzählen, daß die Kinder bis zum Schluß zuhören
- lange Geschichten zu erzählen
- Geschichten für altersgemischte Gruppen zu finden
- Erklärungen während des Erzählens abzugeben
- lange Vorbereitung
- große Altersunterschiede der Kinder
- unterschiedliche Interessen
- zu große Gruppen
- unterschiedliche Fähigkeiten
- den Sinn der Geschichte zu erkennen
- relig. Geschichte = Märchen oder Tatsache?

Aus diesen Erfahrungen ergibt sich als Hauptproblem: Wie komme ich als Erzähler so in eine Geschichte hinein, daß ich sie für alle Kinder spannend und fesselnd erzählen kann?

Wirkung des Erzählens bei Kindern:

- Rollenspiele, Puppenspiele
- gegenseitiges Nacherzählen
- Erzählen von Erlebnissen
- Kinder übernehmen Hauptrollen – Identifikation
- Kinder denken über die Geschichte nach
- Ansprechende Geschichten wollen immer wieder gehört werden: Bilderbuch, Hotzenplotz, Kaspergeschichten
- Phantasie wird größer
- Problembewältigung bei Kindern
- Kinder können den Inhalt selbst übertragen auf andere Situationen
- ziehen oft Vergleiche
- stellen Fragen
- denken über eigenes Verhalten nach (»Ich würde aber wohl helfen!«)

Aus diesen Beobachtungen ergibt sich als durchgängiges Ergebnis: Kinder identifizieren sich mit den Personen der Erzählungen. Sie verarbeiten durch Identifikation ihre Probleme und erweitern so ihre Erfahrung.

Der Erzählvorgang

Zwei grundsätzliche Einsichten in den Erzählvorgang sind auf diese Weise gemacht:

1. Erzählung kommt dadurch zustande, daß jemand (z. B. der Erzieher) die Rolle des Erzählers übernimmt und Zuhörer um sich schart.

2. Eine Erzählung gelingt erst dann, wenn Erzähler und Zuhörer sich mit den Personen der erzählten Welt identifizieren können.

Nun geht es uns hier um eine besondere Art von Erzählung: um die biblischen Geschichten. Auf die Unterscheidung der Erzählgattungen zielt daher die Frage 2 (Was erzählen Sie?). Ich will hier nur das Ergebnis der Antworten vorstellen.

Es gibt zwei Gruppen von Erzählungen: a. Erzählungen, die eine eigene, neue Welt aufbauen (Märchen, biblische Geschichten ...) b. Erzählungen, die in der bekannten Alltagswelt stattfinden (Sachgeschichten, Problemgeschichten ...).

Aus dieser Aufteilung ergibt sich eine dritte Einsicht in den Erzählvorgang:

3. Die Identifikation mit der Erzählung und die Beziehung zwischen Erzähler und Zuhörer werden von der Gattung der Erzählung mitbestimmt.

Es ist also nicht gleichgültig, ob ich eine biblische Geschichte, ein Märchen oder eine Sachgeschichte erzähle. Jeweils entsteht eine andere Art von Stimmung und eine andere Art der Verarbeitung.

Die Krise des heutigen Erzählens

Nach diesen grundsätzlichen Einsichten stellen sich erneut Fragen: Sind biblische Erzählungen *gute* Geschichten für unsere Kinder? Erzeugen sie nicht eine sterile, fromme Atmosphäre, die die Erzieherin innerlich ablehnt; entsprechend leblos fällt auch der Erzählvortrag aus?

Verschließen sie sich nicht einer Identifikation, weil sie von einer fernen, fremden Vergangenheit handeln, grausame Züge enthalten und eine lebensferne Sprache sprechen; entsprechend distanziert wird die Erzählung ausgestaltet?

Diese Anfragen betreffen nun nicht nur biblische Geschichten, sondern alle Geschichten, deren Welt nicht unserer Alltagswelt entspricht. So fallen auch Märchen, phantastische Geschichten und Fabeln unter diese Vorbehalte. Hier zeigt sich eine Krise des Erzählens in unserer Zeit.

Erzählt wird zwar noch immer: am Familientisch, bei der Begrüßung, bei Austausch von Neuigkeiten oder Erlebnissen, aber diese Erzählungen verbleiben im Raum unseres Alltags. Erzählungen, die diesen Raum sprengen und in den Raum der Phantasie führen, gelten als unerlaubt und werden vermieden. Denn sie halten der Realitätskontrolle nicht stand. Wahr ist, was als Realität überprüfbar ist; irrig ist, was nicht als real überprüfbar ist. Solche *irrigen* Erzählungen erhalten zusätzlich noch ein moralisches Verbot: Sie sind *Lügen – Lügenmärchen* wie die des Baron von Münchhausen. Doch bei näherem Hinsehen zeigt es sich, daß diese Bewertungen falsch sind.

Denn solche phantasiereichen Geschichten eröffnen uns Räume, die uns vorher nicht bekannt waren. Sie erschließen eine Dimension unserer Wirklichkeit, die uns bisher verborgen war. Das Urteil »wahr – irrig« trifft nur die Oberfläche der Erzählung und deckt zugleich einen verengten Wahrheitsbegriff auf. Wenn nur das Überprüfbare, das technisch Wiederholbare als wahr gilt, entfallen alle anderen Bereiche wie Gefühle, Sehnsüchte, Hoffnungen, Träume und Utopien für die Realitätswahrnehmung.[1] Sie werden geduldet, aber nicht geachtet oder gar gefördert. Geschichten wie Märchen oder biblische Erzählungen protestieren aber gegen eine solche Verdrängung. Sie zeigen auf, daß gerade die Bereiche Phantasie, Traum und Gefühl die Person entscheidend mitbestimmen. So entspricht es einem falschen Bewußtsein, Geschichten nach *wahr (kontrollierbar) – irrig (unkontrollierbar)* zu bewerten, vielmehr muß der Maßstab lauten *wahr (richtig) – falsch (unrichtig)*. Wahr bedeutet, daß die erzählte Welt einen sinnvollen Zusammenhang ergibt. Unsere Realität wird nicht abgebildet, sondern eine Alternative wird als Möglichkeit vorgestellt. Falsch heißt, daß die erzählte Welt keinen richtigen Zusammenhang ergibt. Die Erklärungskraft dieses neuen Maßstabs soll zunächst am Märchen, dann an der biblischen Geschichte vorgestellt werden.

Die Wahrheit des Märchens

Bruno Bettelheim weist an Märchen nach, daß für das Kind nicht alles realistisch im Sinne einer Abbildung der Alltagswelt sein darf.[2] Denn die Ambivalenz (Mehrdeutigkeit) der Alltagserfahrung belastet das Kind.

Gerade spielt es innig mit der Mutter oder der Erzieherin, da soll es ins Bett oder zu einer anderen Gruppe gehen. Die Mutter oder Erzieherin verwandeln sich in eine bedrohliche Bezugsperson, die es unbarmherzig von sich stößt. Wie soll das Kind diese gemischte Erfahrung von Zuwendung und Distanz, Verschmelzung und Selbständigwerden verkraften? Hier bieten Märchen Verarbeitungsmöglichkeiten an. Nach dem Tod der *guten* Mutter heiratet der Vater die *böse* Stiefmutter (Schneewittchen, Aschenputtel, Brüderchen und Schwesterchen ...). Diese trachtet dem Kind solange nach dem Leben, bis sie selbst getötet wird. Der Tod der bösen Stiefmutter, die sich auch in eine Hexe verwandeln kann (Brüderchen und Schwesterchen, Hänsel und Gretel, Rapunzel ...), ist *notwendig*. Denn die *böse* Erfahrung mit der Mutter muß mit Stumpf und Stiel ausgerottet werden. Das aufgebrochene ›Ur-Mißtrauen‹ an der Liebe der Mutter muß dem ›Ur-Vertrauen‹ wieder vollständig weichen. Hier gibt es kein abwägendes »Sowohl als auch«, ein vermittelndes »Einerseits – Andererseits«, mit dem sonst das Kind die Realität bestehen muß. Hier ist das Märchen unmißverständlich. Es gibt das Böse. So verschlingt der Wolf Großmutter, Rotkäppchen und die sieben Geißlein, erliegt Schneewittchen dreimal den Anschlägen der Stiefmutter. Aber für alle gibt es die Rettung, und das Böse wird am Ende vernichtet. Genau dies erzählen auch manche biblischen Geschichten.

Nun kommen Eltern und klagen darüber, daß ihre Kinder nachts vom Wolf und der Hexe oder vom Teufel und den Dämonen oder von Kain und Herodes träumen. Ist es dann noch zu rechtfertigen, trotz solcher Angstträume Märchen und *grausame* biblische Geschichten vorzulesen? Gerade weil es diese Angstträume gibt, sind Märchen und biblische Geschichten sinnvoll. Denn Kinder haben Angst in sich, weil sie jeden Morgen von den Eltern Abschied nehmen müssen, Vater und Mutter sie *verlassen* und sie in den *finsteren Wald* des Kindergartens schicken. Sicherlich haben die Kinder zugleich Erwartungen und Freude an den Spielgefährten. Doch wenn sie dann sich für einen Moment in einen Winkel zurückziehen und *einschlafen,* wachen sie unversehens auf und finden sich allein. Keine Erzieherin und kein Kind können in dem Moment trösten; das gelingt vielleicht fünf Minuten später. Doch wie lang erstreckt sich diese Zeit dazwischen – eine Ewigkeit, drei Tage und Nächte.

Jedes Kind erfährt daher diese Trennungsangst. Und Märchen und biblische Geschichte decken auf, benennen, was sich in der Angst unartikuliert abspielt. Das Böse bedrängt das Kind, verschlingt es. Aber wie das Böse von den *helfenden* Bezugspersonen vernichtet wird, werden von Märchen und biblischen Geschichten die Gewißheit vermittelt, daß die Helfer immer stärker sein werden als das Böse, daß die Angst immer überwunden werden wird.[3]

So haben die Märchen wie die biblischen Geschichten eine aufdeckende und heilende Aufgabe. Sie stellen den Alltag auf eine Bühne, auf die die undurchschaubaren Handlungen der Bezugspersonen in deutliche Gegensätze aufgespalten werden. Die Erfahrungen der Enttäuschung, des Schmerzes, des Leidens und der Angst gehen auf böse, nachdem Märchen *unmenschliche* Handlungsträger zurück. Die Erfahrungen der Liebe, der Zuwendung, Gemeinschaft und des Vertrauens gehen auf die Helfer zurück, die sich gegen das Böse immer wieder durchsetzen werden, ja noch mehr, nach dem Märchen das Böse immer vollständig vernichten werden. Nicht die Angst, die Liebe bestimmt das Leben. Und am Ende wird nur noch die Liebe herrschen.

Die Wahrheit der biblischen Geschichten

Die letzten Überlegungen haben sicherlich deutlich gemacht, daß Märchen auch eine religiöse Bedeutung haben. Ja, ein Blick auf die biblische Botschaft zeigt, daß Märchen und biblische Geschichten zu entscheidenden Fragen eine gemeinsame Aussage machen.

Die Erzählungen vom Paradies, die Gleichnisse von der kommenden Gottesherrschaft sagen, daß unsere Erfahrungen mit Mangel, Tod und Bosheit beim Anbruch der Herrschaft Gottes aufgehoben werden und die Erfüllung aller unserer Hoffnung herrschen wird.

Ist die Bibel ein Märchenbuch? Gemeinsame Züge zu haben bedeutet nicht, dasselbe zu sein. Aber die Bibel setzt dort an unserer Erfahrung an, wo auch das Märchen ansetzt. Doch kann die Bibel darüber hinausgehen. Sie sagt nicht nur, daß sich der Kampf zwischen Gut und Böse bei jeder Alltagserfahrung wiederholt. Sie bleibt auch nicht dabei, daß das Glück der Märchenwelt sich vielleicht einmal in der Zukunft auch in unserer Welt durchsetzen wird. Sondern die Bibel sagt: Hier und jetzt hat das Gute gesiegt, ist die neue Welt angebrochen.

Zu der allgemeinen menschlichen Erfahrung bringt die Bibel neu die Erfahrung der *Geschichte* hinzu: In Israel beim Auszug aus Ägypten, in Jesus von Nazaret hat Gott unwiderruflich gehandelt, hat er Heil anbrechen lassen. Biblische Erzählungen nehmen dabei im Unterschied zum Märchen auf geschichtliche Ereignisse Bezug, aber sie protokollieren diese Ereignisse nicht. Sie sind nicht neutrale, objektive Berichte, sondern Zeugnisse des Glaubens. So deuten sie das Auftreten Jesu ähnlich dem Wirken eines Märchenhelden. Denn in Jesus wird alles das anfanghaft Wirklichkeit, was das Märchen erhofft. Aber Jesus geht nicht im Märchenhaften auf. Er bleibt eine realistische Figur seiner Zeit. Alles, was er getan hat, konnte sich damals auch so ereignen. Neben Jesus gab es andere Wundertäter (Lk 11,19). Seine Gespräche und Gleichnisse zeugen von seiner einmaligen Beziehung zu Gott-Vater, gehen aber nicht auf Allwissenheit zurück. Sein Leiden ist der Kreuzestod eines erniedrigten und geschundenen Frommen. Doch zugleich ist Jesus *mehr*. An ihm entscheiden sich Glaube und Unglaube. So werden die Pharisäer, Schriftgelehrten und Hohenpriester zu unverständigen, *bösen*

»Spannungsvolles Lauschen ist Ziel biblischer Geschichten . . .«

Gegnern, die ihm, wie die Gegner im Märchen, nach dem Leben trachten. Doch wieder gibt es zum Märchen einen wichtigen Unterschied: Die Gegner werden am Ende nicht vernichtet, vielmehr hält ihnen Jesus die *Umkehr* offen. Einige Gegner bekehren sich daher zu Jesus (Mk 15,39) oder nähern sich ihm (Mk 12,34). Auch die Jünger halten nicht, wie die Helfer des Märchens, unverzagt zum Helden, sondern schwanken zwischen Glauben, Unverständnis und Furcht.[4]

So vermeiden die biblischen Geschichten Verurteilungen und stellen die Personen vielmehr mit den ambivalenten Erfahrungen von Gut und Böse vor, wie wir sie aus dem Alltag kennen. Die Handlungen sind daher realistisch im Unterschied zur irrealen Welt des Märchens.

Aber zugleich tragen die biblischen Geschichten aus der Sicht des Glaubens Wertungen hinein, die ähnliche Polaritäten wie im Märchen aufbauen. Bei aller Differenziertheit unseres Alltags, zwischen Glaube und Unglaube gibt es keine Abstufungen, da gibt es nur die Entscheidung für oder gegen.

Die Besonderheit der biblischen Geschichten

Was erbringt nun der Vergleich von Märchen, Alltagsgeschichte und biblischer Erzählung?

Die Alltagsgeschichte beläßt das Kind in seinem Alltag und sucht innerhalb realistischer Situationen nach Möglichkeiten der Problemaufdeckung und -lösung.

Das Märchen hingegen baut eine phantastische Gegenwelt auf, in der die komplexe Realitätserfahrung entzerrt und dadurch bearbeitbar wird.

Die biblische Geschichte führt in eine vergangene, historische Alltagswelt, in der die Realität aus der Sicht des Glaubens gedeutet wurde. Märchenhafte und realistische Erzählzüge greifen ineinander. So wird zum einen deutlich, daß Religion in Alltagsgeschichten und im Märchen erfahrbar wird. Zum anderen aber wird verkündet, daß gegenüber den im Alltag und im Märchen wirkenden religiösen Erfahrungen von Gott in der Geschichte eine neue Weise der Glaubenserfahrung geoffenbart worden ist. In Jesu menschlichem Handeln ist Gott zu einem historischen Zeitpunkt selbst anwesend geworden und bleibt anwesend.

Biblische Geschichten erhalten von diesen drei Brennpunkten ihre Erzählmöglichkeit:

1. Sie greifen den Alltag einer vergangenen Zeit auf, der in den Grundzügen unserem Alltag vergleichbar bleibt. So sind biblische Geschichten immer erfahrungsorientiert und wollen auf unsere Erfahrung hin erzählt werden.
2. Sie arbeiten mit den Mitteln des Märchens, um das Neue der Herrschaft Gottes vorstellbar zu machen. Sie bauen eine *konkrete Utopie* auf. Die märchenhaften Züge werden heute richtig erzählt, wenn sie unsere Ängste artikulieren *und* überwinden, wenn sie die Bedrohungen der Gegenwart

aufzeigen *und* Hoffnung auf ihre Überwindung wecken. Der Himmel ist immer stärker als die Hölle. Und die neue Erde wird der Ort des Himmels, nicht der der Hölle sein. Die Bosheit wird vernichtet werden, aber nicht der Mensch, der unter ihr leidet. Die Liebe Gottes gilt in Jesus von Nazaret *allen* Menschen. Die christlichen Symbole »Himmel, Hölle, Paradies, Engel« finden im Zusammenhang von biblischen Geschichten ihren sinnvollen Platz.
3. Die Verbindung von Alltag und märchenhafter Utopie ist nicht nur eine Hoffnung von religiösen Erzählungen, sondern gründet in der Geschichte selbst. In Jesus ist Gottes Herrschaft angebrochen. So verweisen biblische Erzählungen immer über sich hinaus auf den geschichtlichen Ursprung und dessen Wirkung bis heute. Biblische Geschichten bewähren sich. Jesus hat in seinem Leben gezeigt, daß die Herrschaft Gottes in ihm anbricht, daß die Hoffnung der Märchen anfanghaft Realität wird. In seiner Nachfolge hält sich dieser Anfang durch. Wo Erzählen biblischer Geschichten einem Handeln entspricht (korreliert), das von Liebe und Verantwortung getragen wird, kann das Kind eine neue Erfahrung machen: Hier ereignet sich an mir das, was die Geschichte sagt: »Der Anfang des Evangeliums Jesu Christi, des Sohnes Gottes« (Beginn des Markusevangeliums), der mich erreicht durch die vom Glauben geweckte Lebenshaltung des Erzählens.

Konsequenzen für das Erzählen biblischer Geschichten

Biblische Geschichten wollen also nicht mit feierlicher, auf Verkündigung bedachter Stimme vorgetragen werden. Diese Stimmlage gehört zur Erzählsituation der Liturgie. Biblische Geschichten wollen in der Situation des Kindergartens normal wie andere Geschichten erzählt werden. Ihr religiöser Gehalt wird in dem Grade entwickelt, wie sich Erzähler und Zuhörer auf das Geschehen einlassen, ihre bisherigen religiösen Erfahrungen dort wiederfinden und verändern. Übrigens sind viele biblische Geschichten aus einer solchen alltäglichen Erzählsituation entstanden:
»Die gewöhnliche Situation aber, die wir uns zu denken haben, ist diese: am müßigen Winterabend sitzt die Familie am Herde; die Erwachsenen und besonders die Kinder lauschen gespannt auf die alten, schönen, so oft gehörten und immer wieder begehrten Geschichten aus der Urzeit. Wir treten hinzu und lauschen mit ihnen.«[5] Spannungsvolles Lauschen – das ist das Ziel der biblischen Geschichten, und damit können sie verbunden werden mit anderen Geschichten, die von aufregend Neuem, nie Gehörtem, insgeheim Begehrtem, aber nie Erreichtem berichten. Deshalb dürfen und sollen Kinder mit biblischen Geschichten umgehen: die Personen nachspielen, von der eigenen Erfahrung her verändern, Situationen malen, Stellungnahmen äußern. Wie bei den phantasiereichen Geschichten ist es überflüssig oder gar störend, als Erzähler die Figuren einseitig als gut oder böse zu moralisieren oder so zu psychologisieren, daß sie mühelos wieder in unsere Alltagswelt passen. Die Bewertungen und Konfrontation mit der eigenen

Erfahrung leisten die Kinder aus ihrem Verständnis der Geschichte selbst. Dafür reicht es, die Motive der Personen nur so weit auszuführen oder zu kürzen, daß deren Handeln für die Kinder verständlich wird. Die biblische Geschichte wird um ihre Wirkung der aktiven Beteiligung gebracht, wenn sie vom Erzähler moralisierend und psychologisierend ausgeschmückt wird, wie es einige Erzählbücher zur Bibel vorschlagen.[6] Dann werden die Zuhörer auf eine einzige Auslegung festgelegt, auf die des Erzählers, während sie sonst ihre eigenen Auslegungen einbringen können. Eines muß allerdings der Erzähler biblischer Geschichten gegenüber den anderen Geschichten zusätzlich herausstellen: Was die biblische Geschichte erzählt, ist schon anfanghaft Wirklichkeit geworden, ist nicht nur Wunschwelt des Menschen, deren Realisierung ungewiß bleibt.[7] Den Anfang des Reiches Gottes spricht der Erzähler durch die biblischen Geschichten den Zuhörern und sich selbst zu – allerdings nicht in der eindeutigen Weise des Bekenntnisses, sondern in der behutsamen Weise des Erzählens.

Anmerkungen

1 G. Heine, Biblische Fachdidaktik. Neues Testament, Wien 1976, 31 ff.
2 B. Bettelheim, Kinder brauchen Märchen, Stuttgart 1977, bes. 12–16.
3 H.-J. Perrar. Mit Märchen dem Leben zuhören, Düsseldorf 1979.
4 D. Dormeyer, Die Bibel antwortet (Pfeiffer-Werkbücher 144), München 1978, 94 ff.
5 H. Gunkel, Genesis, Göttingen (I/1901) 3/1910 (Wiederabdruck 8/1969) XXXI.
6 F. Boll, Engel haben ihre Geschichte in: Welt des Kindes 6/79 und in diesem Band.
7 Hier müßte eine genaue Beschreibung der neutestamentlichen und alttestamentlichen Gattungen wie Gleichnis, Wunder, Gespräch, Ostergeschichten, Passionsgeschichten und Kindheitsgeschichten einsetzen. Zu den entsprechenden Darstellungen vgl. Boll (a. a. O.) und C. Bussmann, Kindheitsgeschichte, in »Welt des Kindes« 6/74 und Was bedeutet die Osterbotschaft in »Welt des Kindes« I/77.

Walter Kettler

Menschliche Grunderfahrungen in der Bibel

Lange habe ich überlegt, um dem mir gestellten Thema gerecht zu werden; der einzige Ausweg war: ich schreibe nieder, wie ich mich mit meinen Stimmungen, meinen Erfahrungen und Überlegungen in der Bibel, im AT und im NT wiederfinde und wiedererkenne, in diesem uralten Buch.
Die Bibel ist wie ein riesiges Gebäude mit unzähligen Zimmern und Sälen, an dem in mehreren Jahrhunderten viele Baumeister gebaut haben. Eine ganze Anzahl von Gebäudeteilen und Räumen bleiben mir verschlossen und unzugänglich, ich kann die Schriften und ihre Bedeutungen für mich jetzt

nicht entziffern. Es gibt aber Räume, in denen ich mich momentan daheim fühle, weil die Erfahrungen und Situationen den meinen ähnlich sind, mit den meinigen übereinstimmen.

... eine Zeit zum Weinen und eine Zeit zum Lachen... (Koh 3,4)

Einmal bin ich traurig, und einmal bin ich froh. Oft weiß ich nicht, warum ich beides bin, oft erschrecke ich über den plötzlichen Wechsel. Der Verfasser des Weisheitsbuches hat Ähnlichkeit mit mir, mit uns.
Manchmal verfestigt sich diese Trauer in ein Gefühl des »Eingesperrtseins«, des »Nicht mehr ein noch Auskönnens«:

Er zehrte aus mein Fleisch und meine Haut,
zerbrach meine Glieder,
umbaute und umschloß mich,
mit Gift und Erschöpfung
im Finstern hat er mich angesiedelt
wie längst Verstorbene.
Er hat mich ummauert, ich kann nicht entrinnen.
Er hat mich in Fesseln gelegt.
Ob ich auch schrie und flehte
er blieb stumm bei meinem Gebet. (Klgl 3,4–8)

Keiner kann oder will in einem solchen Zustand unsere Wünsche, unsere Verletzungen, unsere Schmerzen verstehen, wir verkriechen uns in uns selbst und hoffen, daß einer käme, um die Mauer zu durchbrechen. Sehr oft aber machen wir die Erfahrung, daß wir allein bleiben, wir erstarren und vertrocknen. Diese Erfahrung können wir auch an Jesus wiederfinden, der am Ölberg vor Angst zittert, der sich in seiner Verlassenheit nach der Wärme von lebendigen und teilnehmenden Menschen sehnt, der sie ganz nah um sich haben will und enttäuscht wird. Aber er fühlt sich nicht nur von den Menschen verlassen, auch der Sinn und Grund seines Lebens entschwindet ihm, er fällt in ein tiefes schwarzes Loch, er hört und sieht nichts mehr von Gott, spürt sich nicht mehr gehalten und schreit seine Verlassenheit mit den Worten des Psalms hinaus:

Mein Gott, mein Gott, warum hast du mich verlassen,
bist fern meinem Schrein, den Worten meiner Klage. (Ps 22,2)

Wir brauchen uns nicht schämen, wenn uns alle Sicherheit und aller Sinn, jede Hoffnung und die bessere Zukunft verlassen. Diese Erfahrungen gehören zum Menschen, gehören zu mir und sind wie ein roter Faden in der Bibel zu finden. Die Bibel ist kein »heile Welt«-Buch, deswegen ist sie brauchbar.
Auch die uns immer wieder anspringende Einsicht in die Sinnlosigkeit und Vergeblichkeit aller unserer Aktionen kennt die Bibel, und der Weisheitslehrer formuliert sie folgendermaßen:

Ich beobachtete alle Taten, die unter der Sonne getan werden. Das Ergebnis: alles ist Windhauch und Luftgespinnst... Viel Wissen, viel Ärger, mehr Können, mehr Sorgen. Ich dachte mir: Auf, versuch es mit der Freude, genieße das Glück. Das Ergebnis: Auch das ist Windhauch. Über das Lachen sagte ich: Wie verblendet! Über die Freude: Was bringt sie schon ein?

(Koh 1,18–2,2)

Auch der Apostel Paulus schreibt:

Jetzt schauen wir in einen Spiegel und sehen nur rätselhafte Umrisse...

(1 Kor 13,12)

Und der Apostel weiß manchmal nicht einmal, worum wir beten sollen und hofft auf den Geist Gottes, von dem wieder Einsicht und Zuversicht in ihn einströmen sollen:

So nimmt sich auch der Geist unserer Schwachheit an. Denn wir wissen nicht, wofür wir rechterweise beten sollen, der Geist selber tritt jedoch für uns ein mit unaussprechlichem Seufzen. *(Röm 8,26)*

Das Schreckliche, unentwirrbar Dunkle, das Grausige und die unverhüllte Grausamkeit, die ich um mich herum sehe, zuweilen auch in mir spüre und in meinen Phantasien erlebe, entdecke ich ungeschminkt in der Bibel. Gott schlägt durch seine Wirklichkeit sehr oft unverständlich und grausam zu, daß wir an ihm und an seiner Güte zweifeln müssen:

So spricht Gott: Ich falle sie an wie eine Bärin, der man ihre Jungen geraubt hat, und zerreiße ihnen die Brust und das Herz. Dann werden sie von Hunden gepackt und von den wilden Tieren zerfleischt. Ich vernichte dich, Israel! Wer kommt dir zu Hilfe? *(Hos 13,8–9)*

In der Josefsgeschichte wird von der tödlichen Rivalität zwischen Geschwistern erzählt (Gen 37), und aus Eifersucht bestürmt Sarah Abraham, die Magd Hagar mit ihrem unehelichen Sohn Ismael, den sie von Abraham hatte, zu verstoßen, weil sie nicht wollte, das Ismael und Isaak gemeinsam erben sollten (Gen 21,9–21). Erkennen wir da, wenn wir genau hinsehen, heutige Familienverhältnisse oder zumindest Wunschbilder, die aus versteckten Nischen unserer Seele in schnell weggewischten Tagträumen auftauchen? Erkennen wir in der Erprobung des Abraham, seinen Sohn selbst zu töten und Gott als Opfer zu verbrennen (Gen 22) nicht ähnliche Belastungen, Aufrufe zu Entscheidungen, die uns zu zerreißen drohen, bei denen wir wissen, jeder Schritt ist falsch, immer bleibt Schuld an uns haften? Oder spüren wir manchmal Eifersucht auf die Kinder, auf die Jüngeren, auf die Jugend, auf ihre Unbekümmertheit, auf ihre Möglichkeiten, auf ihr Auslebenkönnen? Kommt uns da nicht manchmal der Zorn, dies zu unterbinden, dieses allzulaute und üppige Leben abzuwürgen, wie den Sohn, der vom Vater geopfert werden sollte? Eine der wichtigsten Geschichten für mich ist die nachtdunkle Erzählung vom Kampf des Jakob mit dem

Unbekannten am gefährlichen Fluß (Gen 32,23–30). Zeichnet diese Geschichte nicht den oft bedrohlichen Kampf der zwei Seelen in unserer Brust nach, das Suchen, das Ringen nach unserer Selbstfindung: wer sind wir hinter soviel Masken, was will ich eigentlich tun, was ist meine ureigene Stimme, wer ist dieser Gott wirklich, wie existiert er auf mich zu, was will der Gott von mir?

In der Bibel ist auch vom maßlosen Zorn die Rede, von einem Zorn, der alle Rücksicht und alle Haltung niederreißt und hinwegscheucht: Jesus treibt mit einer Peitsche die Händler aus dem Tempel, wirft das Wechselgeld auf den Boden, tritt die Tische um (Mt 21,12–13) – ich brauche mich deswegen meines Zorns weniger zu schämen.

Auch von Feigheit ist die Rede. Petrus will Jesus nicht gekannt haben, will niemals etwas mit ihm zu tun gehabt haben, weil er sich vor dem Gerede, vor der Folter, vor dem Tod fürchtet. Wie oft sind wir Petrus?

Aber auch die Inseln der Geborgenheit, die wir manchmal anfahren dürfen, auf denen wir rasten können, werden in der Bibel beschrieben, das ganz Eingehüllt-Sein in warme Sicherheit:

Der Herr nahm sich selbst sein Volk als Anteil,
Jakob wurde sein Erbland.
Er fand ihn in der Steppe,
in der Wüste, wo die wilden Tiere heulen.
Er hüllte ihn ein, gab auf ihn acht
und hütete ihn wie seinen Augenstern,
wie der Adler, der sein Nest beschützt
und über seinen Jungen schwebt.
Der seine Schwingen ausbreitet, ein Junges ergreift
und es flügelschlagend davonträgt. *(Dtn 32,9–12)*

Immer wieder geben Beziehungen und Gespräche zwischen Menschen, mit denen wir zusammenleben und die wir unversehens treffen eine solche Geborgenheit, wie sie im Buch Jesaja noch hautnäher beschrieben wird: ... ich vergesse dich nicht. Sieh her: Ich habe dich eingezeichnet in meine Hände ... (Jes 49,15–16).

Auch der Zärtlichkeit, die wir so oft nötig haben, manchmal geben und manchmal an uns spüren, können wir in der Bibel begegnen, in den Liebesgedichten des Alten Testamentes. Das wird in folgendem Beispiel besonders deutlich:

Mein Geliebter ruht wie ein Beutel mit Myrrhe an meiner Brust.
Eine Hennablüte ist mein Geliebter mir aus den Weinbergen von En-Gedi.
(Hld 1,13–14)

Jesus hat Zärtlichkeit erweisen und annehmen können. Er ist der Berührung nicht ausgewichen, er läßt die Kinder an sich heran, will keinen Zwischenraum, berührt sie zart und freundlich und drückt sie an sich (Mk 10,13–16).

Jesus läßt sich von einer Frau berühren, spürt ihre Finger, die ihn salben und spürt ihre Haare an seiner Haut und läßt dies zu, sogar unter den kritischen Blicken der Öffentlichkeit:

Maria aber nahm ein Pfund echten kostbaren Nardenöls, salbte die Füße Jesu und trocknete sie mit ihren Haaren; das Haus wurde vom Duft des Öls erfüllt. *(Joh 12,3)*

Immer wieder ist in der Bibel von der Hoffnung die Rede und von der Zukunft, davon, daß die kommende Zeit eine Zeit der Feste und des Friedens werden wird, wo sich alle verstehen und ohne Haß und Aggression miteinander leben, wo weder Krankheit noch Krieg plötzlich erschrecken:

Dann schmieden sie Pflugscharen aus ihren Schwertern und Winzermesser aus ihren Lanzen. Man zieht nicht mehr das Schwert Volk gegen Volk und übt sich nicht mehr für den Krieg. Jeder sitzt unter seinem Weinstock und unter seinem Feigenbaum, und niemand weckt ihn auf. *(Mich 4,3–4)*

Im letzten Buch der Bibel wird uns ein Bild vorgestellt, das im Leser die Hoffnung auf eine erlösende Zukunft wacher und farbiger werden läßt:

Er, Gott, wird jede Träne von ihren Augen wegwischen, es wird kein Tod, keine Trauer, keine Klage und kein Schmerz mehr sein. Denn, was einmal war, ist vergangen. *(Off 21,4)*

Fritz Boll

Engel haben ihre Geschichte – Notizen zu einer Frage, die manche Erzieher im Kindergarten beschäftigt

Wer in früheren Jahrgängen von *Welt des Kindes* blättert, findet überraschend viele Aufsätze und Anregungen, die sich mit dem Thema ›Engel in der religiösen Erziehung‹ beschäftigen. Aus dieser Fülle einige Zitate: »Mit dem Gedanken an Gott verbindet sich von selbst die Lehre vom Schutzengel. So lieb hat Gott die Menschen, daß er ihnen allein einen eigenen himmlischen Geist zum Geleite gibt. Im Auftrag Gottes behütet er das Kind, geht immer mit ihm, wacht bei ihm, redet auch zu ihm (Stimme des Gewissens!), hat Trauer, wenn das Kind böse ist, und tadelt es in seinem Herzen« (1924). – »Das Kind muß angeleitet werden, auf die Mahnungen und Einflüsterungen des Schutzengels zu horchen. Konkret könnte man dem Kind sagen, daß der Schutzengel am Morgen mahnt, ein gutes Morgengebet zu verrichten. Dann ist der Schutzengel zufrieden und schreibt diese gute Tat

in ein Buch« (1957). – »Für jeden Erzieher ist die Anwesenheit des Schutzengels sehr tröstlich ... Wie glücklich das Kind, das sich voll Vertrauen an seinen Schutzengel wenden kann!« (1961).
Aufatmend wird mancher feststellen, daß diese Zeit des Mißbrauchs religiöser Erziehung vorbei ist. Die Zitate weisen aber auch darauf hin, daß die Rede vom Engel eine Geschichte und damit auch eine Entwicklung hat. In einer Zeit wie heute, in der die Religion kaum mehr als gesamtgesellschaftliche Sinndeutung angenommen wird, sondern eher ein kirchlich orientiertes Randdasein führt, werden Engelvorstellungen unerheblich, in der Hierarchie der Glaubenswahrheiten stehen sie sowieso nicht an erster Stelle. – Trotzdem spielen Engel eine Rolle, zumindest als Verlegenheit bei Erziehern im Kindergarten: wenn man in der Zeit vor Weihnachten aus der Kindheitsgeschichte Jesu erzählt, soll man den Verkündigungsengel oder die Engel, die den Hirten auf dem Feld erscheinen, weglassen oder nicht? Soll man überhaupt im Kindergarten Geschichten von Engeln erzählen? Solche Fragen, immer wieder – zum Beispiel auf religionspädagogischen Fortbildungsveranstaltungen – von Erziehern gestellt, sind Anlaß für die folgenden Überlegungen. Dabei kann es sich freilich nicht um eine umfassende *Engelkunde* handeln, sondern eher um einzelne Gedanken, die für den Umgang im Kindergarten hilfreich sein können.

Symbolische Bedeutung der Engel

Offensichtlich wird Erziehern in der Ausbildung – im Religionsunterricht oder in der Religionspädagogik – gesagt, sie sollten das Wort *Engel* vermeiden und dafür im Umgang mit Kindern vom *Boten Gottes* sprechen. Diese Aufforderung ist sicher gut gemeint und theologisch korrekt (*Engel* leitet sich ab aus *angelos* = der Bote), aber sie widerspricht der Alltagserfahrung. Kinder lassen sich den Engel nicht nehmen; diese Bilder und Gestalten mit Flügeln prägen sich ihnen tief ein, gleichgültig ob es sich um kitschige Weihnachtsengel oder um künstlerische Darstellungen handelt. Auch unser Alltagssprachgebrauch spricht gegen diese verlangte Verkürzung; auch ohne ausgesprochen religiöse Deutung verwendet man das Wort *Engel,* es steht für Gutes, Schönes, Positives: jeder weiß sofort, was gemeint ist, wenn vom *Engel von Kalkutta* die Rede ist, wenn Frauen sich zusammentun, um anderen zu helfen und diese Vereinigung *Ruf einen Engel* nennen. Selbst wenn eine Krimi-Serie »Drei Engel für Charlie« lautet, ist die Symbolhaftigkeit offenkundig.
L. Herkenrath berichtete in einem Rundfunkvortrag folgende Geschichte aus einer konfessionell gemischten Religionsstunde: »Der Lehrer hat beim Erzählen einer Engel-Geschichte sorgfältig darauf geachtet, den Gottesboten als einen Mann von dieser Welt herauszuarbeiten (wie eine anständige Exegese dies heutzutage verlangt). Anschließend wird die Geschichte gemalt. Und, gehorsam dem protestantischen Prinzip, malen die evangeli-

schen Drittkläßler alle einen schlichten Boten, finden dann aber die wie selbstverständlich gemalten Flügelwesen ihrer katholischen Mitschüler so viel schöner, daß sie ihren Bildern schnell noch die Flügel hinzufügen.«

Flügel sind ein Ursymbol menschlicher Hoffnung, sie weisen auf Geborgenheit ebenso wie auf Phantasien der Allmacht. »Wie bei allen Geschöpfen sich des Schöpfers Macht offenbart, so kann alles Kreatürliche zu einem Symbol des Göttlichen werden. Im Bilde der Flügel wird Gottes allerbarmende Liebe und Fürsorge sichtbar vor Augen gestellt. Nach dem Auszug aus Ägypten sprach der Herr zu seinem Volk: ›Ihr habt gesehen, ... wie ich euch auf Adlerflügeln getragen habe‹ (Ex 19,4). Von der reingoldenen Deckplatte der Bundeslade heißt es, daß sie von den Flügeln der goldenen Kerubim überdacht werden soll (Ex 25,20). Der fromme Sänger betet in den Psalmen zu Gott: ›Wie einen Augapfel behüte mich doch, in deiner Flügel Schatten verbirg mich‹ (Ps 17,8). Wie die Vogeljungen Zuflucht unter den elterlichen Fittichen suchen, so hofft der vom Leben hin und her geworfene Mensch auf Gott. ›Sei gnädig mir, Gott, gnädig sei mir! Denn bei dir sucht meine Seele ihre Zuflucht! In deiner Schwingen Schatten berge ich mich, bis das Verderben vorüber‹ (Ps 57,2). Dem Gläubigen wird Gott zur Errettung, im Schutze seiner Schwingen kann er getrost ausruhen (Ps 63,8).«[1]

Daß Engel fliegen können, ist Kindern wichtig. Es kann also durchaus sein, daß sie in Geschichten und Darstellungen von Engeln unbewußt eine psychische Realität erfahren, vergleichbar den Figuren und Gestalten des Märchens, mit der sie in die Lage versetzt werden, Konflikte, Wünsche und Bedürfnisse aufzuarbeiten. Vergleichbar ist diese von Engel-Geschichten ausgehende Faszination mit dem Heldenmythos, der in der individuellen Persönlichkeitsentwicklung eine wichtige Rolle spielt. Als diese Zeitschrift anläßlich des Bundeskongresses »Das schöpferische Kind« ein Poster herausbrachte, auf dem eine Puppe dargestellt ist, reagierte ein kleiner Junge: »Warum macht ihr nicht mal ein Plakat für Kinder? Zum Beispiel mit *Superman.*«

Engel in der Bibel

Es gibt eine Fülle der verschiedensten Anschauungen über die Engel im Alten wie im Neuen Testament. Je nach ihrer Aufgabe, ihrem Aussehen oder ihrer Beziehung zu Gott werden sie *Engel* (Boten), *Männer, Heer Jahwes, Heer des Himmels* genannt. Zu einer späteren Zeit deutet man sie als Söhne Gottes, Göttliche, Fürsten, Mächte, Geister. Sie kommen als helfende oder strafende Boten Gottes, sind dem einzelnen Volk zugeteilt und tragen vielfach einen eigenen Namen (Michael, Gabriel, Raphael, Uriel). Zurückhaltend und nüchtern ist das Alte Testament vor allem in seinen frühen Schichten in der Darstellung von Engeln. Erst im späteren Judentum erfährt der Glaube an Engel (und an Dämonen) einen unerhörten Aufschwung. Diese Tatsache, daß auch Engel ihre Geschichte haben, hängt mit der

Flügel sind ein Ursymbol menschlicher Hoffnung . . .

Entwicklung der Gottesvorstellung zusammen. In den Ursprüngen hat der jüdische Mensch noch ein sehr nahes und direktes Verhältnis zu Gott. In der berühmten Erzählung Genesis 18, in der Abraham vorbeikommende Männer bewirtet, werden diese Männer zwar als Boten verstanden, aber Gott spricht direkt mit Abraham. Erst in späterer Zeit, als Gott immer transzendenter verstanden wurde, brauchte man Mittelwesen, um das Wirken Gottes an die Menschen zu vermitteln. »Aber am häufigsten« – schreibt Lindenberg – »sind es Boten, Männer, die des Wegs kommen und im Gespräch eine Botschaft übermitteln. Keiner von den Begegnenden weiß, daß es ein Bote Gottes ist, aber er lauscht der Botschaft und bewahrt sie in seinem Herzen, mag die Nachricht auch noch so unwahrscheinlich klingen wie die Verheißung eines Kindes bei den greisen Abraham und Sara. Diese Gottesboten lassen sich die Füße waschen, sie essen und trinken, und sie werden handgreiflich wie bei Lot und bei Jakob, sie löschen das Feuer im feurigen Ofen, und sie gehen mit einem Jüngling auf wochenlange Reisen in fremde Länder.«[2]

In den Evangelien des Neuen Testamentes begegnen Engelerscheinungen nur selten. Eine Ausnahme bilden die Kindheits- und Auferstehungsgeschichten.

»In den Kindheitsevangelien des Matthäus und Lukas wird erzählt, daß Engel bei Menschen ein- und ausgehen. In den übrigen Evangelien ist davon nicht die Rede. ›Engel des Herrn‹ ist eine Übersetzung des hebräischen ›Bote Gottes‹ (mal'ak Jahwe). In ihren ältesten Schichten berichtet die Bibel von Menschen, die direkt mit Gott gesprochen haben, ihm begegnet sind. Doch je mehr man über Gott nachdenkt, sich seiner Erhabenheit und Andersartigkeit bewußt wird, desto mehr empfindet man den Abstand zwischen Gott und der Welt. Und je mehr Theologie und Frömmigkeit Gott in den Himmel entrücken, desto mehr bedarf er der Boten.

Zwei Beobachtungen sind in diesem Zusammenhang wichtig. Erstens: Jeder andere Mensch kann Bote Gottes sein; es ist also nicht von vornherein von einem außerirdischen, geistigen Wesen die Rede; jedes Ereignis, durch das ein Mensch den Anruf Gottes erkennt, ist ›Engel‹ für ihn. Zweitens: Der Unterschied zwischen Gott und seinem Boten wird oft verwischt (vgl. etwa Gen 16,9 mit 16,13).

Die neutestamentliche Redeweise von Engelerscheinungen und ihren Botschaften entspricht also theologischer Reflexion, wie sie sich schon im Alten Testament anbahnt. Sie dient als Kompositions- und Stilmittel, das immer dann Verwendung findet, wenn Gottes Welt in die der Menschen einbricht.

Wenn wir feststellen müssen, daß die Engelerscheinungen in den Kindheitsevangelien theologisches Stilmittel sind, einer Theologie entspringen, die um Gottes Jenseitigkeit und Heiligkeit besorgt war, dann ist damit selbstverständlich kein generelles Urteil über Existenz oder Nichtexistenz personaler Geistwesen gefällt.«[3]

Praktische Überlegungen

Aus den wenigen, nur skizzenhaften Überlegungen ist sicher schon eines deutlich geworden. Für den, der über Engel und ihre Bedeutung nachdenkt, ist die Frage nicht mehr wichtig, ob es Engel gibt oder nicht. Berichte und Erzählungen, in denen Engel eine Rolle spielen, zeigen, daß diese für eine Wirklichkeit stehen, die sehr viel bedeutsamer ist. So wird z.B. in den Kindheitsgeschichten von Matthäus und Lukas die für damals wie heute wichtige Glaubensaussage zum Ausdruck gebracht, daß Jesus der verheißene Messias, der Sohn Gottes ist. Schon sein Ursprung liegt in Gott. Dies wird durch das »Stilmittel« der Engel verdeutlicht, unabhängig ob sie leiblich und in konkreter Gestalt wie bei Lukas oder ob sie im Traum erscheinen wie bei Matthäus. Ebenso, um die gemeinte Wirklichkeit noch an einem anderen Beispiel zu zeigen, ist es bei der Geschichte vom leeren Grab. Der Engel bringt den Frauen zwar eine Botschaft, aber er sagt nichts, was sie nicht schon vorher gewußt haben. Er *erinnert* sie an die Worte Jesu, und somit wird für die Frauen eine Erfahrung zur Gewißheit. Aus der Sicht des Glaubens gesehen kommt diese Gewißheit von Gott.

Es ist also wenig sinnvoll, wenn man beim Erzähler biblischer Geschichten im Kindergarten oder bei anderer Gelegenheit die Engelgeschichten den Kindern vorenthält. Die folgenden Bemerkungen sollen eine kleine Anregung bieten, wie das im Kindergarten geschehen kann.

– Unnötig sind Kindern gegenüber theologische Erklärungen und Belehrungen. Es geht darum, daß man ihnen eine zusammenhängende Geschichte erzählt, in deren Handlungsablauf die Rolle des Engels von alleine deutlich wird. Aus der Vielzahl von Engelgeschichten hier eine kleine Auswahl:

Abraham und die drei Boten (Genesis, Kapitel 18)
Jakobs Kampf mit dem Unbekannten (Genesis, Kapitel 32)
Gott ruft Samuel (1 Samuel, Kapitel 3)
Die drei Männer im feurigen Ofen (Daniel, Kapitel 3)
Tobias und sein Freund Raphael (Buch Tobit)
Aus der Kindheitsgeschichte nach dem Lukasevangelium (Verkündigung, Kapitel 1, Geburt Jesu und Besuch der Hirten, Kapitel 2)
Aus den Auferstehungsgeschichten nach dem Lukasevangelium (Das leere Grab, Kapitel 24)

– Zum Beispiel in der vorweihnachtlichen Zeit begegnen Kinder einer Vielzahl von Engeldarstellungen in Schaufenstern, Reklame, Krippendarstellungen. Es ist sicher sehr sinnvoll, wenn man den Kindern die Möglichkeit gibt, diese Alltagsvorstellungen durch gute Bilder und Darstellungen aus der Kunstgeschichte zu ergänzen. Außerdem kann es für die Kinder nützlich sein, wenn konkrete Bilder und Bildbände für sie greifbar im Kindergarten zur Verfügung stehen. – Ein Kindergartenteam berichtet, daß sie in der Zeit vor Weihnachten den Kindern auf Dias aufgenommene künstlerische

Darstellungen von Engeln gezeigt hätten, um so den Kindern einen Zugang zu den verschiedenartigen künstlerischen Darstellungsformen zu eröffnen.

– Es braucht kaum betont zu werden, daß die Rede vom Schutzengel gegenüber Kindern sehr zurückhaltend sein muß, um nicht in die Gefahr von Mißverständnissen und pädagogischem Mißbrauch zu führen. Sehr viel besser ist es, den Kindern dafür die schöne Geschichte von Tobias und seinem Freunde Raphael zu erzählen.

– Wer sich mit Engeln etwas mehr beschäftigen will, als dies in wenigen Zeilen geschehen konnte, dem sei folgende Lektüre empfohlen: 1. Claus Westermann, Gottes Engel brauchen keine Flügel. Kreuz-Verlag, Stuttgart. 2. Walter Nigg, Karl Gröning, Bleibt ihr Engel, bleibt bei mir. Verlag Ullstein GmbH, Berlin. 3. Wladimir Lindenberg, Gottes Boten unter uns. Ernst Reinhardt Verlag, München/Basel.

Anmerkungen

1 Manfred Lurker, Wörterbuch biblischer Bilder und Symbole, Kösel-Verlag, München 1973, S. 103.

2 Wladimir Lindenberg, Gottes Boten unter uns. E. Reinhardt Verlag, München/Basel 1977, S. 33.

3 Eleonore Beck, Gottes Sohn kam in die Welt, Verlag Kath. Bibelwerk, Stuttgart 1977, S. 120.

Karl Heinz König

Der biblische Wandfries für Kinder

Was kommt Ihnen in den Sinn, wenn Sie in kurzen Zeitabständen nacheinander folgende Stichwörter lesen: Gottvater – Himmel – Hölle – Christus – Maria?

Sicherlich werden Sie bestätigen, die Vorstellung ist an konkrete Bilder gebunden. Oft sind es Bildererinnerungen, die nicht selten bis in die Kindheit zurückgreifen. Mitunter sind es auch mehrere Bilder, die bestimmte Elemente zu einem neuen persönlichen Bild liefern. Bilder sind also Medien, sie transportieren Inhalte, gleich ob man sie reproduktiv aufnimmt oder produktiv abgibt. Wenn sogar die Vorstellung des Erwachsenen noch stark an bildhafte Veranschaulichung gebunden ist, um wieviel mehr muß das Kind der Imagination ausgeliefert sein. »Eine nur wissensmäßige Zurkenntnisnahme, eine Anhäufung von Begriffen und abstrakten Sätzen erreicht nicht die Tiefe der Seele. Nur wer in Bildern redet, verschafft sich Zugang zur Tiefe; denn nur was in die Tiefe der kindlichen Seele eindringt, hat

bleibenden Bestand und ist später rufbar.«[1] Das fordert vom Erzieher ein hohes Maß an didaktischer und methodischer Verantwortlichkeit, wenn er bildhafte Texte auswählt, plastisch erzählt oder Bildwerke zeigt.
Zwei Entscheidungskriterien sind zur Auswahl notwendig: 1. Das Kriterium des Künstlerisch-Ästhetischen: WIE sagt das Bild aus?
2. Das Kriterium des Aussagegrundes: WAS sagt das Bild aus? Im zweiten Teil des Beitrages wollen wir mit diesen Kriterien praktisch einen Wandfries beurteilen.
Zuvor jedoch noch einige grundsätzliche Überlegungen:
Wandfries und Leporello stehen in einer Tradition, die in unserem Kulturraum bis in die Bronzezeit (etwa um 1500 v. Chr.) zurückreicht. Der Bildfries der Felsenmalerei in Spanien und Skandinavien besteht aus ablesbaren Bildzeichen, die wahrscheinlich auch informativ vermitteln sollten, letztlich aber magische Beweggründe hatten, das Dunkle und Angsterregende der Natur zu beschwören.
Technisch vollkommener sind die Wandmalereien des christlichen Mittelalters. Gregor der Große begutachtete sie um 600 n. Chr. etwa so: »Die Malerei wird in den Kirchen zugelassen, damit diejenigen, die keine Buchstaben können, wenigstens an den Wänden schauend aufnehmen, was sie in den Büchern zu lesen unvermögend sind.«[2] Beide Momente aus der Kunst- und Kulturgeschichte geben dem Erzieher einen Aufschluß: Für Analphabeten, also für die, die (noch) nicht lesen und schreiben können, steht das selbstgefertigte Bild für »Schreiben«, das zu interpretierende Fremdbild für »Lesen«.
Sicherlich handelt es sich nicht nur um eine Erkenntnis für die notwendige bildnerische Erziehung im Vorschulalter, sondern um eine wesenhafte Urveranlagung des Menschen, die mehr auszusagen vermag als Laute und Buchstaben.
Die pädagogische Aufgabe der Bilderziehung muß demnach zweigleisig sein: Im Umgang mit ästhetischen Objekten (Werkbetrachtung) und im eigenen bildnerischen Tun. So muß auch hier die Frage aufgeworfen werden, wann es pädagogisch wertvoller ist, Eindrücke und Erkenntnisse als Bildfolge in Ausdruck umzusetzen oder Eindrücke und Erkenntnisse aus vorgefertigten Bildern zu gewinnen.

Die Fähigkeit des Schauens

Produktives Schauen setzt einen neutralen Standpunkt voraus, wogegen eine voreingenommene Sehweise demzufolge ziemlich unproduktiv bleibt. Es wird nichts hinzugewonnen, sondern nur Vorhandenes bestätigt. Lediglich die Subjektivität wird gefestigt.
Jedoch Wahrnehmungen sind durch vielfache Erfahrungen vorgeprägt, denn der Mensch ist kaum in der Lage, ein Phänomen *an sich* wahrzunehmen.[3] Er sammelt von außen nach innen bildhafte Elemente für eine eigene

Vorstellung. Was bedeutet das für die Bildinformation zu religiösen Sachverhalten, z. B. zum Begreifen von »Gott«, »Himmel« oder »Christus«?
Das Kind bindet Erlebnisse und Erfahrungen seiner Umwelt an konkrete Bilder. Diese dürfen nicht oberflächlich, sie müssen wesentlich sein, nicht unterhaltend, sondern existentiell. Häufige Vergleiche guter Bilder helfen weiter, sie bannen die Gefahr der Ausschließlichkeit. Mit zunehmenden bildnerischen Kenntnissen erweitert sich auch die Information eines Werkes.
Im Hinblick auf den Bildfries steht die Frage an, ob der Gesamteindruck einer Bildfolge am Anfang stehen sollte oder das Werk von Bild zu Bild, d. h. von Motiv zu Motiv oder Szene zu Szene zu erschließen ist.

Bildnerisches Tun

Wenn der größere Erfolg der Betrachtung im Vergleich liegt, so ist wohl das eigenschöpferische Tun der eigentliche Schlüssel zu einem ästhetischen Objekt, weil eigenes Tun nicht nur Denkfragen, sondern auch Werkfragen stellt. Hat ein Kind z. B. selbst einmal Comics angefertigt, so wird es die Machart und auch ihre Wirkungsweise besser ergründen, ohne sie vielleicht ganz verbalisieren zu können.
Haben Kinder selbst einmal eine Bibelperikope bildnerisch umgesetzt, dann werden sie die Verdichtungsproblematik eines Bildfrieses tiefer erfassen. Sie werden eher den Aussagehintergrund erfragen als nur beim Vordergrund des Bildträgers stehen bleiben.
Jedoch geht der Gestaltung ein erster Veranschaulichungsprozeß voraus in der bildhaft-plastischen Sprache der Darbietung. Sie darf nicht die schöpferische Phantasie des Kindes festlegen, sondern sie muß sie in Bewegung setzen.
Soll das Kind nun selbst »bildnahe Stellen« einer Geschichte finden, wie G. Otto sagt, oder soll es der Erzieher auf ein Thema festlegen? Grundsätzlich sollte man das von Fall zu Fall entscheiden, zumal das ungeübte Kind noch feste Anhaltspunkte braucht. Jedoch bei einer Bildfolge gilt es, die Struktur der Erzählung zu ergründen. Hierin sehe ich den pädagogischen Wert gerade dieser Übung: »Aus welchen Szenen setzt sich diese Geschichte zusammen?« Das wäre die Ausgangsfrage. Daran würde anknüpfen: »Was muß in den einzelnen Motiven oder Szenen an Hintergrund transparent werden?« Vielleicht erahnt man an diesen beiden Kernfragen den Verbalisierungsprozeß, der nicht nur der Gestaltung zur Klärung verhilft.
In Abwägung beider Methoden, der induktiven, vom Bild zum Text, und der deduktiven, vom Text zum Bild, wird man Vor- und Nachteile erkennen. Pädagogischen Wert haben beide, wenn man auch beim Bild als Einstiegsmedium vorsichtiger und wählerischer sein muß als bei der eigenen bildnerischen Umsetzung eines Bibeltextes.
Selbstverständlich muß auch der Text unter dem Aspekt der Bildhaftigkeit ausgewählt sein.

Exemplarisch soll nun eine Bildauseinandersetzung folgen, die den Leser aktiviert, die ihn produktiv miteinbezieht. Deshalb sollte er sich überlegen, ob er das alleine durchsteht oder die aktivierende und animierende Gemeinschaft einer Gruppe sucht. Als Medium dient der Wandfries aus dem Kaufmann-Verlag, Lahr: »Die Heilung des Blinden«. Er ist sowohl im Großformat (119×29 cm) als auch im Kleinformat (78×19 cm) als Leporello lieferbar.

Erstes Kriterium: WIE sagt das Bild aus? (s. Materialteil 1)

Wie viele und welche Einzelmotive hat die Bildfolge?
Sind die Motive durchgehend oder voneinander abgegrenzt?
Sind die einzelnen Gestalten klischeehaft oder je nach Handlung so ausdrucksstark, daß sie zum Nachfragen des Betrachters anreizen?
Ist die Gesamtkonzeption in Form, Farbe und Erzählstil ausgewogen?
Wie würden Sie das Bild rein optisch Vorschulkindern vertraut machen, als geschlossene Bildfolge oder jedes Motiv einzeln?

Vielleicht ist hier noch interessant, daß die Entwicklung des Bildfrieses auf den einzelnen Kulturstufen auch der kindlichen Entwicklung der Auffassung von Bildfolgen entspricht. Vorschulkinder (etwa 4–7 Jahre) fassen wie die Felsenmaler eine Bildfolge ganzheitlich durchgehend auf. Ältere Kinder hingegen (etwa ab 8 Jahre) arbeiten und sehen szenenhaft, entsprechend den Wandbildern der Frühromanik. Sie grenzen also Szene für Szene deutlich voneinander ab.

Zweites Kriterium: WAS sagt das Bild aus?

Können Sie mit Hilfe des Bildfrieses den biblischen Erzählstoff ergründen?
Um welche Perikope handelt es sich: Mk 8,22–26, Mk 10,42–52, Mt 9,27–31, Joh 9,1–41?
Lesen Sie bitte den Text sorgfältig durch!
Versuchen Sie, den Text zu gliedern (Abschnittsüberschriften)!
Stimmen Bild- und Textgliederung überein?
Kann der Haupterzählstrang des Textes Vorschulkindern verständlich gemacht werden?
Macht der Wandfries den Text einem Vorschulkind zugänglich?
Vergleichen Sie die Übersetzung einer normalen Bibelausgabe mit dem Nacherzählmuster im Materialteil 4. (Beachten Sie den kindgemäßen Haupterzählstrang, Satzbau, Wortwahl, interpretierende Ausmalungen!)

Der Wandfries hat vier Bildsequenzen:

1. Der Blinde bettelt vor dem Tempel.
2. a) Der Blinde wird vom Tempel zum See geführt.
   b) Der Blinde wäscht die Augen und kann sehen.

3. Der Blinde bezeugt mit Hilfe seiner ängstlichen Mutter den argwöhnischen Pharisäern seine Heilung. Er wird ausgewiesen.
4. Der ehemals Blinde kniet vor einer leuchtendweißen Gestalt (Christus) nieder.
Der Bezug der ersten und dritten Sequenz ist der Tempel (bettelnd vor dem Tempel, Verhör im Tempel). Der Bezug der zweiten und vierten Sequenz ist Christus. Während der Bildfries den Tempelbezug menschlich verständlich darstellt, so fehlt im zweiten Bezug eine wesentliche Information: Was ging der Reinigung im Teiche Siloah voraus? Warum ist der Vorgang, Christus bestreicht die Augen des Blinden mit feuchter Erde, nicht dargestellt? Hier scheint das Geheimnis, der tiefere Grund der Perikope zu liegen. Ein Geheimnis ist nicht darstellbar, aber es muß transparent gemacht werden. Ein fünfjähriges Mädchen, das den Text nicht kannte, fand den Schlüssel: »Jesus ist das Geheimnis (vierte Bildsequenz). Er hat mit dem Blinden etwas angestellt.« In der Mitte zwischen beiden Motiven der zweiten Bildsequenz steht eine kleine Blume in einem offenen Fenster. Ist das Zufall?
Ist die Wundergeschichte Historie oder Zeichen?
Ist die Heilung natürlich erklärbar, vielleicht mit Hilfe von Materialteil 2?
Lesen Sie Materialteil 3! Erkennen Sie die andere Dimension?
Wie könnte Kindern diese Tiefenschicht erschlossen werden?
Auch das Kind stellt eine existentielle Frage, eine Frage nach Geborgenheit, letzter Angenommenheit und bedingungsloser Liebe. »Das Bergende ist das Existential der biblischen Botschaft schlechthin, es ist ... Heil.«[4] Das Evangelium zeigt dem Kind »die heile Welt Gottes, in der es wohlgeleitet und behütet leben kann. Die heile Welt ist (aber) nicht eine vollkommene, ideale Welt, in der es gar kein Unrecht gibt, sondern eine Welt, in der das Unrecht als solches erkannt und überwunden wird.«[5] Hier liegt auch der Schlüssel für die Blindenheilung: »Jesus macht Gottes Macht in allen Schichten des irdischen Daseins geltend: gegenüber dem Kosmos, dem Menschenleid, der Macht der Finsternis ... Gottes Herrschaft greift die Gewalten an, die sich ihr entgegenstellen«,[6] die Macht der Krankheit und die Macht der Pharisäer, der Blindheit schlechthin. Jesus sagt von sich: »Ich bin das Licht der Welt!« Der Blinde in der Johannesperikope wird zweimal sehend, einmal physisch im Teich Siloah, und nachdem er mit seiner ungläubigen Umwelt einiges durchgemacht hat, auch geistig.
Jetzt sieht er Christus wirklich, er beginnt zu erkennen: Christus ist der neue Schöpfer, er macht den Menschen neu. So begreift man die Zeichen der »feuchten Erde«, aus der der Blinde als ein neuer Adam geschaffen wurde[7], das »Wasser« der Taufe und das »Licht« der Welt.
Auch für Vorschulkinder von 4–6 Jahren dürfte der Kern dieser Geschichte annähernd verständlich werden: Das doppelte Verständnis von Blindheit und Sehendwerden (Bildsequenz 1 und 2 des Wandfrieses im Gegensatz zu Bildsequenz 3 und 4).
Leider hat die an sich so gute Bildfolge hier eine Schwäche: Die Farben

erschweren Lesbarkeit und Aufschlüsselung. Auch der linke Pharisäer hat ein weißes Gewand an, so verblaßt die Lichtgestalt Christi auf dem dunkel gehaltenen Farbgrund des ganzen Bildfrieses.
Wenn der Leser bis hierhin mitgehalten hat, so ist ein Prozeß in Gang gekommen, durch das Bild hindurch den Text zu erahnen oder gar zu verstehen. Nun kennt der Leser die zu vermittelnde Sache: Bild und Text. Kennt er auch das Kind, seine Mentalität und seine entwicklungsspezifische Aufnahmefähigkeit, so braucht er nur noch zu vermitteln.
Auch das »Nur noch« braucht seine Einsichten und Erfahrungen. So sollen auch hierzu noch einige Hilfen geboten werden:

Einführung vom Bild zum Text

Das Gesprächsprotokoll einer Bildeinführung in einem Kindergarten mit 4- bis 6jährigen ist aufschlußreich. Der Erzieher war sehr sparsam mit Worten, er entfaltete den Fries Bild für Bild, ließ die Kinder sprechen und gab gelegentlich Impulse, um die Richtung einzuhalten:
»Der sammelt Geld.« »Warum?« »Ist der blind?« »Der schläft nur!« (Protest) »Auch ein Blinder macht nicht die Augen zu!« »Der bettelt. Der kann ja nicht arbeiten.« »Der kann nicht allein gehen, sonst fällt der die Treppe runter. Der tastet.« »Jetzt kann er wieder sehen!« »Hat der sich gewaschen?« »Kann das jeder Blinde tun?« (Die 4- bis 5jährigen glaubten, jeder Blinde müsse sich nur waschen, dann könne er wieder sehen. Die 6jährigen suchten nach einem Hintergrund.)
»Der zeigt denen die Augen.« »Der mit den blauen Ärmeln glaubt das nicht.« »Ist das seine Frau?« (Mutter!) »Die hält sich an ihm fest.« (Sie hat Angst!) »Wollen die Männer denen was tun?« (Die glauben das nicht!) »Doch, das stimmt aber!« – »Was ist das denn für ein Mann?« »Was will der?« »Warum kniet der Blinde denn?« – »Hat der zu Gott gebetet, daß der wieder sehen kann?« (Der ist ganz hell, der andere ganz dunkel!) »Das ist Jesus!«
Zwischen Bildbetrachtung und Erzählung sollte genügend Spielraum sein (einige Tage), damit die Kinder sich hinlänglich mit den Bildern auseinandersetzen können. Dann erst sollte in straffen Zügen die Johannesperikope (beschränkt auf den bildhaften Erzählstrang unter Auslassung der Einführungs- und Schlußreden) erzählt werden, mehrmals erzählt werden, damit immer wieder gefragt und geklärt werden kann. Bedenken muß man nur, daß auf dieser Altersstufe das Fundament gelegt wird, das sich mit der Grundstruktur begnügt, aber ein Fundament, das trag- und ausbaufähig ist. Kinder brauchen Bilder, aber das Bild ist nur Träger eines Aussagegehaltes, an den sich der Erzieher mit Worten und Gedanken vorsichtig herantastet in Partnerschaft mit den Kindern.

Einführung vom Text zum Bild

Auch hier ist protokollartig ein Stundenablauf skizziert. Es handelt sich vorwiegend um 6jährige Kinder.

1. Problemkreis »Blindheit«: Ein Junge bekam die Augen zugebunden und mußte sich zu bestimmten Gegenständen im Raum vortasten. Anschließend wurde über Blinde gesprochen, wie sie sich zurechtfinden (tasten, spüren, riechen, hören), wie sie etwas lernen können (Blindenschrift, Handgriffe), ob sie arbeiten können (z.B. Bürsten herstellen, singen, betteln, heute verschiedene Berufe).
2. Die Perikope wurde straff und plastisch nacherzählt. Die Kinder hörten sehr aufmerksam zu und stellten Rückfragen.
3. Bildnerische Darstellung: Die Kinder überlegten eine Gemeinschaftsarbeit, wieviel Szenen sie darstellen müßten und wer diese oder jene gestalten sollte. Jeder sagte, wie er sich seine Szene vorstellte. Jede Szene wurde von mehreren Kindern übernommen. Nachher wurden die einzelnen Szenen vom Erzieher zu einem durchlaufenden Fries zusammengeklebt. Vor, während und nach der Gestaltung boten sich viele Möglichkeiten der Verbalisierung.

Warum sollte nicht jedes Kind seinen eigenen Fries machen?
(Vergleiche dazu die selbstgefertigten Bildfriese auf S. 40/41!)
Wenn Sie Möglichkeiten haben, so probieren sie aus, was besser ist: Gemeinschaftsarbeit, Einzelarbeit oder Partnerschaftsarbeit (2 oder 3 Kinder arbeiten zugleich an einem Bild).

Interessant ist, daß eine andere Gruppe, in der die Kinder vergleichsweise einzeln und in Partnerschaft arbeiten konnten, die gleichen 4 Motive wählten wie der vorgegebene Bildfries aus dem Kaufmann-Verlag. Nur in der zweiten Sequenz schalteten sie Christus ein, wie er die Augen mit Erde bestrich. 9jährige Kinder hingegen differenzierten die Perikope stärker, sie kamen auf eine Bildfolge von 7–9 Motiven. Jedes Motiv wurde konsequent gegen das andere abgegrenzt. Die einzelnen 6jährigen malten durchgehend, ihnen kam es auf den Gesamtrhythmus an.

Welches der zwei hier abgebildeten, von Kindern gemalten Bildfolgen ist in Partnerschaft und welches ist in Gemeinschaftsarbeit (4 Motive von 5 Kindern zusammengeklebt) gestaltet? Erkennen Sie unterschiedliche, individuelle Gestaltungsmomente?
Können Sie die Beweggründe (d.h. die Sehweise) der beiden Bildfriese deuten?

Detailfragen zu Materialteil 1, mittlerer Bildfries:

1. Wodurch wird der Blinde kenntlich gemacht?
2. Wie wird das Geführtwerden expressiv zum Ausdruck gebracht?

3. Warum taucht der Blinde ganz in den See unter?
4. Warum steht der Geheilte zwischen zwei festgeschlossenen Menschenreihen (so wie beim Spiel »Der Kaiser schickt seine Soldaten aus«, wo man keinen durchlassen darf)?
5. Warum wird nicht dargestellt, wie der Geheilte vor Christus niederfällt, sondern wie er nun von Christus geführt wird?

Detailfragen zu Materialteil 1, unterer Bildfries:

1. Wie ist hier Blindheit und Geführtwerden dargestellt?
2. Welcher Ausdruck zeigt die Augenwaschung?
3. Warum ist der Abstand zwischen dem Geheilten und Christus so groß?

Vergleichen Sie die einzelnen Szenen aller drei Bildfolgen miteinander. Treffen sie alle den Kern der biblischen Aussage? Worin bestehen die Nuancen der unterschiedlichen Auffassungen?
Gibt es einen Gestaltungsunterschied zwischen dem Erwachsenenbild und den Kinderbildern? Könnte man von hierher ableiten, was für die eine (deduktive) und die andere (induktive) Methode spricht?
Die Erarbeitung dieses Themas ist exemplarisch gedacht. Wenn es in der Praxis bewältigt, also mit einigem Erfolg konkret durchgeführt worden ist, dann müßte der Leser den Mut haben und vielleicht auch befähigt sein, sich ein neues Thema zu stellen.

Materialteil 2, Blindenheilung

aus: H. A. Mertens, Handbuch der Bibelkunde, Patmos-Verlag, Düsseldorf, 1966

Scharfes Sonnenlicht, feinster Staub, der die schweißfeuchten Lidränder mit harten Krusten überzieht, Wassermangel und die dadurch oft zur Gewohnheit gewordene Unsauberkeit waren und sind zum Teil noch heute im Orient die Ursachen von Augenkrankheiten, die häufig zu Blindheit führen; Blindheit durch Augentripper war aber ebenso häufig wie Erblinden durch solche Klima- und Schmutzeinflüsse.
Es gab keine Blindenfürsorge. Die Blinden lebten in ihren Familien, und weil sie auf keine andere Weise zur Ernährung beitragen konnten, bettelten sie. Sie galten unter den Bettlern als die ärmsten, aber auch als die frechsten oder wenigstens als die hartnäckigsten. Jeder orientalische Bettler ist zäh im Flehen und Fordern – die Blinden (weil sie nicht sehen, wen sie ansprechen können) übertreffen an Zähigkeit alle ...

Materialteil 3, Die Wunder Jesu

aus: K. Frör, Wege zur Schriftauslegung, Chr. Kaiser Verlag, München 1961

Die Wundererzählungen der Evangelien stellen die Auslegung vor besondere Schwierigkeiten. Dazu gehört nicht zuletzt die Frage nach ihrer Vereinbarkeit mit dem wissenschaftlichen Weltbild. Die Frage der »Durchbrechung der Naturgesetze« kann aber nicht am Anfang stehen, wenn es zu

einem sachgemäßen Verstehen der Texte kommen soll. Sie kann nicht das Eingangstor der Auslegung bilden, sondern sie muß am Schluß stehen. Erst müssen wir das Zeugnis dieser Texte im Zusammenhang mit dem Gesamtzeugnis des Neuen Testaments vernommen haben, dann wird auch diese verschlossene Tür sich leichter öffnen.

Auch die Wundergeschichten sind nicht als historische Protokolle entworfen, die das Geschehene mit der Zuverlässigkeit eines Chronisten wiedergeben wollen. Der historische Bericht steht auch hier im Dienst des Bekenntnisses zu dem gekreuzigten und auferstandenen Christus. Die Erzählungen sind in der Gemeindeunterweisung beheimatet, in der Faktum und Credo, Bericht und Predigt eine unlösliche Einheit bilden. Sie sind Zeugnisse der nachösterlichen Gemeinde von der Herrlichkeit des Kyrios, dem die Schöpfung übergeben ist, Joh 2,11. Der Kampf, den er vollbracht hat und der Sieg, den er errungen hat, wird überall schon vorausgesetzt. Sie sind samt und sonders Christuszeugnis und wollen vor allem andern und über alles andere hinaus als solches gehört und verstanden werden. Sie sind durch eine mündliche und schriftliche Überlieferungsgeschichte hindurchgegangen, in der die Uminterpretation und Vergegenwärtigung durch den Gebrauch in Predigt und Unterricht wirksam war. Was die Überlieferungsgeschichte aus ihnen gemacht hat, kann nicht als unbestechlicher Tatsachenbericht gewertet werden. Es muß mit legendären Ausmalungen, Übertragungen und auch Neubildungen gerechnet werden.

Das bedeutet aber nicht, daß hier in Wirklichkeit nichts geschehen wäre. Die Zeiten sind vorüber, wo man in den Wundergeschichten nichts anderes als symbolische Einkleidung für religiöse Ideen oder Einweihungsgrade sehen wollte...

Das wirkliche und auch historisch ursprüngliche Ärgernis an Jesus entzündet sich nicht an der »Durchbrechung der Naturgesetze« durch seine Wunder, sondern an der Frage, ob er mit Recht den Anspruch erhebt, in Gottes Auftrag zu kommen und zu handeln. Solange uns das vordergründige, weltbildhafte »Ärgernis« im Wege steht, kann das eigentliche Ärgernis an Jesus überhaupt nicht deutlich in unser Blickfeld treten. Vor ihm standen gerade die denkenden, ernsten und frommen Männer seiner Zeit (vgl. Mt 11,6; 12,24; 13,57). Es ist eine ganz wesentliche Aufgabe der Unterweisung und der Predigt heute, dem Hörer zu helfen, daß er nicht in dem uneigentlichen und vordergründigen »Ärgernis« stecken bleibt und dadurch der eigentlichen Entscheidungsfrage, um die es in der gesamten Botschaft Jesu einschließlich seiner Taten geht, überhaupt nicht ansichtig wird. Jede einzelne Wundergeschichte ist Christuszeugnis in Einheit mit dem verhüllenden Selbstzeugnis des irdischen Jesus. Sie bezeugt das eschatologische Kommen Gottes in Jesus Christus und stellt den Hörer vor die Christusfrage als die Frage nach seinem Glauben. Denn wir glauben nicht an Wunder, sondern an den, der die Vollmacht des Vaters hat...

Damit aber rücken dann die Fragen, die vom modernen Weltbild herkommen, ganz von selbst an den ihnen gebührenden Platz. Sie lösen sich nicht einfach in nichts auf, aber es ist dann doch eine durchaus sekundäre Frage, wo die Grenze zwischen Historie und Legende verläuft. Es ist dann auch eine sekundäre Frage, wieweit wir einzelne Wunder Jesu medizinisch oder parapsychologisch erklären können und wo die Grenzen der Erklärbarkeit heute liegen. Denn dann gibt es nur noch eine wirklich brennende Frage: Welchen Anspruch erheben diese Zeichen? Ist der auferstandene Christus der, dem alle Kreatur zur Neuschöpfung übergeben worden ist, oder sollen wir denen zufallen, die das alles inzwischen selbst in die Hand genommen haben? Der allmächtige Mensch oder der dreieinige Gott – das ist die Grundfrage, die hier verhandelt wird. Die Natur, mit der wir es zu tun haben, ist die Verknechtung der Schöpfung unter Sünde, Krankheit, Mangel, Angst und Tod. Wenn Christus diese Mächte besiegt, wird die ursprüngliche Schöpfung offenbar werden, in der wir in der »herrlichen Freiheit der Kinder Gottes« leben sollen (Röm 8,21). Er ist der Sieger, der zuletzt Herr sein wird über alle seine Feinde ...

Jesus ist Sieger über die Macht der Krankheiten. Er offenbart sich als der endzeitliche Helfer und wird als solcher an seinen Zeichen erkannt und gepriesen im eschatologischen Jubel der Augenzeugen (Mk 7,37, vgl. Jes 35,5f.). Eine gute Hilfe kann hier eine Beobachtung von Delling bedeuten, der die Liste der Geheilten von Mt 11,5 mit den Listen derer vergleicht, die damals vom offiziellen Tempelgottesdienst und von den großen Versammlungen der Qumran-Sekte ausgeschlossen waren. Es sind die Aussätzigen, die mit einem Ausfluß Behafteten, die Gelähmten, Blinden, Tauben und Stummen. Durch seine Heilungen stellt also Jesus nicht nur die schadhafte Kreatur wieder her, sondern er gliedert die Ausgeschlossenen wieder ein in die erlöste und erwählte Gottesgemeinde. »An der anbrechenden Heilszeit sollen alle Söhne und Töchter Abrahams teilhaben, wie der Zöllner Zachäus (Lk 19,9) und mit ihm alle Zöllner und Sünder, so auch die verkrümmte Frau von Lk 13,16 und mit ihr alle Lahmen und Krüppel und Tauben und Blinden.« So predigen die Werke Jesu zeichenhaft das gleiche Kommen der endzeitlichen Basileia wie seine Gemeinschaft mit den Verlorenen im Wort und Mahl.

Materialteil 4

Erzählvorschlag (vorgesehen für 7- bis 9jährige) nach Joh 9,1–41
aus: D. Steinwede in Werkbuch Biblische Geschichte II, Verlag Vandenhoeck & Ruprecht, Göttingen 1970

Jesus kommt. Er geht vorbei. Da sieht er einen, der blind ist.
Der ist schon immer blind gewesen. – Der Mensch ist blind geboren.
Jesus bleibt stehen. Er sieht ihn an: Der Mensch ist ganz im Dunkeln.

Jesus sagt: Ich bin gekommen. Ich tue, was Gott will.
Jetzt ist die Zeit. Jetzt wird es hell. Ich bringe Licht in die Welt. –

Und Jesus nimmt Erde in seine Hand. Er geht zu dem Blinden hin.
Er streicht ihm die Erde über die Augen.
Und Jesus sagt: Geh los! Mache dich auf zum Teich Siloah!
Wasche dir dort die Augen aus!

Da geht er los, der blinde Mann. Er tappt dorthin. Er findet den Teich.
Er kommt zum Wasser. Er wäscht sich die Augen.

Und da, da wird es hell. Er kommt zurück. Der Mensch kann sehen.
Da sagen die Leute: Den kennen wir doch.

Sie reden, die Nachbarn und Bekannten: Das ist doch der blinde Bettler!
Der hat doch immer hier gesessen.
Andere sagen: Nein! Der ist es nicht. Er sieht ihm nur ähnlich.
Da sagt er selbst: Ich bin es!

Sie fragen: Wie ist das alles gekommen? Und er erzählt es ihnen:
Jesus hat das alles getan. Jesus hat mich geheilt.
Sie fragen: Und wo ist Jesus jetzt? Er sagt: Ich weiß es nicht.

Da bringen sie ihn zu den Pharisäern. Es ist an dem Tag aber Sabbat.
Das ist der Ruhetag der Juden. Man darf an dem Tag nichts tun.
Die Pharisäer fragen den Menschen: Wie bist du sehend geworden?
Und er sagt ihnen. Es kam durch Jesus. Da haben sie einen Streit:
Die einen sagen: Nein, aber nein! Jesus ist nicht von Gott.
Am Sabbat darf man gar nichts tun. Da darf man auch nicht heilen.
Die andern sagen: Das geht doch nicht an. Er ist bestimmt kein Sünder.
Wenn einer am Sabbat anderen hilft, kann der ein Sünder sein?

Sie fragen den Geheilten selbst: Was hältst denn du davon?
Er spricht: Ich weiß es. Ich kann euch das sagen: Jesus ist von Gott!
Sie sagen: Du willst uns wohl betrügen. Du warst ja gar nicht blind!
Sie lassen seine Eltern kommen: Ist das hier euer Sohn?
Die Eltern zittern. Sie haben Angst. Sie sagen: Ja er ist es!
Fragt ihn selbst, wie all das kommt. Er ist ja alt genug.

Da fragen sie ihn. Da drohen sie ihm:
Halte dich ja zu Gott! Wir wissen es. Wir sagen es dir: Jesus ist nicht von Gott!
Er spricht: Wie wollt ihr das denn wissen? Ich weiß das nicht so genau.
Eins aber weiß ich ganz genau: Erst war ich blind. Jetzt kann ich sehen.
Sie fragen: Wie hat er dich sehend gemacht? Er sagt: Das erzählte ich schon.
Soll ich das alles noch einmal erzählen? Wollt ihr auch seine Freunde sein?

Da werden die Pharisäer böse: Du, du, du bist sein Freund!
Wir aber, wir sind Freunde von Mose. Mose ist von Gott!...

Da schreien sie wütend: Hinaus mit dir! Hinaus: Du gehörst nicht zu uns!
Du bist ein Sünder! Willst du uns lehren? – Sie stoßen ihn hinaus.

Jesus hört von all den Dingen. Er geht. Er sucht den Menschen.
Er findet ihn. Da fragt er ihn: Glaubst du an den, der von Gott ist?
Der sagt: Wer ist es? Ich will an ihn glauben. Und Jesus sagt: Ich bin es!

Da gehen dem Menschen die Augen auf. Mit einmal sieht er das alles:
Da wirft er sich nieder: Jetzt weiß ich es, Herr, ja, du bist von Gott!
Jetzt merke ich das. Jetzt glaube ich das. Jetzt kann ich erst richtig sehen.

Und Jesus sagt: Ich komme zu euch, damit ihr alle das seht.
Viele aber bleiben blind. Sie wollen ja nicht sehen!

Da fragen ihn die Pharisäer: Und wir, sind wir auch blind?
Und Jesus sagt: Gerade ihr! Ihr meint, ihr macht alles richtig.
Ihr macht es nicht! Ihr wollt ja nicht sehen. Und darum seid ihr blind!

Jesus sagt: Jetzt wird es hell.
Ich bin das Licht der Welt.

Anmerkungen

1 A. Höfer, zitiert in J. F. Spiegel, Das Kind und die Bibel, V. G. Kaffke, Bergen-Enkheim 1970.
2 Zitiert in Schrade, Frühromanische Malerei, DuMont V., Köln 1958.
3 J. Denker, Kunstunterricht in der Grundschule, V. Isensee, Oldenburg 1969.
4 J. F. Spiegel, Das Kind und die Bibel, V. G. Kaffke, Bergen-Enkheim 1970.
5 G. Bohne, zitiert in: Das Kind und die Bibel.
6 K. Frör, Wege zur Schriftauslegung, Chr. Kaiser Verlag, München 1961.
7 Bartels, Steinwede, Ziegler, Werkbuch Biblische Geschichte II, V. Vandenhoeck & Ruprecht, Göttingen 1970.

Felicitas Betz

Grunderfahrungen im Märchen

Vielleicht ist es das Geheimnis des Reizes, den die Märchen nun schon jahrhunderte- und jahrtausendelang ausüben, daß sie sich mit menschlichen Grunderfahrungen beschäftigen. Es gibt elementare Erfahrungen, die allgemeinmenschlich sind. Sie sind unabhängig vom historischen Augenblick, vom geographischen Ort oder von der Zugehörigkeit zu einer bestimmten Rasse. Solche urmenschlichen Erfahrungen sind z. B.

Von Vater und Mutter stammen.
Sohn oder Tochter sein.
Dem Planeten Erde zuzugehören, der uns über mineralische, pflanzliche und tierische Stufen hervorgebracht hat.
Sich mitsamt diesem Planeten in einem unermeßlichen Weltall vorfinden.
Die Anziehung der Geschlechter wahrnehmen und die Geschlechterliebe kennenlernen.
Zeugen und gebären können.
Sterben.
Im Verlauf dieses Spannungsbogens von Geburt und Tod einen Reifeprozeß durchmachen, der durch verschiedene Wandlungsstufen führt.

Mächte wahrnehmen, die Menschenschicksale beeinflussen.
Das Böse kennenlernen.
Die Bedrohung und Gebrochenheit menschlichen Daseins erfahren.
Vielfachen Leiden ausgeliefert sein.
In Leiden geläutert werden.
Arbeiten können, Aufgaben lösen können, etwas schaffen.
Gewahrwerden, daß trotz aller Vernebelungen und Verworrenheiten, trotz des Dunkels, mit dem wir ringen – alles in einem letzten Sinnzusammenhang steht.

Mit solchen Erfahrungen, die weder an Zeit noch Ort, noch an eine bestimmte menschliche Person gebunden, sondern allgemeinmenschliche Erfahrung sind, beschäftigt sich das Märchen. Seit Urzeiten haben Menschen diese Grunderfahrungen bedacht, auszudrücken versucht, in Geschichten verdichtet und einander zugesprochen: um sich auf diese Weise mitzuteilen, um zu ermutigen, anzuregen, sich gegenseitig zu helfen, um zu unterhalten und sich damit geistig am Leben zu erhalten. Eine unermeßliche Fülle von Geschichten ist auf diese Weise entstanden. Die schöpferische Kraft der Erzähler wurde nicht müde, solche Erfahrungen in immer neue Bilder und Zusammenhänge zu fassen. Was die Menschen mit wachen Sinnen am eigenen Leib und Geist verspürten, brachten sie in Geschichten zum Ausdruck.

Bild- und Symbolsprache

Nun ist es das Bezeichnende an diesen Geschichten, die wir gemeinhin Märchen nennen, daß sie solche Erfahrungen in Bilder fassen. Die Erzähler sprachen die Erlebnisse nicht abstrakt-begrifflich, sondern in einer Bilder-Sprache aus. Sich bildhaft auszudrücken war lange Zeit eine selbstverständliche Aussageform. Auch heute noch gibt es Menschen, die das mit Vorliebe tun. Im allgemeinen aber sind wir Heutigen in dieser Hinsicht ver-bildet. Wir verstehen die Bildersprache nicht mehr. Sie erscheint uns wie eine Verschlüsselung, zu der uns der Code fehlt. Wir können den Weg von den Bildern zur ursprünglichen lebendigen konkreten Erfahrung nicht mehr zurückverfolgen. Also stehen wir wie Dumme vor den Märchen. Weil es ja aber in unserer hochentwickelten Gesellschaft keine »Dummen« mehr geben kann, (wo wir doch so ein gutes Schulsystem haben, das Analphabetentum ausgestorben ist ... etc.) kann es nicht anders sein, als daß die Märchen primitiv sind: Sie halten sich bei längst vergangenen Herrschaftsstrukturen auf, sind grausam und brutal und verleiten zur Flucht aus der Wirklichkeit – so wird gesagt. Aber wer so spricht, kennt das Märchen nicht, sondern bekundet sein Unverständnis.
Es bedarf in der Tat weniger eines »geschulten« Intellekts als vielmehr einer intelligenten Einfühlung, um den Märchen das Wissen von lebendigen

Vorgängen abzuringen, um von ihnen Ermutigung und Stärkung zu empfangen und um sie als unterhaltsame Köstlichkeit genießen zu können. Versuchen wir einmal, uns in eine Zeit zurückzuversetzen, die kein künstliches Licht, keine Zeitung, kein Buch, kein Radio und Fernsehen kennt. Die Menschen können nicht lesen und schreiben, sie sind in langen Winternächten der Dunkelheit ausgeliefert. Wovon nährt sich ihr Geist? Da es keine Institutionen gibt, die ihnen Bildungs-, Unterhaltungs- und Zeitvertreibungsprogramme zusammenstellen, sind sie in geistigen Bedürfnissen ganz auf sich gestellt. Und sie finden auch etwas: Der menschliche Geist suchte zunächst Nahrung in dem, was vor Augen lag. Er ernährte sich von dem, was die Menschen mit ihren fünf Sinnen wahrnehmen konnten und von dem, was sie erlebten. Und weil sie nicht gehetzt waren, keine Uhr sie jagte, keine Konsumbedürfnisse sie trieben und kein Überangebot von Zeitschriften, Büchern, Theater-, Radio- und Fernsehprogrammen sie ablenkte, wurde ihre Erlebnisfähigkeit weniger beeinträchtigt. Und diejenigen unter ihnen, die darin besonders plastische Fähigkeiten hatten, die vielleicht auch noch hellsichtig waren und die Gabe des Durch-Schauens besaßen und dichterische Sprachkraft dazu – diese versuchten, ihrem Erleben und dem Erleben aller einen geformten Ausdruck zu verleihen. Bilder und Symbole schienen ihnen die geeigneten Mitteilungsträger für unsichtbare Erlebensvorgänge zu sein. Bilder boten sich in den Naturerscheinungen, in ihrer häuslichen Umwelt, in ihren täglichen Lebensabläufen überall zur Verdeutlichung von Erfahrungen an. Und im Laufe der Zeit kristallisierte sich ein ganzer Kanon von festen Symbolen und Bildvorstellungen heraus, der allen geläufig war.

Von der Pechmarie zur Goldmarie

Fantasieren wir einmal eine Erzählsituation! Irgendein weise gewordener Erzähler bemerkt irgendwo ein Kind, das in einer unglücklichen Familienkonstellation unterdrückt wird. Er sagt nicht: »Du armes Kind, wie tust du mir leid – wie schwer hast du es!« Sondern er greift zum Beispiel helfend ein, indem er eine Geschichte von einem Kind erzählt, das ebenfalls von einem harten Schicksal betroffen war: es mußte in der Asche sitzen und Linsen auslesen, während seine Schwestern zum Tanz gehen durften ... oder von einem anderen, das spinnen mußte, bis die Finger blutig waren und noch Schelte dazu bekam, während seine Schwester faulenzte ... oder von einer Königstochter, die in einer Küche Dienst tun mußte. Weil unser Erzähler aber wachen Sinnes durchs Leben gegangen war, wußte er, daß diesen »verstoßenen Mägden« ihr Leiden zugutekommt. Wenn sie es nicht stumpfsinnig erdulden, sondern tapfer durchstehen, erwerben sie eine Wachsamkeit, die den Schoßkindern vorenthalten bleibt: So lernen sie z. B. Tiere zu verstehen, mit ihnen zu sprechen und sie sich zu Helfern zu machen – das heißt, ihre Wahrnehmungsfähigkeit erstreckt sich weit über das

Allgemeinübliche hinaus. Sie gewinnen die Fähigkeit, kosmische Verbindungen einzugehen, dann gehorcht ihnen der Wind (»Weh, weh Windchen ...«) oder der Baum, Sterne fallen herunter und werden lauter harte, blanke Taler, oder es erscheint der Mond auf ihrer Stirn und leuchtet ihnen im Dunkel. Solche Mägde brauchen nicht bemitleidet zu werden, weiß der Erzähler, denn die durchlittene Not zahlt sich aus. Eines nahen oder fernen Tages werden sie zu ihrem Recht kommen, ihr Königtum kann ihnen nicht genommen werden, es wird bald offen zutagetreten, so daß sie in Ehren anerkannt werden. Mit einer solchen Erzählung erreicht der Erzähler sowohl die Eltern als das betroffene Kind. Wenn die Eltern wach genug sind, werden sie ihre Fehlhaltung erkennen und sich ihre Scheibe abschneiden. Und das Kind, das ja aus seiner schwierigen Situation nicht herausgenommen werden kann (– auch Aufsässigkeit würde ihm nicht helfen, sondern höchstens die Fronten noch verhärten –), bekommt Hilfe: in der Identifikation mit Aschenputtel, Goldmarie, Gänsemagd oder Allerleirauh faßt es neuen Mut und lernt, an sich zu glauben.

Bilderungen der Innenwelt

Gehen wir einmal einem Beispiel von den Bilderungsversuchen nach, die die Erzähler finden, wenn sie heranwachsende Mädchen darauf vorbereiten, die eigene Liebesfähigkeit zu entdecken. Dann sehen sie sich vielleicht von einem neuartigen Erleben überfallen, das sie erst kennen- und einordnen lernen müssen. ... Im Märchen von Fitchers Vogel sind folgende Bilder zusammengefügt:

»Es war einmal ein Hexenmeister, der nahm die Gestalt eines alten Mannes an, ging vor die Häuser und bettelte und fing die schönen Mädchen ... Eines Tages erschien er vor der Türe eines Mannes, der drei schöne Töchter hatte, sah aus wie ein armer schwacher Bettler, trug eine Kötze auf dem Rücken, als wolle er milde Gaben darin sammeln. Er bat um ein bißchen zu essen, und als die Älteste herauskam, und ihm ein Stück Brot reichen wollte, rührte er sie nur an, da mußte sie in seine Kötze springen. Darauf eilte er mit starken Schritten fort, und trug sie in einen finstern Wald zu seinem Haus, das mitten darinstand ...« (Grimm Nr. 46)

Auf sibirisch hört sich das gleiche Erleben zum Beispiel so an:

(Die älteste Tochter) »... machte sich auf und ging heim. Wie sie so des Weges geht, wird sie plötzlich rücklings gepackt und mitgezerrt. Sie wird gezerrt und gezogen, bis sie schließlich zu zwei Hütten und zwei Pfahlspeichern kommen. Da spricht der Mann, der sie hergebracht hat also: ›Geh in diese Hütte und bereite mir das Essen, bis ich zurückkomme ...‹«

In Rußland gibt es u. a. folgende Version:

Der Vater möchte von seiner ältesten Tochter das Essen auf das Feld gebracht haben. Er schnitzt Späne von einem Stock, die ihr den Weg zeigen sollen ... »aber der Drache hatte davon erfahren und pustete die Späne weg, so daß sie zu seiner Hütte führten. Als die Zeit kam, das Mittagessen hinauszutragen, ging die älteste Tochter fort, erblickte die Spur und folgte ihr. Sie wanderte und wanderte, und schon fing es an dunkel zu werden, aber vom Vater war immer noch nichts zu sehen ... da erblickte sie ein Hüttchen und ein Feuer darin. Da bekreuzigte sie sich und sagte: ›Gott sei Dank, da ist endlich mein Vater!‹ Sie trat in die Hütte und sah: dort aß der Drache sein Abendbrot! Da sprach der Drache zu ihr: ›Komm und iß!‹ Doch sie antwortete ihm: ›Ich will nicht!‹ Jetzt schrie er sie aber an: ›Ich sage dir, setz dich hin und iß!‹ Sie erwiderte jedoch: ›Ich hab schon gegessen, trug dem Vater das Mittag hinaus, aber fand ihn nicht, drum aß ich's selber auf.‹ Der Drache brüllte sie nochmals an: ›So komm, und iß auch bei mir!‹ Da blieb ihr nichts anderes übrig, sie setzte sich hin und aß mit ihm zu Abend ...« (Vom Drachen, russich)

Im Waldhaus (Grimm 169) fressen die Vögel des Himmels die Hirsekörner, Linsen und Erbsen, die der Vater streut, auf:

»... und das Mädchen konnte die Spur nicht finden. Da ging es auf gut Glück immer fort, bis die Sonne sank und die Nacht hereinbrach. Die Bäume rauschten in der Dunkelheit, die Eulen schnarrten, und es fing an, ihm angst zu werden. Da erblickte es in der Ferne ein Licht, das zwischen den Bäumen blinkte. ›Dort sollten wohl Leute wohnen‹, dachte es, ›die mich über Nacht behalten‹, und ging auf das Licht zu. Nicht lange, so kam es an ein Haus, dessen Fenster erleuchtet waren. Es klopfte an, und eine rauhe Stimme rief von innen: ›Herein.‹ Das Mädchen trat auf die dunkle Diele und pochte an die Stubentür. ›Nur herein‹, rief die Stimme, und als es öffnete, saß da ein alter, eisgrauer Mann an dem Tisch, hatte das Gesicht auf die beiden Hände gestützt, und sein weißer Bart floß über den Tisch herab fast bis auf die Erde ...«

Eine andere sibirische Fassung faßt das gleiche Phänomen so:

»Es lebten einmal drei Schwestern. Wie sie so die Tage verbringen, spricht einmal die älteste zu den beiden anderen: ›Ich gehe fort und suche mir einen rechten Lebensgefährten!‹ Damit machte sie sich auf den Weg. Sie wanderte und wanderte. Plötzlich geriet sie auf einen Weg, der war knietief voller Morast. Am Wege aber erblickte sie einen Mann im roten Kittel und einen Mann im schwarzen Kittel, die essen Fisch und werfen die Innereien und das andere rings umher ... und als der Weg zu Ende war, kam sie zu der Hütte eines alten Mannes und einer alten Frau ... Wie sie schlafen, da erscheint plötzlich bei dem Mädchen eine Schlange und beginnt, sich in einer großen Silberschüssel zu ringeln ...« (Die drei Schwestern und der Schlangenmann, sibirisch)

In allen Darstellungen bringt das Märchen eine unbekannte Macht ins Spiel. Sie wird in verschiedenen Bildern vorgestellt. Einmal als Hexenmeister, dann als Drache, als Mann, der von hinten überfällt und fortzieht, als

Schlange, die nachts kommt. – Der Weg spielt in all diesen Geschichten eine Rolle. Einmal wird er morastig, dann mündet er ins Weglose, dann werden Wegmarkierungen von Vögeln weggepickt oder vom Drachen in eine falsche Spur geblasen. – In allen diesen Bilderungen, die das Bekanntwerden mit der Geschlechterliebe veranschaulichen, schimmert Unheimliches durch, wird Bangigkeit deutlich, weil Unbekanntes, Neues, Fremdes betreten wird, das erst in Erfahrung gebracht werden muß. Dreimal wird das Abenteuer jeweils angegangen – das Märchen bildert diese dreimaligen Versuche in drei Töchtern oder drei Schwestern aus. Erst im dritten Anlauf gelingt das Unterfangen, erst die dritte kann ihr Geschick meistern und wird Herr der Lage. Auf welche Weise diese dritten jeweils »Herr der Lage« werden, ist natürlich auch wieder auf unterschiedliche Art vom Märchen gebildert – aber es würde zu weit führen, im Rahmen dieses kurzen Aufsatzes auch noch darauf einzugehen.

Märchen in uns

Es war mir ein Anliegen, an diesen Beispielen wenigstens andeutungsweise aufzudecken, wie es von menschlichen Erfahrungen zu jenen bildhaften Geschichten, die wir Märchen nennen, kommt. Vielleicht kann anhand dieser wenigen Beispiele schon gespürt werden, wie plastisch die Bilder sind, wie trefflich sie die Situation ausdrücken, so daß wir sofort mit Leib, Seele und Geist beteiligt sind: dann sitzen wir vielleicht ängstlich mit in der Kötze oder ängstigen uns im dunklen Wald, erschrecken, wenn anstatt des Vaters der Drache sein Abendbrot ißt oder plötzlich eine Schlange auf unserem Schlaflager erscheint ... und alle diese Bilder lenken uns nicht etwa von der Wirklichkeit ab, im Gegenteil, sie führen uns erst richtig in unsere Wirklichkeit hinein: sie leiten uns an, unsere gegenwärtige Situation zu erkennen und zu durchleuchten, und sie ermutigen uns, unserer Erkenntnis gemäß zu handeln, damit wir nicht nur passiv das Leben an uns handeln lassen (dann »zerhackt« es uns), sondern selbst unsere Situation zu bewältigen lernen und unser Leben in die Hand nehmen. Und gerade diese plastischen Bilder, die den ganzen Gefühlshintergrund mitansprechen, sind es, die uns zur Bewältigung unserer eigenen Lage anregen. Sie animieren uns, ja nicht stehenzubleiben, weil wir dann verholzen würden. Diese Bilder sprechen nämlich nicht nur die rationale Bewußtseinsschicht in uns an, sondern auch die weniger oder nicht-bewußten Seelenschichten, und sie wecken deren Kräfte auf und bringen sie mit ins Spiel.
Es ist bezeichnend, daß unsere Träume uns mit den gleichen Bildern aufrütteln wie die Märchen. Auch in den Träumen von Menschen des 20. Jahrhunderts kommen die gleichen Bilder und Verwandlungen vor wie in den Märchen: beide sprechen also aus Seelenschichten, die sich in Jahrtausenden menschlicher Entwicklungsgeschichte gebildet haben und noch in uns lebendig sind. Wir sind nämlich nicht nur von heute – sondern tragen die

Spuren einer langen Entwicklung in uns, und wir können – bzw. müssen auch von dorther leben, wenn wir uns nicht vom eigenen Grund abschneiden wollen. Die Tiefenpsychologie hat in der Traumanalyse eine Methode entwickelt, die diese Seelenschichten wieder ins Bewußtsein zu holen vermag. Die Volksmärchen können eine ähnliche Funktion übernehmen: sie sind eine Bildungs-Hilfe im Rahmen dieser Bewußtseinserweiterung. Nur sollten wir die Möglichkeit haben, den Märchen auch heute in ihrer lebendigen *erzählten* Form zu begegnen und sie so auf uns wirken zu lassen.

Kind und Märchen

So ein kleiner Mensch, der uns in den Kindergarten gebracht wird, hat praktisch schon das Leben in seiner Grundstruktur in Erfahrung gebracht: er hat Gutes und Böses, Bergendes und Aussetzendes – Freudiges und Schmerzliches – Quälendes und Labendes – Vergewaltigendes und Befreiendes – Heiteres und Trauriges – Gesundes und Krankes – Angst und Erlösendes erlebt, – und das alles in einer ganz spezifischen Mischung mit positiv-ermunternder oder negativ-begrenzender Qualität. Er sieht sich einer Fülle von zu Erlebendem ausgesetzt, die schon durch ihre Unübersehbarkeit bedrohlich erscheint. In diese chaotische Fülle bringt die Weisheit der Volksmärchen erste Ordnungsstrukturen hinein. Ihr Grundtenor lautet: *Vertraue!* In den aufregendsten und schrecklichsten Geschichten klingt er wie ein ostinater Baß ständig durch. Erwachsene mit »verschulten Köpfen« können ihn nicht mehr hören. Aber Kinder hören ihn. Daß die böse Hexe verbrannt wird, erscheint ihnen nicht grausam, sondern hoffnungstiftend und zuversichtweckend.

Angst und Vertrauen

Wo Leben ist, da ist auch Vertrauen. Natürlich ist es mehr oder weniger stark oder schwach, aber ohne jede Spur von Vertrauen ist Leben zum Tode verurteilt. Kinder haben schon verschiedene Vertrauenserfahrungen hinter sich. Die elementarste macht ein Mensch zweifellos in der Geborgenheit des Mutterschoßes. Bei der Geburt wird diese biologische Symbiose aufgehoben, das Durchtrennen der Nabelschnur zeigt das sichtbarlich an. Die Psychoanalytiker sprechen vom Geburtstrauma – diese Vertrauenserschütterung, die notwendig ist, damit das Leben sich weiterentwickeln kann, wird aufgefangen in der Mutter-Kindbeziehung. Diese nimmt zuerst noch quasi-biologische Form an: wenn die Mutter den Säugling an ihrer Brust nährt. Sie verwandelt sich aber zusehends in eine seelisch-geistige Beziehung, die das erschütterte Vertrauen des Lebewesens Mensch auf einer neuen Stufe wiederherstellt. Mit drei Jahren etwa fängt das gesundentwickelte Kind an, ohne Ängste von der Mutter fortzulaufen und eigene Abenteuer zu erproben. Von nun an wird es zusehends bedürftiger, auf einer neuen Stufe ein nicht mehr muttergebundenes Vertrauen zu gewinnen. Und da setzen ab dem 4./5. Lebensjahr die Märchen hilfreich ein. Sie sprechen dem Kind Vertrauen zu: »Du gehst jetzt nicht mehr unter Mutters Fittichen, mach deine Augen auf, schau, so geht's zu auf der Welt – aber sei unverzagt! Dem Hörbereiten ist der gute Ausgang so gewiß wie das Sterben!«

König und Königin

Die Märchen vermitteln diese neue Vertrauenserfahrung aber nicht einlullend, blindmachend oder oberflächlich beruhigend. Nein, sie zeigen die Wirklichkeit in ihrer ambivalenten Struktur: »Schau hin, du siehst die Gefährdungen, das Unheil, die Bosheit und Ungerechtigkeit – aber halt dich dort nicht auf! Geh weiter, du mußt fortschreiten, weiterdringen, dann wirst du erfahren, daß das Elend nicht die ganze Wahrheit ist.« Mit gewissermaßen liebevoller Gebärde ermutigt es das Kind: »Ich kann es dir auch nicht ersparen, du mußt durch die Schmerzen hindurch, aber wenn du innerlich auf die Dinge horchst, dann wirst du erkennen, daß die Nöte dich nicht umbringen, sondern du gerade durch sie hindurch zu deinem Glück kommst.« Das Glück – ein abstrakter Begriff – heißt im Bild des europäischen Märchens sehr oft: König und Königin werden. Das liegt nicht in einem anderen Land, nicht in einem anderen Leben, das gilt es hier und jetzt zu gewinnen. König wird der, der durch viele Prüfungen und Bewährungsproben hindurch geistige Qualitäten erworben hat, die von keiner Macht der Welt mehr erschüttert werden können: das ist Reichtum. Die Krone auf dem hocherhobenen Haupte tragend vermag der König durch seine Strahlkraft Herr über alle Widrigkeiten dieser Welt zu werden.
Mit seinem vertrauenerweckenden und die Wirklichkeit durchleuchtenden Zuspruch stellt das Märchen dem Kind gleichzeitig ein Ziel vor Augen: »König sollst du werden!« Das heißt, du sollst einer werden, der das Leben auf geistige Art meistert – einer, der sich nicht von den Mächten zerstückeln und zerhacken läßt. Das Kind lernt in den Geschichten in Identifikation mit den jeweiligen Protagonisten: Ich habe eine Aufgabe, und ich muß Proben bestehen.

Programme der Märchen

Das Märchen gibt auch Wegweisung für das Bestehen des Lebensweges. Erstes Gesetz ist: Öffne alle Sinne, laß dich betroffen machen von dem, was du wahrnimmst, von dem, was du siehst, hörst, fühlst, schmeckst, riechst – und handle aus dieser Angerührtheit. Sei ja nicht »faul« im Wahrnehmen! Im Märchenbild sieht das dann z. B. folgendermaßen aus: »das Brot aber rief: Ach, zieh mich raus, zieh mich raus, sonst verbrenn ich, ich bin schon längst ausgebacken...« (Grimm Nr. 24, Frau Holle)

oder:
»Der älteste Sohn machte sich auf den Weg ... da sah er an dem Rande eines Waldes einen Fuchs sitzen, legte seine Flinte an und zielte auf ihn. Der Fuchs rief: ›Schieß mich nicht, ich will dir dafür einen guten Rat geben ...‹ ›Wie kann mir wohl so ein albernes Tier einen vernünftigen Rat erteilen!‹ dachte der Königssohn und drückte los, aber er fehlte den Fuchs, der den Schwanz streckte und schnell in den Wald lief ...« ... Als der Jüngste auszog, »saß vor dem Walde wieder der Fuchs, bat um sein Leben und erteilte den guten Rat. Der Jüngling war gutmütig und sagte: ›Sei ruhig, Füchslein, ich tue dir nichts zuleid.‹ ›Es soll dich nicht gereuen‹, antwortete der Fuchs, ›und damit du schneller fortkommst, so steig hinten auf meinen Schwanz!‹ Und kaum hatte er sich aufgesetzt, so fing der Fuchs an zu laufen, und da ging's über Stock und Stein, daß die Haare im Winde pfiffen ...« (Grimm Nr. 57, Der goldene Vogel)

Eine andere Wegweisung, die das Märchen nicht müde wird, denen, die hören können, mitzuteilen lautet: »Wenn du etwas falsch gemacht hast, gib nicht auf, versuch's noch einmal, bis es dir endlich gelingt. Es wird gelingen!« Wieder eine andere heißt: »Laß dich von Qualen nicht schrecken – schweig still und geh tapfer hindurch.« Auch diese Weisung wird unzählige Male eingeprägt.

Die Wegweisungen, die das Märchen zu geben hat für Vorschulkinder, sind noch nicht rational faßbar, aber sie saugen sie gewissermaßen mit der »Milch der Märchen« in sich hinein und bauen sich mit ihrer Hilfe ein Lebensprogramm auf. – Aber die Erzieher können sich von den Märchen zu praktischen Programmen anregen lassen und von ihnen angeleitet und mit ihrer Hilfe die Kinder zu immer intensiverer Wahrnehmung führen.[1]
Wenn so im Märchen z. B. von Enten die Rede ist, werden wir erst einmal Enten beobachten, Enten spielen, uns wie Enten fühlen, von Enten singen, Enten malen. Bevor wir beispielsweise das Märchen von der Bienenkönigin erzählen, brauchen wir drei bis vier Wochen Vorbereitung, in denen wir uns mit Enten, mit Ameisen, mit Bienen, mit Moos und Perlen beschäftigen. Wo die Kindergärtnerin nicht selbst solche Unternehmungen machen kann, muß sie die Eltern um Mithilfe bitten. Solche Beobachtungen, die dann noch meditativ vertieft werden – durch Imaginationen: »Wir machen einmal die Augen zu, vielleicht können wir dann den Ameisenhaufen wieder sehen ..., durch Singen – vielleicht erfinden die Kinder selbst kleine Sätze, die sie singen wollen – durch Malen und im Spiel, – solche Beobachtungen und ihre Vertiefung haben die heutigen Kinder nötiger denn je. Sie führen die sinnliche Wahrnehmung in den geistigen Bereich, fördern ihre Erlebniskräfte und bereichern ihr Leben.
Wer im Kindergarten Märchen erzählt, sollte vor allem zweierlei bedenken: Für das hörende Kind ist die Gefühlsbeziehung zum Erzieher bedeutungsvoll. So kleinen Kindern sollten nur ihnen vertraute Personen erzählen, die sie gern haben. Das zweite ist, daß der Erzähler sich Rechenschaft darüber abgibt, welche eigenen Gefühlsqualitäten er in die Märchen eingehen läßt. Wenn sich bei einem Erzieher sadistische Bedürfnisse Luft machen wollen, dann kann er sogar das Märchen vom Rotkäppchen so erzählen, daß einem

fünfjährigen Kind nur heillose Angst übrigbleibt, obwohl jemand, der auf den in diesem Märchen angelegten Ton hinhorcht, sofort bemerkt, daß dies keinesfalls in der Absicht des Märchens liegt.
So gilt es, am Schluß noch einmal eigens auszusprechen, daß die Märchen auf das Kindergartenkind eine starke Wirkung haben können, die der Erzieher bei den ihm anvertrauten Kindern vorausfühlen muß. Ich würde vorschlagen, erst um das fünfte Lebensjahr mit Märchenerzählen zu beginnen und dann eine sorgfältige Auswahl zu treffen. Die wenigsten Märchen sind ursprünglich für Kinder erzählt worden. Und unsere Kindergartenkinder sind noch sehr jung – bei manchen ist die Eihaut des Vertrauens vielleicht sehr dünn geraten oder gar brüchig. Solche Kinder vertragen nur Schonkost, und nur wenn der Erzieher durch seine Gegenwart die nötige Geborgenheit vermitteln kann, darf er für die Kinder die Schrecken der Wirklichkeit ins Spiel bringen. Auf jeden Fall wird der erzählende Erzieher darauf zu achten haben, daß in seinen Ton jenes Vertrauen eingeht, das die Märchen in die Wirklichkeit setzen – auch dann, wenn sie rauh und hart ist.

Anmerkung

1 Erste praktische Hilfen dazu, siehe in: Betz, Becker, Kettler, Religiöse Elemente in der Vorschulschulerziehung, München 1973.

Walter Kettler

Den sieben Raben nachschauen

Seit über einem Jahr treffen wir uns in regelmäßigen bzw. unregelmäßigen Abständen und versuchen, innerhalb der religiösen Erziehung weiterzukommen.
Vier Wochen vor Ostern saßen wir zusammen, es war Fastenzeit, und irgendetwas bewegte unser Gewissen, daß wir unruhig wurden und uns überlegten, wie denn der Gedanke der Fastenzeit mit den Kindern besprochen werden könnte, ob denn die Kinder nicht etwas hören müßten, was Opfer oder Verzicht bedeutet. Aber schon beim Erwähnen des Themas wurde es uns ungemütlich. Wir erinnerten uns an selbsterlebte Praktiken des Opferbringens.
Darf man das, Kinder beschneiden, einengen, die Lebenslust unterdrücken, das Wünschenwollen einengen ...? Andererseits erschrecken uns egoistische Kinder, die ohne Maß und Ziel ihren Bedürfnissen nachgehen!

Wir kamen zu keiner Einigung. Plötzlich tauchte auch die Frage an uns auf, wo verzichten denn wir, dürfen wir verzichten verlangen, wenn wir uns selbst Wehtun nicht zumuten wollen? Einem fiel die Geschichte vom Indischen Weisen ein, zu dem eine Mutter kam mit ihrem Sohn, der immerfort naschte. Sie wollte von dem Weisen einen Rat, wie sie dem Einhalt gebieten könnte. Der indische Erzieher sagte: »Komm in zwei Wochen wieder, mir fällt ein, ich kaue die Betelnuß zu gerne. Einen Rat kann ich dir erst geben, wenn ich mich selbst beherrschen kann.«
In der Ratlosigkeit fiel uns das Märchen von den sieben Raben ein, das Bild, wo die Schwester etwas Ureigenes von sich weggibt, auf ein Bedürfnis verzichtet, ihre Selbstverwirklichung zurückstellt, um ihren Brüdern, den sieben Raben, in der Isolation zu helfen, sie zu befreien.
Da waren erhebliche Widerstände gegen das Märchen, gegen die altmodische Sprache, die schlimmen gesellschaftlichen Zustände, die Grausamkeit. Gerade die Grausamkeit war eine Barriere; würden die Kinder nicht erschreckt und ihnen dadurch jeglicher Zugang verschlossen. Da stützten wir uns auf eine *heilige Autorität:* Bruno Bettelheim. Der amerikanische Psychologe behauptet ja: »Kinder brauchen Märchen: Je mehr ich mich bemühte zu verstehen, warum das Märchen so bezeichnend für das innere Leben des Kindes ist, um so klarer wurde mir, daß das Märchen in einem viel tieferen Sinn als jede andere Lektüre dort einsetzt, wo sich das Kind in seiner seelischen und emotionalen Existenz befindet. In den Märchen kommen die schweren inneren Spannungen des Kindes so zum Ausdruck, daß es diese unbewußt versteht; und ohne die heftigen inneren Kämpfe des Heranwachsenden herunterzuspielen, bieten sie Beispiele dafür, wie bedrückende Schwierigkeiten vorübergehend oder dauerhaft gelöst werden können.«[1]
Wir hoffen also mit Bettelheim, daß Märchen den Kindern die Welt deuten helfen und ihnen Orientierung vermitteln für ein soziales Leben, für ein Leben mit anderen zusammen, das einfach verlangt, wenn es glücken soll, daß im steten Wechsel immer einer zurücksteckt, einer auf einen Teil seiner Selbst verzichtet, wie es das Märchen uns vorstellt unter dem Bild des Fingeropfers.

Die sieben Raben

Ein Mann hatte sieben Söhne und immer noch kein Töchterchen, so sehr er sich's auch wünschte; endlich gab ihm seine Frau wieder gute Hoffnung zu einem Kinde, und wie's zur Welt kam, war's auch ein Mädchen. Die Freude war groß, aber das Kind war schmächtig und klein und sollte wegen seiner Schwachheit die Nottaufe haben. Der Vater schickte einen der Knaben eilends zur Quelle, Taufwasser zu holen, die andern sechs liefen mit, und weil jeder der erste beim Schöpfen sein wollte, so fiel ihnen der Krug in den Brunnen. Da standen sie und wußten nicht, was sie tun sollten, und keiner getraute sich heim. Als sie nicht zurückkamen, ward der Vater ungeduldig und sprach: »Gewiß haben sie's wieder über einem Spiel vergessen, die gottlosen Jungen.« Es ward ihm angst, das Mädchen müßte ungetauft verscheiden, und im Ärger rief er: »Ich wollte, daß die Jungen alle zu Raben würden!« Kaum war das Wort ausgeredet, so hörte er ein Geschwirr über seinem Haupt in der Luft, blickte in die Höhe und sah sieben kohlschwarze Raben auf und davon fliegen.

Die Eltern konnten die Verwünschung nicht mehr zurücknehmen, und so traurig sie über den Verlust ihrer sieben Söhne waren, trösteten sie sich doch einigermaßen durch ihr liebes Töchterchen, das bald zu Kräften kam und mit jedem Tag schöner ward. Es wußte lange Zeit nicht einmal, daß es Geschwister gehabt hatte, denn die Eltern hüteten sich, ihrer zu erwähnen, bis es eines Tages von ungefähr die Leute von sich sprechen hörte, das Mädchen wäre wohl schön, aber doch eigentlich schuld an dem Unglück seiner sieben Brüder. Da ward es ganz betrübt, ging zu Vater und Mutter und fragte, ob es denn Brüder gehabt hätte und wo sie hingeraten wären? Nun durften die Eltern das Geheimnis nicht länger verschweigen, sagten jedoch, es sei so des Himmels Verhängnis und seine Geburt nur der unschuldige Anlaß gewesen. Allein das Mädchen machte sich täglich ein Gewissen daraus und glaubte, es müßte seine Geschwister wieder erlösen. Es hatte nicht Ruhe und Rast, bis es sich heimlich aufmachte und in die weite Welt ging, seine Brüder irgendwo aufzuspüren und zu befreien, es mochte kosten, was es wolle. Es nahm nichts mit sich als ein Ringlein von seinen Eltern zum Andenken, einen Laib Brot für den Hunger, ein Krüglein Wasser für den Durst und ein Stühlchen für die Müdigkeit.

Nun ging es immer zu, weit, weit, bis an der Welt Ende. Da kam es zur Sonne, aber die war zu heiß und fürchterlich und fraß die kleinen Kinder. Eilig lief es weg und lief hin zu dem Mond, aber der war zu kalt und auch grausig und bös, und als er das Kind merkte, sprach er: »Ich rieche Menschenfleisch.« Da machte es sich geschwind fort und kam zu den Sternen, die waren freundlich und gut, und jeder saß auf einem besonderen Stühlchen. Der Morgenstern aber stand auf, gab ihm ein Hinkelbeinchen und sprach: »Wenn du das Beinchen nicht hast, kannst du den Glasberg nicht aufschließen, und in dem Glasberg, da sind deine Brüder.«

Das Mädchen nahm das Beinchen, wickelte es wohl in ein Tüchlein und ging wieder fort, so lange, bis es an den Glasberg kam. Das Tor war verschlossen, und es wollte das Beinchen hervorholen; aber wie es das Tüchlein aufmachte, so war es leer, und es hatte das Geschenk der guten Sterne verloren. Was sollte es nun anfangen? Seine Brüder wollte es erretten und hatte keinen Schlüssel zum Glasberg. Das gute Schwesterchen nahm ein Messer, schnitt sich ein kleines Fingerchen ab, steckte es in das Tor und schloß glücklich auf. Als es hineingegangen war, kam ihm ein Zwerglein entgegen, das sprach: »Mein Kind, was suchst du?« – »Ich suche meine Brüder, die sieben Raben«, antwortete es. Der Zwerg sprach: »Die Herren Raben sind nicht zu Haus, aber willst du hier so lang warten, bis sie kommen, so tritt ein.« Darauf trug das Zwerglein die Speise der Raben herein auf sieben Tellerchen und in sieben Becherchen, und von jedem Tellerchen aß das Schwesterchen ein Bröckchen, und aus jedem Becherchen trank es ein Schlückchen; in das letzte Becherchen aber ließ es das Ringlein fallen, das es mitgenommen hatte.

Auf einmal hörte es in der Luft ein Geschwirr und ein Geweh, da sprach das Zwerglein: »Jetzt kommen die Herren Raben heimgeflogen.« Da kamen sie, wollten essen und trinken und suchten ihre Tellerchen und Becherchen. Da sprach einer nach dem andern: »Wer hat von meinem Tellerchen gegessen? Wer hat aus meinem Becherchen getrunken? Das ist eines Menschen Mund gewesen.« Und wie der siebente auf den Grund des Bechers kam, rollte ihm das Ringlein entgegen. Da sah er es an und erkannte, daß es ein Ring von Vater und Mutter war und sprach: »Gott gebe, unser Schwesterlein wäre da, so wären wir erlöst.« Wie das Mädchen, das hinter der Türe stand und lauschte, den Wunsch hörte, so trat es hervor, und da bekamen alle die Raben ihre menschliche Gestalt wieder. Und sie herzten und küßten einander und zogen fröhlich heim.

Ehe wir uns überlegten, wie denn das Märchen auf die Kinder wirken könnte, und wie die Kinder mit dem Märchen kreativ umgehen würden, ließen wir das Märchen an uns herankommen, klopften es ein wenig daraufhin ab, was es *uns* sagen könnte.

Da geht es zuerst um Geschwisterrivalitäten, da wünschten sich Eltern andere Kinder als sie schon haben. Da stimmt die Wirklichkeit der Kinder nicht mit den inneren Wunschbildern der Eltern überein. Wir kehrten zurück in unsere eigene Kindheit. Erinnerungen und Gefühle kamen auf, wie *wir* uns in der Reihe unserer Geschwister gefühlt haben, wen der Vater bzw. die Mutter lieber gehabt hatte. Manch einer von uns erinnerte sich, daß er lange Zeit seiner Kindheit glaubte, ein Elternteil habe überhaupt keine Beziehung zu ihm, liebte ihn nicht. Wir überlegten und spürten, wie wir mit den eigenen Kindern und den Kindern in der Gruppe umgehen, welche wir *süß* finden und welche uns abstoßen, denn das Märchen kann uns eine Brücke sein, Gefühle herauszulassen, die unser Berufsbild eigentlich nicht gestattet: es gibt Kinder, die wir nicht ausstehen können, die uns ärgern, die wir *verwünschen,* wie der Vater im Märchen.

Einen zweiten Vorhang über unserer Gefühlswelt könnte das Märchen wegziehen: Das Verbot der Emotionen: Trauer ist verboten und Zorn ist verboten, nicht aus der Rolle fallen ist das Gebot, Mitte und Maß, und so wird unser Leben leicht mittelmäßig und langweilig.

Das Märchen vermittelt auch keine heile Welt, es zeigt ganz deutlich das doppelte Gesicht der Welt, die zugleich freundlich und bergend und unheimlich und grausam ist. Die Natur ist ja nicht harmlos und harmonisch, ihre Gesetze sind ja nicht alle einleuchtend, und wir sind von keiner

Kinderzeichnung »Die sieben Raben«

lächelnden Harmonie umgeben. Und das Weltall ist nicht immer ein Weg, der uns zum gütigen Schöpfergott führt, der Mond ist kalt und abweisend, und die Sonne kann fürchterlich und grausig sein; das wissen nicht nur die Bewohner von Dürregebieten. Das Bild vom Glasberg macht uns betroffen; jeder fühlte sich ein wenig erkannt und beschrieben in denen, die im Glasberg eingeschlossen sind. Abgeschlossen von den anderen und doch mittendrin in der Welt, fühlen wir uns denn nicht oft wie hinter einer Glaswand? Es ist ein eisernes Gesetz, ich kann einem anderen nicht näher kommen, nur mit Techniken, nur mit aufgesetzten Freundlichkeiten, ich muß etwas von mir selbst hergeben; erst dann wird der Faden zum anderen geknüpft, öffnet sich die Glaswand, ergibt sich die Möglichkeit von Freiheit, wird die Wärme von Zuwendung spürbar.

In ganz zarten Andeutungen erinnerte uns das Märchen an die Passionsgeschichte. Die unschuldig schuldige Schwester begibt sich auf Suchwanderung, wie der Hirte dem verlorenen Schaf nachgeht. Nur daß sie ein Teil von sich selbst hingibt in Treue zu ihren Brüdern, daß sie sich trotz gräßlichen Schwierigkeiten nicht vom Ziel abbringen läßt, bringt die Erlösung, zerstört die Isolation, ermöglicht neues Leben in einer angstfreien Gemeinschaft. Wird da nicht etwas spürbar, von dem, der Knechtsgestalt annahm, daß die Knechte Söhne werden könnten?

Im folgenden berichten wir, was sich in drei Gruppen ereignet hat.

Gruppe I

Zuerst fiel uns noch eine neue Definition von Märchen ein: Märchen sind magische Abenteuer mit meist glücklichem Ausgang. Dies, glaube ich, entspricht den psychologischen Ansprüchen der Kinder, ihren Verstehensmöglichkeiten und ihrem Gerechtigkeitssinn.

Dann haben wir uns in das Märchen hineingelesen. Hier wird ein wichtiges Gesetz deutlich. Nur die Geschichten sollen erzählt werden, die man liebt, mit denen man sich wenigstens teilweise in eins setzt, wo man spürt: da wird etwas von mir behandelt. Martin Buber hat in seiner Einleitung zu den *Chassidischen Geschichten* dieses Charakteristikum bestätigt und zugleich auf weitere entscheidende Gesichtspunkte der Erzählung aufmerksam gemacht. »Das Erzählen ist selber Geschehen, es hat die Weihe einer heiligen Handlung ... Die Erzählung ist mehr als eine Spiegelung: die heilige Essenz, die in ihr bezeugt wird, lebt in ihr fort. Wunder, das man erzählt, wird von neuem mächtig ... Man bat einen Rabbi, dessen Großvater ein Schüler des Baalschem gewesen war, eine Geschichte zu erzählen. ›Eine Geschichte‹, sagte er, ›soll man so erzählen, daß sie selber Hilfe sei‹. Und er erzählte: ›Mein Großvater war lahm. Einmal bat man ihn, eine Geschichte von einem Lehrer zu erzählen. Da erzählte er, wie der heilige Baalschem beim Beten zu hüpfen und zu tanzen pflegte. Mein Großvater stand und erzählte, und die Erzählung riß ihn so hin, daß er hüpfend und tanzend zeigen mußte, wie der

Meister es gemacht hat. Von der Stunde an war er geheilt. So soll man Geschichten erzählen‹«.[2] Dann haben wir uns in das Märchen hineingelebt und einen dramatischen Aufbau gefunden:

1. Beginn mit dem Abenteuer
2. Böse Kräfte überwiegen, und alles sieht hoffnungslos aus
3. Der Wendepunkt zum Guten durch eine große Tat

Wir fragten zu Anfang die Kinder, welche Märchen sie schon kennen würden? Es wurden einige aufgezählt. Einige Kinder kannten das Märchen von den Sieben Raben von der Kassette.
Dann wurde das Märchen erzählt, in der Sprache, die die Kinder gewohnt sind, ohne altertümliche Begriffe. Die Kinder waren ruhig und gespannt; an der Stelle, die für uns Erwachsene grausam erscheint, kam von den Kindern keine Reaktion. Uns schien es, daß bei den Kindern das Mitbangen mit dem Helden, der Schwester, größer war als das Empfinden der Grausamkeit. Die Kinder waren interessiert, und auch bei den Nachbesprechungen wußten sie noch erstaunlich gut Bescheid.
Negativ empfunden haben sie anscheinend nur die Verwünschungen des Vaters. Im gemeinsamen Gespräch kamen wir darauf, daß das Mädchen sich bis zur Selbstaufgabe für die Brüder einsetzte. Die Kinder hatten Freude an den Arbeiten, die in den nächsten Tagen folgten: Wir haben gemalt, was den Kindern gut gefallen hat. Ohne Zwang und immer noch mit Spaß wurden die wichtigsten Figuren aus Buntpapier ausgeschnitten und ans Fenster geklebt. Immer noch wurden die Raben den Kindern nicht langweilig: Wir versuchten Rollenspiele, und weil die Kinder nicht so gut frei sprechen konnten, haben wir es als *Singspiel* versucht: Wir dachten uns kleine Lieder aus und sprachen die Zwischentexte gemeinsam.

Gruppe II

Die Erfahrung zeigt, daß der Übergang vom Märchenerlebnis zu alltäglichen Situationen nicht abrupt eintreten kann. Die Kinder stehen im Banne der Erzählung, es muß ihnen Gelegenheit gegeben werden, weiterzuverarbeiten und zu reagieren. Das Naheliegendste ist das natürliche Sichaussprechen der Kinder.
Die erste Reaktion der Kinder war ein Nichtverstehen des Vaters, der sich aufgrund eines zerbrochenen Kruges eine Verwandlung der Söhne wünschte. Auch waren sie entsetzt, daß die Sonne als heiß und fürchterlich dargestellt wurde und die kleinen Kinder fraß. In den meisten Liedern, Gedichten und Erzählungen wird ja fast ausschließlich von der lieben guten Sonne erzählt. Wie widersprach ihnen die Darstellung des Mondes, der kalt und grausig war! Wie nett dagegen waren doch die Sterne, insbesondere der Morgenstern, der dem Mädchen das *Hinkelbeinchen* gab, damit es den Glasberg aufschließen konnte. Über die Stelle mit dem abgeschnittenen Finger lachten

die Kinder; denn ihrer Meinung nach konnte doch niemand so *blöd* sein, man hätte ja auch ein Stöckchen nehmen können.
Stellen bzw. Ausschnitte, die wir Erwachsenen als besonders grausam empfinden und vor denen wir fast immer zurückschrecken sie zu erzählen, berühren die Kinder oftmals nur in geringem Maße.
Auch fanden die Kinder Gemeinsamkeiten zu anderen Märchen heraus, so z. B. sieben Tellerchen und sieben Becherchen in dem Märchen vom Schneewittchen. Am darauffolgenden Tag haben wir das Märchen noch einmal durchgesprochen und dann Vorbereitungen für das Spiel getroffen. Dafür haben sich die Kinder Schnäbel gebastelt und umgebunden, um die Verwandlung der sieben Brüder in Raben darzustellen. Der Brunnen war ein umgedrehter Tisch, unsere Trennwand der Glasberg. Die Ideen für die Requisiten kamen von den Kindern. Die Kinder spielten das Märchen bis in jede Einzelheit genau nach, der Morgenstern stand von seinem Stühlchen auf, im letzten Becherchen lag das Ringlein, sie herzten und küßten sich.
Mit Wachsmalstiften und Wasserfarben konnten die Kinder ihre Gedanken zu diesem Märchen zu Papier bringen. Große Freude bereitete das Formen der Personen und Gegenstände, die in diesem Märchen eine Rolle spielen, aus Plastikform, einer Masse, die sich in trockenem Zustand wie Holz verarbeiten läßt. Die Geduld der Kinder wurde auf eine harte Probe gestellt, jeden Tag wurden die Figuren umgedreht, damit sie schneller trockneten. Dann war es endlich soweit, sie bemalten die Brüder und Raben mit Plakafarben. Die Brüder bekamen Hosen aus Stoffresten und Haare aus Fell. Dann bauten wir das Märchen auf einem großen Tisch auf, und 20 Kinder spielten die Geschichte mit den Figuren mit wachsender Begeisterung.

Gruppe III

»Wer von euch hat schon mal ein Märchen gehört?«, fragten wir in unserer Gruppe. »Hänsel und Gretel« war das einzige Märchen, das bei den Kindern bekannt war. Eine von uns begann ganz einfach: »Ich erzähle euch ein Märchen, und das Märchen heißt ›Die sieben Raben‹«. Keine Zeile wurde ausgelassen, auch nicht vom kalten Mond, der gräßlichen Sonne und dem Mädchen, das sich den Finger abschnitt. Wir spürten bei den Kindern eine solche Ruhe und Aufmerksamkeit, wie wir sie selten gespürt hatten.
Am nächsten Tag ließen wir die Kinder erzählen, was sie noch vom Märchen behalten haben, und die Kinder erzählten mit einer Genauigkeit all das, was sie gehört hatten.
Ich sagte zu den Kindern: »Schließt eure Augen, überlegt und stellt euch die Bilder vor, die euch am besten gefallen haben.« Die Antworten der Kinder: daß das Schwesterchen seine Brüder erlöst hat; daß das Schwesterchen zu den Eltern gesagt hat, ich suche meine Brüder. Ein Junge sagte: »Mir gefiel am besten, daß das Schwesterchen seinen Finger abgeschnitten hat.« Es war erstaunlich, daß bei diesen *Vorstellungsübungen* auch die Kinder in der

Gruppe sprachen, die sonst fast überhaupt nicht reden. Bei der Frage: »Was hat euch nicht gefallen?« antworteten sie: »Mir hat alles gefallen.«
Da die Kinder uns das Märchen in allen Einzelheiten nacherzählen konnten, kam uns der Gedanke, das Märchen im Rollenspiel darzustellen. Die Kinder waren begeistert, und im Nu hatte sich jedes Kind seine Rolle zugeordnet. Aber damit war auch die ganze Initiative der Kinder vorbei. Wir hatten uns das eigentlich anders vorgestellt und waren etwas enttäuscht. Wir überlegten uns, wie wir es anstellen müßten, damit die Kinder sich im Rollenspiel frei bewegen und frei sprechen lernen würden. Es kam uns die Idee, die Kinder nur eine Rolle spielen zu lassen, nämlich die Raben.
Die Kinder erzählten den Anfang des Märchens. Als sie an die Stelle kamen, bei der die Brüder zu Raben verwandelt wurden, hörte man ein Rauschen und Krächzen im Gruppenraum. Denn alle 25 Kinder und Erzieherinnen hatten sich in Raben verwandelt. Zwischendurch wurden die Kinder wieder zu Märchenerzählern und verwandelten sich dann wieder zurück in die Raben.
Doch das Spiel allein genügte den Kindern nicht, sie wollten die sieben Raben auch malen: sie malten die sieben Brüder, das Schwesterchen und den Zwerg im Glasberg, die sieben fliegenden Raben und das am häufigsten gemalte Bild waren die Raben im Glasberg.
Als wir nach Ostern wieder zusammen saßen, unsere Erfahrungen austauschten und allein die verschiedenen *Methoden* zusammenzählten, zu denen das Märchen angeregt hatte, waren wir schon ein wenig stolz: Da wurde erzählt und nacherzählt, mit Buntstiften gemalt, mit Buntpapier geklebt, mit Buntpapier gerissen als Gemeinschaftsarbeit und ans Fenster geklebt, ein *Ziehrabe* wurde gebastelt, Figuren aus Plastiform wurden gestaltet, die Kinder malten sie an und zogen sie an, mit diesen Figuren wurde gespielt, und das Rollenspiel und Singspiel wollen wir nicht vergessen.
Doch Malen und Basteln waren nicht Selbstzweck. Wir hoffen, daß mit den verschiedenen Möglichkeiten der gestalterischen Verarbeitung das Bild des Märchens die Kinder für die christliche Grundeinstellung – *einander näherkommen kann man nur, wenn man von sich etwas hergibt* – aufschließt.

Anmerkungen

1 Bruno Bettelheim, Kinder brauchen Märchen, Stuttgart 1977, S. 11ff.
2 zit. nach J. Baptist Metz, Glaube in Geschichte und Gesellschaft, Mainz 1977, S. 184.

Roman Bleistein

Einladung zum Spiel

Da spielt ein Kind. Es setzt behutsam einen Baustein auf den anderen, einen gelben auf einen roten, einen grünen auf einen blauen. Der Turm wächst. Das Auge ist fixiert auf das gebrechliche Bauwerk, es glänzt in banger Freude. Die Händchen greifen beherzt und sachte zugleich zu – und schon liegt der nächste Baustein. Was wird das Kind wohl dabei denken? Baut es ein Haus? Und für wen? Oder baut es einen Baum, einen Halm, eine Blume? Oder baut es die Mutter auf, die ihm eben gerade fehlt? Wer kann es wissen, was so ein kleiner Mensch denkt. Da, jetzt sind alle Steine verbraucht: der Turm ist stattlich und schön. Leicht schwankt er. Voll selbstzufriedenen Stolzes blickt das Kind auf sein Werk, es atmet vernehmlich, es schnauft auf, wie nach mühevoller Arbeit; es blickt um sich, um einem zuzurufen: Da, schau! Aber da ist niemand. Plötzlich, es wirft den Turm um, ist über den Einsturz überrascht und beginnt von neuem. Da spielt ein Kind. Es setzt behutsam einen Baustein auf den anderen, einen gelben auf einen roten...

Wer schon einmal die Gelegenheit hatte, ein Kind beim Spiel längere Zeit zu beobachten, weiß: der Spielverlauf, so oder ähnlich, geht immer wieder die gleiche Bahn. Doch manche schöpferische Korrektur, mancher rasche Einfall, manche laute und beglückte Äußerung: ein Ah, ein Oh, ein Ui.

Ein Kind spielt. An ihm wird ablesbar, daß der Mensch überhaupt ein spielender Mensch ist[1]; daß er immer wieder sich mit seiner Welt und mit seinen Mitmenschen auf einen »existentiellen Dialog« einläßt, der ein Exerzitium ist. Spiele sind Exerzitien. Wessen? Des Menschen, der auf vielerlei Art erst sich und seine Welt entdecken muß und will. Der Mensch ist ein Angebot an sich selber. Im Spiel wird das Angebot angenommen.

Freiheit und Zwang

Dieses Spiel hat etwas Verlockendes an sich: es ist in seinen Möglichkeiten unbegrenzt, obgleich es seine Regeln hat. Und damit sind wir bei der *ersten Paradoxie des Spiels: seine Spontaneität und sein Zwang*. Wer spielt, ist schöpferisch, er ist auf seine Einfälle angewiesen; denn sonst fehlt das Moment der Überraschung, das Glück der bescheidenen Sensation. Das Staunen, das dabei wach wird, meint nicht die Größe eines Berges oder die Schönheit eines Gesichts, sondern entsteht präzise dort, wo immer neu und

reicher im Menschen Gestaltungsgabe und Formwillen, Fantasie und Liebe zu Kreatur, Imagination, entspringen. Spiel ist mit der staunenden Konfrontation des Menschen (mit sich und anderem) verbunden.
Trotz seines Einfallsreichtums läuft es nicht in Willkür aus, verläuft es sich nicht im Labyrinth eines Mut-Willens. Im Gegenteil: Das Spiel kennt Regeln und hat seine Ordnung. Dieser Grundsatz gilt für die geheimen Bestimmungen, denen sich (weithin unbewußt) ein Kind unterwirft, wenn es nur für richtig hält, einen roten auf einen gelben Stein zu setzen, nein: keinen blauen. Dieser Grundsatz prägt dort das Spiel, wo im Hüpfen auf der in den Sand gezeichneten Himmelsleiter nur das linke Bein gebraucht werden darf. Dieser Grundsatz wirkt sich aus, wo zwei Menschen Weisen liebender Begegnung entwickeln, die unbestritten gelten. Warum dieser Selbstverzicht auf Spontaneität? Ist es Angst vor der überbordenden Freiheit? Ist es Furcht vor zersetzender Beliebigkeit? Es spiegelt sich im Spielverhalten der Mensch, der immer eine Balance zwischen Freiheit und Bindung finden muß. Auch darum ist das Spiel so menschlich.

Freude und Ernst

Das Spiel hat noch andere Dimensionen außer der gebundenen Freiheit und der freien Gebundenheit, etwa die Dimension einer Ernstheiterkeit. Damit wird die *zweite Paradoxie des Spiels* benannt: im Spiel geht es *um Freude und um Ernst.*
Die Beobachtung eines spielenden Kindes bringt es schon an den Tag: Das Spiel ist der Ernstfall. Mit welcher Hingabe, mit welcher Gelassenheit, mit welcher Ausdauer betreibt es seine Sache: den Turm aufzurichten, ein Hüpfseil zu schwingen, ein Kätzchen immer wieder zärtlich und neckend hinter den Ohren zu kraulen. Es kann also nur eine höchst ungenaue Aussage eines Erwachsenen sein, wenn man sagt: Spiel sei Probe, sei ein Versuch – und wenn man ihm den Charakter des Ernstfalls abspricht. Ein Kind kann weinen, wenn ihm ein Spiel mißlingt; nicht aus Wut oder Trotz, sondern allein deshalb, weil ihm jene beglückende Erfahrung entging, die im gelingenden Spiel enthalten ist, unscheinbar wie eine Perle in der Muschel.
Das begründet die Ernsthaftigkeit des Spiels, daß es zur Entdeckung der Welt in ihren verschiedenen Dimensionen beiträgt. Daß diese Welt zugleich eine Stätte des Leides und des Schmerzes und des Todes und der Enttäuschung ist, wird im Kinderspiel ohne Abwendung des Blickes und schonungslos angenommen. Das Kinderspiel kennt Leid und Tränen, Schmerz und Tod; es weiß von Strafe und Gericht. Auch in dieser Hinsicht spiegelt sich zumindest die reale Welt. Kinderspiel ist Realität, wenn auch verfremdet durch einen Ritus, der den Tränen notwendig die Freude, der Strafe notwendig die Erlösung, der Verachtung notwendig die Erhöhung folgen läßt. Spiele gleichen den Märchen: sie sind barmherzig; sie durchdringt deshalb ein großer Optimismus. Die in ihnen mitgeteilte Gnade

scheint alle Versprechungen einzulösen, die das Leben macht, aber nicht hält. Daraus jene tiefe Freude, nämlich aus Bejahung und Zustimmung.
Spiele offenbaren im letzten eine Daseinsfreude – trotz allen Ernstes –, die nicht von dieser Welt ist. Man muß nur einmal die Sprünge eines Kindes gesehen und das Jauchzen seiner Stimmen und das Patschen seiner Hände gehört haben, wenn ihm sein Spiel wieder einmal gelang: da ist grenzenloser Jubel. Gewiß, manchmal ein stiller Jubel in den Augen, der unter tränennassen Wimpern wahrzunehmen ist. Aber ist so nicht das Leben?
Deshalb steht fest: das Spiel ist der Ernstfall. Es vereinigt in sich auf paradoxe Weise Ernst und Freude. Gerade diese Spannung bewahrt es davor, in die Albernheit und den tierischen Ernst auszuarten: in die Albernheit, die den Kontakt zur Realität verloren hat, in den »tierischen« Ernst, der nichts anderes mehr als die (vermeintliche) Realität kennt.

Zeitgebunden und Zeitenthoben

Spiele waren gestern, sind heute oder morgen; so ist eine weitere Dimension des Spiels die Zeit. Auch hier kommt es wieder zu einer *paradoxen Feststellung:* Das Spiel ist *zeitbestimmt und zugleich zeitenthoben.* Was ist mit dieser Gleichstellung der sich an sich ausschließenden Wirklichkeiten gemeint?
Spiele laufen in der Zeit, haben Beginn und Ende und werden dennoch mit anderen Maßen gemessen. Die Sanduhr läuft für das Spiel nicht: dem (im Spiel) Glücklichen schlägt nämlich keine Stunde. In die Selbstvergessenheit des Spielenden hinein dringt nicht der Schlag einer Uhr. Soll hiermit die Träumerei eines Spielers seliggesprochen werden? Oder: Ist der Begriff: Träumerei nicht schon das falsche Wort am rechten Ort? Träumt jener, dem die Zeit im Spiel dahinrinnt, ohne daß er es merkt? Träumt er wirklich? Ist diese Faszination schon verboten? Ist diese Seligkeit verdächtig?
Wir müssen zugeben: In der Leichtigkeit und Zeitenthobenheit des Spiels bricht in die begrenzte Zeit etwas Unbegrenztes, in den umschriebenen Raum etwas Unräumliches ein. Der Mensch überschreitet im Spiel eine nicht alltägliche Schwelle: er transzendiert sich selbst, von einer Ahnung verführt, die er nicht genau benennen kann. Der Ritus, der meist das Spiel führt, stellt ein Geländer dar, an dem sich der Spieler festhält und tief hinuntersteigt (zu den letzten Ursprüngen in sich), an dem er sich festhält und hoch hinaufsteigt (zu lichten Höhen). Die Erfahrung sowohl abgründiger Tiefe wie eines tragenden, »lichten« Schwebens schließen sich gegenseitig nicht aus; denn erfahrene Jenseitigkeit ist immer wieder zurückgebunden in diese Zeit, in Geschichte. Aber ist es kein Irrwisch, dem der Spielende anhängt? Ein tanzendes Licht über einem gefährlichen Moor? Wann wird das Licht erlöschen, und wann wird der »Verführte« mit seiner Gefahr allein gelassen? So kann nur jener fragen, der den Menschen in das Gefängnis seiner

Endlichkeit eingesperrt hat. Ist der Mensch beglückt und beladen mit Unendlichkeit, – warum sollte er sie nicht in selig-schrecklicher Ergriffenheit erfahren?

Der Christ darf spielen

Da aber, genau an dem Punkt des Überstiegs und des Absprungs, wird das Spiel in den Glauben aufgenommen und wird der Glaube zum Retter des Spiels; denn er gibt zu erkennen, daß Spiele in der ihnen eigenen Daseinsfreude eine »Erlösung« bezeugen, ohne den Erlöser beim Namen zu nennen. Aber Erich Kästner sagt: »Wer glaubt, weiß mehr!« Das Wort gilt auch hier. Und deshalb die Frage: Wie ist das mit dem Spiel und mit dem Glauben?

Die erste Reaktion eines Christen auf diese Frage wird die spontane Antwort sein: beide haben nichts miteinander zu tun. Denn das Spiel ist heiter, unverbindlich, ausgelassen; das Leben eines Christen dagegen ernst, entschieden, gefaßt. Als Figur des Spiels: der Harlekin; als »Figur« des Christen: der gekreuzigte Jesus Christus. Das sind zwei Welten! So oder ähnlich wird die Antwort lauten. Ist sie richtig? Sie ist insoweit schon falsch, als das Spiel keineswegs nur heiter, unverbindlich, ausgelassen ist. Aber auch die »Figur« des Christen, der gekreuzigte Jesus Christus, verkürzt die Fülle der christlichen Lebensform. Wie steht es eigentlich mit Ostern? Mit dem Auferstandenen?

Um die Provokation ohne Schonung zu sagen: Kirchenväter bezeichnen Jesus Christus als »Vortänzer«[2], H. Cox, ein moderner Theologe, sagt gar: »Christus der Harlekin«[3]. Wer hat nun recht: die alten Theologen, die in der nachapostolischen Zeit über das christliche Leben nachdachten und die modernen Theologen der Hippieszene (der counter-culture) oder die Christen, die weithin noch unter dem Einfluß von Wertvorstellungen aus dem 19. Jahrhundert stehen? Nach Wertvorstellungen eines Bürgertums leben, das, auf Leistung und Sicherheit bedacht, für Begriffe wie Spiel (und Glück) wenig übrig hatte? Vor die Wahl gestellt, wäre es christlicher, sich für die Aussagen der Kirchenväter und der »Hippie-Theologie« zu entscheiden. Zudem spricht für sie: Sie sind auch menschlicher. Warum sollte mir als Christ verboten sein, zu spielen?

Eine erste wichtige Erkenntnis: *Ein Christ darf ein spielender Mensch sein.* Es widerspricht nicht seiner Glaubenshaltung, sein Leben als Spiel (und nicht als »Kampf«) zu begreifen.

Der Christ müßte ein Meister des Spiels sein

Kann man noch weitergehen und sagen: *Ein Christ müßte sogar die Meisterschaft des Spielens besitzen?* Dies ist eine Frage, die der Überlegung wert ist.

Wieso sollte gerade ein Christ der Meister des Spiels sein? Die Antwort nimmt diesen Weg: Wenn etwas das Spiel beeinträchtigt, seine gebundene Freiheit, seine Ernsthaftigkeit und seine endliche Unendlichkeit in Frage stellt – dann sind es jene Wirklichkeiten, die die eben genannten Polaritäten ins Wanken bringen, so daß die Spielspannung zusammenbricht, daß etwa das fließende Gleichgewicht von Ernst und Heiterkeit aus dem Lot gerät. Zweierlei stört und zerstört das Spiel: der absolute Ernst des Todes und jede die Freiheit zerstörende Schuld. Im Leben eines jeden Menschen gibt es der Beweise genug, daß der Tod die Gelöstheit des Spiels nicht duldet, selbst wenn das Wort »Trauerspiel« noch andere Gedanken anstößt. Im Leben des Menschen gibt es ebenso immer wieder die Erfahrung: Schuld bindet, befreit nicht, zerstört vielmehr die Freiheit.
Realisiert nun ein Christ die ganze Tiefe und Macht seines Glaubens, daß er nämlich »gelöst« und »erlöst« wurde, dann wird ihm klar: eigentlich befreien ihn Tod und Auferstehung Jesu nicht nur zu Freude und Freiheit. Er ist auch befreit zum Spiel[4].
Die eine entscheidende Spielregel jedes Spiels (auch für ein ganzes Menschenleben) heißt: Hoffe! Wer könnte mehr Hoffnung haben als ein Christ? Wie ihm der Glaube sagt, »ist der Schuldschein, der wider ihn lautete, ans Kreuz geheftet« (Kol 2,14) und ist der Tod ein für allemal überwunden (1 Kor 15,54–57). Die Auferstehung Jesu! Daraus entsteht gewiß Freude! Aber darin liegen auch jene Sinngebungen des Spiels, die da heißen: Daseinsfreude und Freiheit.

Demonstration der Freude am Dasein

Wie könnte man diese theologischen Aussagen, die mehr andeuten als eigentlich ausführen, in das Leben eines Christen umsetzen? Ein Christ könnte das Spiel verstehen als *Demonstration der Freude am Dasein.* Mögen andere aus Verzweiflung und Zynismus, aus Gedankenlosigkeit und Albernheit spielen: ein Christ spielt aus einem anderen Grund, den er kennt. Er weiß um ein »neues Leben« (Röm 6,4), er ist eine »neue Schöpfung« (2 Kor 5,7), und deshalb spielt er ein neues Spiel. Im Spiel spiegelt sich das neue Leben in seinem tiefen Glück (oder: Heil).
Ist es dem Christen nicht möglich, statt asketisch einen Eindruck der Verbissenheit zu machen, sich zu einer spielerischen Gelassenheit anstiften zu lassen[5]? Ist es auf die Dauer nicht aufregender, das Leben als Spiel (lies: Ernstfall) zu bezeichnen, statt es »Kampf« zu nennen? Kann man das grundlegende Gebot Jesu, nämlich das der Liebe, nicht als die entscheidende Spielregel des Christen bezeichnen? Ist Liebe nicht jener Trumpf im Spiel, der überall »sticht«? Das sind die Fragen, gewiß![6]
Und kann man nicht viele alltägliche Aufregungen abtun mit der Gelassenheit, mit der man »Mensch ärgere dich nicht« spielt? Kann man in einer Zeit

der Reform nicht mehr »spielerische Fantasie« entwickeln? Kann man den alltäglichen Krimskram nicht beiseite tun im Bewußtsein: es kommt allein auf das »große Spiel« an, das »Spiel ohne Grenzen«, das erst später beginnt? Und sollte jener Christ nicht eine große spielerische Freude haben, der den letzten Sinn von allem kennt? Das gilt für große und kleine, leise und laute, unbedeutende und entscheidende Spiele. Es demonstriert also ein Christ seine Freude am neuen, d. h. österlichen Dasein, wenn er spielt.

Zelebration der Freiheit

Die andere Sinngebung heißt: der Christ vollzieht Freiheit. Spielerisch läßt er sich nicht allein in Regeln zwingen, sondern er behält sich vor, in Liebe schöpferisch und spontan zu sein. Spielerisch weiß er sich zugleich an Grund-regeln gebunden, Regeln, die mehr Freiheit bringen als nehmen. Wo er dann immer wieder in seinem Leben spielt, als der zur Freiheit befreite (Vgl. Brief an die Gal.) und deshalb als jener, der die Freiheit verwirklicht, ohne sie einzubüßen, vollzieht er die Souveränität des Christen, der zur Meisterschaft des Lebens gefunden hat: frei und gebunden, ernst und heiter, zeitzugewandt und zeitenthoben. Darf man also sagen: Spiel ist für den Christen *Zelebration der Freiheit,* ein Fest von Befreiung und ein Sieg über »alle Mächten und Gewalten« (Kol 2,15)[7]. Da die Spiele wie die Freiheit, wie das Glück (jeweils recht verstanden) unteilbar sind, kann eine solche Spieleinstellung dann auch politisch bedeutungsvoll werden: das große Spiel für alle – eine Devise mit gesellschaftsverändernder Wirkung[8].
Endlich aber – und auch das hat ein Christ nicht zu vergessen – ist sein Spiel eine *Antizipation* (Vorwegnahme) *des Kommenden.* Das große Spiel beginnt erst im Jenseits, dort wo alle Zweideutigkeiten dieser Endzeit (im »Nicht mehr« und »Noch nicht«) abgeschafft sind. Ein intellektueller redlicher Christ muß also zugeben: Mein Spiel ist ein Vorspiel, ein jeweils großer Versuch, eine erste (kleine) Nummer im Großen Welttheater, eine Einübung. Damit wird die im Spiel gefundene Freude nicht nichts; aber sie bietet – wie es die Erfahrung mehr als deutlich zeigt – auch noch nicht »alles«. Sie ist eben Angeld, Unterpfand. Je gläubiger man ist, je hellsichtiger man Farbenspiele, Tonspiele, Spiele von Wolken und Wellen, Spiele der Vögel und der Katzen, Spiele der Kinder und der Liebenden wahrnimmt, um so hoffnungsvoller wird man das große Spiel erwarten, in dem alle Spiele aufgehoben, d. h. aufbewahrt und zugleich ausgelöscht sind.
Muß man nach all dem nicht sagen: Gerade der Christ ist der Meister des Spiels? Kein anderer darf besser zu spielen vermögen.
Vielleicht ist es für den durchschnittlichen Christen immer noch ein Ärgernis, seine gläubige Existenz unter den Begriff des Spiels bringen zu sollen.[9] Aber es gibt ja auch heilsame Ärgernisse!

Aufforderung zum Spiel

Gewiß: immer wieder muß der Mensch das Spielen lernen. Er kann es lernen – im Blick auf die Kinder, die darin Meister sind[10]. Er kann es lernen – im Blick auf die Putten, die sich an bayrischen Barockaltären tummeln. Womit spielen sie nicht alles? Mit Bienenkörbchen und Blumen, mit flammenden Herzen und aufgeschlagenen Evangelienbüchern, aber ebenso mit den Nägeln des Kreuzes und mit dem Essigschwamm. Ist das nicht ein gutes Beispiel für die Ernstheiterkeit des Christen? Er kann endlich das Spielen dadurch lernen, daß er irgendwie zurückfindet in seine Kindheit. Bei dieser Heimkehr handelt es sich nicht um die Übernahme kindlicher Verhaltensweisen, um eine Regression, sondern um jenes letzte Vertrauen in den väterlichen Gott, aufgrund dessen man spielen kann, hoffend: daß alles immer gut ausgeht (Apk 21,5). Auch in dieser Hinsicht gilt: »Wenn ihr nicht werdet wie Kinder...« (Mk 10,15).
Bleibt nach diesem langen Gedankengang nur noch übrig, die Einladung an den Christen in aller Form auszusprechen: Ich lade Sie ein zum Spiel Ihres Lebens...

Meditation: Ich spiele*

Ich spiele. Heiter und gelöst vollziehe ich jene Regeln, unterwerfe ich mich jenen Maßstäben, die in der Welt des Spiels gelten. Es sind Maßstäbe einer anderen Welt: die dritte Runde, der zweite Akt, der fünfte Kuß – und nicht: 11.50 Uhr am 22. 5. 1972.

Was suche ich im Spiel? Leistung? Erfolg? Oder Glück? Freude? Sinn? »Die Intention des Spiels ist Freude« (P. L. Berger); denn ein Spiel, das keinen Spaß macht, das im Gegenteil in Leid umschlägt oder zur Routine entartet, beende ich, möchte ich nicht mehr Spiel nennen.

Im Spiel verfliegt die Zeit – oder: Im Spiel bleibt die Zeit stehen, wie ich empfinde. Das Spiel läuft nach einer anderen »Uhr« ab, nicht nach der Zeit, sondern nach der Ewigkeit. Bei der Lust des Spiels wechsle ich in die Ewigkeit hinüber; denn »jede Lust will Ewigkeit – will tiefe, tiefe Ewigkeit« (Nietzsche). Freudiges, lustvolles Spiel scheint die Wirklichkeit – in ihrer Hinfälligkeit zum Tod – außer Kraft zu setzen; mindestens auszuklammern; deshalb schenkt es Befreiung und Frieden.

Spiel der Erwachsenen ist Heimkehr in die Kindheit, wo es bei der Selbstvergessenheit des kindlichen Spiels keine Zeit, kein Ende, kein Leid, keinen Tod gibt. Ist dies nur eine gnädige Täuschung, um mich von der Realität des harten Alltags zu entlasten?

Ist der Mensch, bin ich in meinem Wesen ein spielender Mensch, dann erfahre ich in der Freude, in dieser Lust, in dieser Zeitlosigkeit einen Überstieg in eine andere Ordnung: Ich transzendiere mich und meine Welt (und zwar wesenhaft). Der Glaube an eine letzte Aufgehobenheit in einem göttlichen Plan (oder gar »Spiel«) erlaubt es mir, trotz der Absurdität des Lebens zu spielen.

»Das wahre Spiel und die endlose Fröhlichkeit beginnt erst jenseits der Erde«, schreibt Hugo Rahner in »Der spielende Mensch«. Im Spiel vollziehe ich also eine Erwartung und feiere ich eine Verheißung, die später eingelöst werden. Spiel ist für mich ein »Signal der Transzendenz« (P. L. Berger). Der Glaube aber bestätigt mir die im Spiel durchscheinende göttliche Ordnung.

Haben Sie den Text gelesen und gebilligt? Haben Sie ihre Spielerfahrung in ihm wiedergefunden? Sich selbst als »spielenden Menschen« verstanden und angenommen?

* Entnommen aus: R. Bleistein, Therapie der Langeweile, Herderbücherei 444, Herder Verlag, Freiburg, 1973, S. 141/42.

Anmerkungen

1 Vgl. dazu: A. Flitner, Spielen – Lernen (München 1972), S. 23ff.

2 H. Rahner, Der spielende Mensch (Sonderdrucke aus Eranos-Jahrbuch 1948, Zürich 1949).

3 H. Cox, Das Fest der Narren (Stuttgart [2]1970), S. 181.

4 Daher nimmt es nicht Wunder, daß sich in der mittelalterlichen Kirche ein »Osterspiel« einbürgerte. In einem Rituale aus Besancon für das Jahr 1582 wird für die Ostervesper angeordnet: »Nach der Vollendung der Non finden die Tänze im Kreuzgang statt oder, wenn das Wetter regnerisch ist, in der Mitte des Kirchenschiffs. Man singt dazu ein paar Lieder, wie sie in der Prozessionsordnung enthalten sind. Und wenn der Tanz zu Ende ist, reicht man im Kapitelsaal einen Trunk von rotem und weißem Wein«. H. Rahner berichtet auch noch über den Osterbrauch in der Kathedrale von Auxerre: »Dort findet der Tanz, verbunden mit einem sakralen Ballspiel, im Chor der Bischofskirche statt, und zwar, wie ausdrücklich bemerkt wird, auf dem ›Labyrinth‹, das in Mosaikwerk den Fußboden ziert. Nach der Weise und dem Takt der Ostersequenz ›Victimae paschali‹ schreiten Bischof und Kleriker in schöner Tanzordnung über die Figuren des Labyrinths und werfen sich einen Ball zu« (H. Rahner, Der spielende Mensch, a. a. O., S. 81–82).

5 Dazu bietet das Leben und die Sprachwelt der kleinen Therese von Lisieux ein gutes Beispiel.

6 Da das österliche Geheimnis das Spiel des Christen letztlich motiviert, wird auch der Leib in der Dimension der Auferstehung gesehen. Müßte der Christ deshalb Tanz und Zärtlichkeit und das Spiel der Liebe nicht anders sehen – als andere?

7 Übrigens könnte der spirituelle Sprachschatz des Christen noch mit anderen Worten angereichert werden, etwa Glück, Fest, Traum, Solidarität usw.

8 Vgl. dazu J. Moltmann, Die ersten Freigelassenen der Schöpfung. Versuche über die Freude an der Freiheit und das Wohlgefallen am Spiel (München 1971), S. 64ff.; Zum Problem des Verhältnisses von Arbeit und Freizeit (und Spiel damit) vgl. R. Bleistein, Pastoraltheologische Überlegungen zum Tourismus, in: R. Bleistein (Hrsg.), Tourismuspastoral (Würzburg 1973), S. 105–120.

9 Daß Liturgie schon immer als Spiel verstanden wurde, beweist auf schönste Art Romano Guardini, (vgl. Romano Guardini, Vom Geist der Liturgie, Freiburg 1922), S. 56–70: Liturgie als Spiel.

10 Vielleicht könnten die sehr intellektualistischen Mitteleuropäer manches von »südlichen« Menschen lernen. Dazu sagt Roger Schutz, der Prior von Taizé: »Wir westlichen Menschen haben durch unsere Erziehung und durch das Erbe unserer Vorfahren gelernt, uns selbst zu beherrschen. Wir haben das Spontane, die Ursprünglichkeit, die Freude am Spiel verlernt. Wir können nicht mehr spielen. Wir können nur noch Geld verdienen; ausruhen, um für die Arbeit wieder frisch zu sein; welche Auffassung vom Leben! Bei den südlichen Menschen ist es ganz anders. Man gibt sich dem großen Spiel hin, das unser Leben ist, und man kann lachen, weinen...« Suchen – warten – wagen. Auf dem Weg zum Konzil der Jugend, Taizé (Graz 1973), S. 96. – Vgl. zum Thema Spiel auch: R. Bleistein, Was heißt: Ich spiele, in: R. Bleistein, Therapie der Langeweile (Freiburg 1973), S. 141–142.

Walter Kettler

Wandlungen – Erzählen und Spielen mit Kindern und Eltern

Vorbemerkungen

Ein hauptsächliches Element, dieses Thema Kindern wie Erwachsenen eingängig zu machen, ohne die einen zu überfordern und die anderen zu langweilen, sollte das Märchen der Brüder Grimm *Vom singenden, springenden Löweneckerchen*[1] sein.

Im Für und Wider der Auswahl gerade dieses Märchens gab die Faszination den Ausschlag, daß im *Löweneckerchen* (am 7. Januar 1813 von Dortchen Wild zu Kassel um ½9 Uhr gehört und aufgezeichnet) uralte Erfahrungen weitererzählt werden.[2] Der lange, mühsame und gefährliche und oft enttäuschende Weg, den die Frau im Märchen gehen muß, wird in vielfachen und eindrucksvollen Bildern vorgestellt. Er ist u. a. ein Modell für den mühseligen Weg persönlicher Entwicklung. Die Betrachtung des Märchens als kollektiven Traum, wodurch wir allgemein menschliche innerseelische Entwicklungen, Kämpfe und Schübe erfahren, müssen wir den großen Vätern der Tiefenpsychologie zuerst einmal abnehmen. Erst wenn dieser Weg der Deutung gegangen ist, darf man andere Möglichkeiten in Erwägung ziehen.[3] Man darf vielleicht auch in diesem Märchen Grundelemente einer verschlüsselten Wiedergabe der Such- und Heimholgeste Gottes an die Menschheit sehen.

Wir glauben, daß im Märchen Bilder anzuschauen sind, deren »Doppelgänger« in der Psyche jedes Menschen aufzufinden sind. C. G. Jung spricht von Archetypen und ewigen Grundinhalten der Menschenseele, die im Märchen auftauchen und in der Psyche der Menschen angetönt werden.[4]

Beim Erzählen werden diese Bilder in der Psyche zum Leben erweckt, und verborgene und verdrängte Kräfte werden freigesetzt, werden angestoßen und dürfen sich herauswagen. Dies gilt auch für die negativen Antriebe in uns. Im *Löweneckerchen* treten ja mehrere Personen auf, die die Rolle des *Schattens*, des Zerstörerischen spielen: der Löwenprinz, der den Vater mit dem Tod bedroht, und der Lindwurm, der seinerseits den Löwen vernichten will, und die zwielichtige Figur der falschen Prinzessin. Diese Gestalten können zum Rollenträger werden für die bösen und zerstörenden Kräfte, die zu unserer psychischen Ausstattung gehören. Jedes Kind hat gegen sich, seine Eltern und andere Figuren seiner Umwelt solche aggressiven Impulse. Im alltäglichen Leben müssen diese Wünsche und Impulse sehr oft unterdrückt werden. Die Zensur des Überichs stößt sie in das Unbewußte zurück. Sie wagen sich höchstens nächtens in Träumen hervor oder in aggressiven Ausbrüchen, vor denen dann Erzieher und der Betroffene selbst hilflos stehen. Beim Umgang mit Märchen können diese aggressiven Kräfte in den dunklen Figuren ihr Sprachrohr gewinnen, dort kann sich das Zerstörerische ausleben, ohne sich mit Schuldgefühlen zu beladen.

H. Dieckmann sieht die psychologische Bedeutung der Märchen darin, »...daß das Kind lernen muß, sich mit den tiefen, instinktiven und triebhaften Gegebenheiten seiner eigenen Natur auseinanderzusetzen und sein Ich gegenüber dieser oft überlegenen Kraft behaupten muß. Die Märchen bieten dem Kind hierbei in bildhafter symbolischer Form typische Möglichkeiten und Entwürfe an, um in diesem Kampf zu bestehen. Hierzu gehört offensichtlich nicht nur das siegreiche und unverletzt bleibende Überwinden und Überlisten dämonisch überlegener Kräfte, die sich in Drachen, Hexen, Ungeheuern, Teufeln, Riesen oder bösartigen Zwergen darstellen, sondern bereits die auch vorher zitierte Erfahrung von Qualen, Tod und Verwandlung.«[5]

Das singende springende Löweneckerchen

So wie bei vielen Märchen wird auch im ›Löweneckerchen‹ der Mut gestärkt, bei Enttäuschungen nicht gleich aufzugeben; das Märchen hat Aufforderungscharakter, auch wenn alles schiefzugehen scheint und der winzigste Hoffnungsschimmer zu verglimmen droht, sich auf die letzten Reserven der eigenen Kraft zu besinnen und diese in Tätigkeit zu bringen, das Vertrauen in das Sein nicht zu verlieren, das am Ende etwas über die eigenen Kräfte und über die eigene Planung hinaus gewähren kann. Das Märchen soll jetzt nicht zum Allheilmittel hochstilisiert werden, aber E. H. Erikson muß hier erwähnt werden. Märchen stärken das Urvertrauen und bauen Mißtrauen ab. Autonomie, Initiative und Leistung erhalten kräftige Impulse, denn wie oft wird gerade im Märchen der plumpe unfähige Dummkopf, in dessen Rolle sich viele unserer Kinder vorfinden, trotz seiner ungünstigen Ausgangslage und trotz vieler Rückschläge zum eigentlichen Gewinner.[6]

Das Märchen vermittelt keine heile Welt, weil es die Beziehungen zwischen den eigenen Kräften nicht in einer gleichbleibenden Harmonie sieht, sondern in einem ständigen Auf und Ab, in Kampf, Sieg und Niederlage. Dieses Kräftespiel ist beim *Löweneckerchen* abzulesen an den Stationen, die die Frau auf der Suche nach dem Löwenprinzen durchwandern muß. Als Vergleich könnte sich die Geschichte des Jona anbieten, der ebenfalls in die ausweglose Dunkelheit geworfen wurde. Hjiob kann ins Gedächtnis kommen, der ausgestoßen im Kot sitzt. Hier kann nur kurz angedeutet werden, daß mit Märchen elementar-religiöse, elementar-christliche Erfahrungen und Haltungen eröffnet und eingespurt werden können.

Zeitplanung

1. Kreis von Erwachsenen, Jugendlichen und Kindern: Freitagabend: Anhören des Märchens; Samstagnachmittag und -abend: Vorbereitung und Spiel des Märchens. Sonntag: Meßfeier.

2. Kreis der Kinder: Samstagmorgen: Malen.
3. Kreis der Eltern: Freitagabend: Gespräch, Samstagmorgen: Gespräch.
4. Kreis der Jugendlichen: Samstagmorgen: Gespräch.

Vortrag des Märchens

Auf der Wildenburg wurde am Abend erzählt. Eltern und Kinder saßen im Kreis, die einen auf Stühlen, die anderen am Boden, die kleineren liegend vor dem Erzähler und hörten zu. Es entstand eine Erzählgemeinschaft, nicht mehr der Erzähler war wichtig, sondern die Figuren standen im Raum auf, ihre Erfahrungen, ihre Ängste und ihr Glück wurden in uns hörbar und sichtbar. Nach dem Märchen gingen die Kinder ins Bett, und die Erwachsenen trafen sich zum ersten Gespräch.[7]

Am nächsten Tag, am Samstag nach dem Frühstück, fand ein großes Fußballspiel statt. Dies war ein wunderbares Instrument, um noch einmal Fremdheiten und Spannungen abzubauen, einmal zwischen den Erwachsenen, weil ein gemeinsames Tun Nähe darstellt; und Barrieren zwischen Kindern und Erwachsenen wurden verringert, weil die Kinder den Erwachsenen, den Vätern, sehr oft überlegen waren.

Interpretation im Malen

Die Kinder gingen in den großen Saal, erinnerten sich unter der Leitung einer Mutter und einer Kindergärtnerin an das Märchen und begannen, auf am Boden ausgebreiteten Papierrollen mit Plakatfarben, Filz- und Buntstiften einzelne Szenen des Märchens zu malen. Alle Kinder malten, manche allein, z. B. den Vogel Greif, wie er übers Meer flog, andere malten zu zweit oder dritt gemeinsam eine Szene: den Vater und die drei Töchter, den Fang des Löweneckerchens, die Sonne und den Mond, mit ihren Geschenken, den Kampf am Roten Meer mit dem Lindwurm, die goldene Henne mit ihren zwölf Küken, das Sonnenkleid, den Rastbaum im wildbewegten Meer, das glücklich vereinigte Paar auf dem Rücken des Greifs und schließlich das Schloß, in dem beide glücklich lebten. In der Mittagspause wurden von Vätern im großen Versammlungsraum Schnüre gespannt und die bemalten Bogen aufgehängt. Die ganze Gruppe versammelte sich, um die Bilder zu betrachten und sich von den jeweiligen Gruppen ihr Bild erklären zu lassen.

Interpretation im Gespräch

Während die Erwachsenen das Märchen befragten, saßen zur gleichen Zeit die Jugendlichen im Turnzimmer. Eines der Themen war die Loslösung vom Elternhaus, wir versuchten, uns auch in die Rolle der Eltern einzufühlen, die ihre Kinder loslassen müssen und die sich aus Angst vor der kommenden Beziehungslosigkeit oft an die Kinder festklammern und ihnen keine Selbständigkeit gewähren. Die Treue der Frau im Märchen regte uns an, über den Sinn von Treue zu reden, über Einübung in Partnerschaft, über Partnerwechsel bei Jugendlichen und über die Vorstellung von Ehe im Neuen Testament – vielleicht ist eine Möglichkeit des Märchens einfach die, daß es verkrampfte Probleme auftaut, da im Märchen typische seelische Konflikte und Zustände als quasi Gegenstände zur Schau liegen.[8]

Nach dem Mittagessen wurde das Thema von Suchen, Verlieren und Finden auf eine ganz andere Art aufgenommen: wir machten eine Schnitzeljagd. Die Gruppe von Größeren ging mit zwei Klorollen, als Lieferanten der Spuren, voraus. Sie legten Irrwege, rutschten Böschungen hinunter, traten in sumpfige Bachränder und legten sich dann auf den sonnenwarmen Boden ins Versteck und beobachteten von dort die Suchenden, denen es ebenso erging. Das Spiel endete unentschieden, weil nicht alle ›Spurenleger‹ gefunden werden konnten.

Interpretation im Spiel

Am Nachmittag begann die Vorbereitung für das große Spiel. Wir waren wieder alle zusammen, und alle sollten mitspielen. Spielplatz war der Burghof, die Beleuchtung kam von einem großen Feuer, das in der Mitte brennen würde. Vier Gruppen ließen die vier Winde Gestalt werden und grenzten zugleich das Spielfeld ab. Die Sonne und der Mond, das Löweneckerchen, der Vogel Greif, der Lindwurm, der Löwenprinz und sein Gefolge und die Taube wurden jeweils von Kleingruppen hergerichtet und dann gespielt. Weil keine Orff-Instrumente vorhanden waren, suchten wir im Keller der Burg nach Ersatz und fanden zwei Blechwannen; darauf wollten wir Gefahr, Aggression und Chaos ankündigen und hörbar machen. Den ganzen Nachmittag bis zum Abendessen wurde an allen Ecken und Enden der Wildenburg gearbeitet: die Maske des Löwenprinzen wurde erstellt, die vier Winde entstanden, und dann mußte noch Holz gesammelt werden.
Als es dämmrig wurde, brannte es hell und hoch, und die Funken fielen wie ein Sternenregen auf die versammelten Spieler. Sonne und Mond standen am Rand, strahlend gelb leuchtete das Kreppapier, der Nordwind, Kälte und Frost mitbringend, wurde von drei Kindern in weißen Schneegewändern dargestellt, die einen Ast hielten. Das Frostklirren erzeugten Ketten von Flaschenverschlüssen, und die Eiskristalle waren aus Eierkartons entstanden, die Schneewehen wurden von weißen Plastikstreifen gespielt. Der Westwind in der anderen Ecke trug als Symbol die über dem Meer untergehende Sonne. Den Ostwind begleitete die Morgensonne, und Spieler trugen Hahnenmasken aus buntem Papier. Der Südwind war voll Blüten und Palmen. So wurde das Spielfeld eingegrenzt.
Unheimlich, vorzeitfremd stand der Vogel Greif am Rande aus Baumstämmen vom Nachbarbauern ausgeliehen, mit Abschleppseilen zusammengebunden, ausladende Zweige als Flügel, von denen farbige Papierstreifen herabhingen. Zwei Bälle als Augen und ein riesiger spitzer Schnabel aus einer Papierrolle schien er sich im auf- und niederflackernden Feuerschein zu bewegen.

Riesenlang war der Drachen, aus großen Schachteln zusammengebunden, grünschuppig bemalt, mit einem Ginsterbuschen als Schweif, glühende Augen durch eine Taschenlampe, sein Maul konnte auf- und zuklappen und seine Zunge war beweglich. Sieben Spieler und die falsche Prinzessin waren nötig, ihn zu bewegen. Das Löweneckerchen hatte eine eigene Maske, – deren Ausgangsform eine große Papiertüte war – und einen großen schwarzen Schnabel. Es war an seinem Flötenspiel erkennbar. Ein leiser Hauch von frühen Kultfeiern war spürbar, als die Gefolgschaft des Tierprinzen im Zwielicht die Burgtreppe herunterschritt, manche mit großen Masken. Sie waren einfach aus Schachteln hergestellt, bemalt, und jemand hatte die grandiose Idee, Blumen und Gräser hineinzustecken. Der Tierprinz selbst trug eine unheimliche Maske, wie die eines Dämonen aus Neuguinea, – hergestellt aus einer Schachtel mit verdorrtem Gras – und einen Umhang aus vielen zusammengebundenen Grasbüscheln.

Das Spiel begann mit Gitarrenmusik. Während des Erzählens lösten sich die angesprochenen Figuren aus dem Kreis. Der Vater fragte nach den Wünschen seiner Töchter. Er sank vor Schreck zu Boden bei dem Überfall durch den Löwenprinzen. Bei der Hochzeit tanzte die ganze Gesellschaft um das Feuer. Als der Löwenprinz in die Taube verwandelt wurde, kreiste die weiße Taube auf einem Stock um das Feuer. Die Frau befragte Sonne, Mond und Sterne und die vier Winde. Als am glücklichen Ende das vereinte Paar auf dem Vogel Greif saß, schauten wir alle zum Abendhimmel und sahen den goldenen Vogel mit dem königlichen Paar zwischen den Sternen verschwinden.

Dieses Spiel bedeutete für alle Beteiligten ein Gegenwärtigsetzen von Situationen menschlicher *Wandlungen.* Wenn uns öfter gelänge, Erwachsene und Kinder miteinander ins Spiel zu bringen, dann könnte uns auch vielleicht das heilige Spiel der Erinnerung an die verändernden und heilenden Taten Jesu neu gelingen, so daß Liturgie neu zum Impuls werden könnte für Wandlungen unseres Lebens.

Abschließende Meßfeier

Am Sonntag waren wir zu Gast in der Pfarrkirche. Von unserem Kreis wurden ein Teil der Lieder, die Fürbitten und die Predigt in den Gottesdienst der Gemeinde eingebracht. Als Lesung wählten wir den Abschnitt aus der Offenbarung des Johannes mit dem heilenden Lebensbaum aus (Apk 22,1–2). Zum Evangelium wurde der Senfbaumvergleich mit dem Reich Gottes vorgelesen (Mt 13,31–32). Die Predigt versuchte, ausgehend vom Baum, in Assoziation zum Baum als Rastplatz im Märchen, seinen Anfang als Korn, das in Dunkelheit gesenkt, zerbrochen, vielfach Umwelteinflüssen ausgesetzt, erst nach diesem langen Prozeß zu seiner endgültigen Gestalt kommt, zum Schattenspender, zum Heilbaum wird. Der Baum als Bild des Menschen muß ebenso einen langen Weg der Wandlung gehen, dann erst kann der Mensch seine soziale Funktion erfüllen. Als zweites Bild wurde der Weg angesprochen, der Weg nach Emmaus, mit dem Wort, das auch ein Deutewort für dieses Märchen sein könnte: »Mußte der Menschensohn dies nicht alles leiden, um so in seine Herrlichkeit zu kommen.« Die Dunkelheit, die Verlassenheit, der Verrat sind unerläßliche Elemente, die Christus und der Christ durchstehen und an sich herankommen lassen müssen, um ins Gelingen zu kommen.

Anmerkungen

1 Grimm, Kinder- und Hausmärchen (KHM) Nr. 88.

2 Es gehört zum Märchentypus von Amor und Psyche, das der antike Schriftsteller Apuleus zum ersten Mal aufschrieb. Dort verläuft der Entwicklungsweg der Heldin, Psyche wird sie genannt, zwischen den Göttern des Himmels und der Unterwelt und alle kosmischen Kräfte sind eingespannt. Vergleiche J. Bolte und J. Polivka, Anmerkungen zu den Kinder- und Hausmärchen der Brüder Grimm, Leipzig 1915, 2. Bd., 229ff. Hier werden auch die unzähligen Varianten und Erweiterungen aufgezählt; in Italien und Armenien, der Türkei und Indien wird dieses Märchen erzählt.

3 S. Freud schreibt: »Zunächst erscheint es durchaus möglich, die im Traum gewonnenen psychoanalytischen Auffassungen auf Produkte der Völkerphantasie wie Mythus und Märchen zu übertragen.« GW VIII, 414. C. G. Jung schreibt: »In Mythen und Märchen wie im Traume sagt die Seele über sich selber aus, und die Archetypen offenbaren sich in ihrem natürlichen Zusammenspiel...« GW IX, 233.

4 C. G. Jung schreibt: »Die Seele des Kindes vor der Stufe der Ichbewußtheit ist weit davon entfernt, leer oder inhaltslos zu sein. Kaum taucht die Sprache auf, so ist auch schon Bewußtsein vorhanden, das mit seinen Gegenwartsinhalten und seinen Erinnerungen eine intensive Hemmung auf die vorherigen Kollektivinhalte ausübt. Daß solche Inhalte beim noch nicht ichbewußten Kind vorhanden sind, ist reichlich erwiesene Tatsache. Am bedeutsamsten in dieser Hinsicht sind die Träume drei- und vierjähriger Kinder, unter denen es solche gibt, die dermaßen mythologisch und bedeutungsschwanger sind, daß man sie ohne weiteres für Träume Erwachsener erklären würde, wenn man nicht wüßte, wer der Träumer war. Es handelt sich hier um die letzten Reste einer verschwindenden Kollektivseele, die träumend die ewigen Grundinhalte der Menschheitsseele wiederholt.« C. G. Jung, in: F. G. Wieckes, Analyse der Kinderseele, Zürich–Stuttgart 1969^2, 12.

5 H. Dieckmann, Zum Aspekt des Grausamen im Märchen, in: Praxis der Kinderpsychologie und Kinderpsychiatrie, 16. Jhg. (1967) 300.

6 Vergleiche E. H. Erikson, Kindheit und Gesellschaft, Stuttgart 1971^4, 268.

7 Die Hauptakzente der Arbeit im Elternkreis stellt H. J. Perrar in seinem Beitrag: Das singende springende Löweneckerchen (Welt des Kindes, 3/1976) vor.

8 D. Sölle schreibt: »Dem Märchen wird alles Innere zum Gegenstand, zum Ding, und jeder Gedanke zum Handeln, die Liebe drückt sich im roten Käppchen aus, der Haß in vergiftetem Apfel, jedes Gefühl, jede Regung, jede seelische Erfahrung wird so unmittelbar zur Gegenwart und Handlung. Diese Gegenstände und Handlungen wieder zu verflüssigen, die Erfahrungen der Seele auf ihrer Reise, ist die Aufgabe des Deutens.« D. Sölle, Die Hinweise, Stuttgart 1975, 64.

9 Daß Spiele gerade heute notwendig sind, darauf weisen auch die Erfahrungen der Integrierten Gemeinde in München hin, die ihre Geschichte, den Werdegang ihrer Gemeinde, mit seinem Scheitern und seinem Gelingen in einem Mose-Environment mit Bild, Ton und Musik, schaubar und erlebbar machten. Vgl. Die Integrierte Gemeinde, Heft 15/16/17, München 1976, 129f.

Walter Kettler

»Unsere Flügel sind weit«

Vorbemerkung

Religiöse Elementarerziehung muß den Zugang zu Erfahrungen ermöglichen. Im Kindergarten dürfen nicht die Ergebnisse der Theologie, die in jahrhundertelangen Denkprozessen entstanden sind, den Beginn eines eigenständigen religiösen Lebens erdrücken. Um Kinder mit Mathematik vertraut zu machen, beginnt man auch nicht mit der Relativitätstheorie von Einstein. Wenn z. B. in der Oster- und Pfingstzeit das Thema *Begeisterung und Freude* im Kindergarten ansteht, sollte die Erzieherin nicht zuerst über eine Theologie des Heiligen Geistes reden und auch nicht versuchen, die Ergebnisse der Exegese über die Pfingstperikope mit den Kindern zu erarbeiten. Gemäß der anthropologischen Wende in der Theologie ist zuerst zu fragen, wie können Kinder in das Kraftfeld von Begeisterung und Freude hineingezogen werden, wie können Kinder in einem emotionalen *disclosure* das Alltägliche und *etwas* mehr erfahren, das die Enthüllung bringt, daß es eine Bewegung, eine Kraft gibt, die ihr Antriebszentrum nicht nur im Menschen allein hat: einen Geist, der aufregt, vorwärtstreibt, neue Türen aufstößt.

In der religiösen Elementarerziehung gilt es für den überlegenden Erzieher, an die Tradition unserer »Vorväter im Glauben« anzuknüpfen, an die Weise, wie sie Gott erfuhren und sie vom Geist erfaßt und in die Begeisterung hineingerissen wurden.

Diese Erfahrungen waren ganzheitlich. Sie erfaßten den ganzen Menschen mit Leib und Seele. Im Kindergarten dürfen wir uns guten Gewissens an diese Tradition des Volkes Israel und der Kirche anschließen: David tanzte vor der Bundeslade, bei den Eucharistiefeiern der frühen Kirche gab es Reigentänze, und im Mittelalter spielten Kleriker mit ihrem Bischof im Kreuzgang Ball, um so ihrer Osterfreude Ausdruck zu verleihen.

Religionspädagogische Zielvorstellungen

Umgang und Einübung in Begeisterung wird nirgends, also auch nicht im Kindergarten, auf einmal geschehen können, sondern sich in vielen Teilschritten, gleichsam in Variationen zu dem einen Thema, übers ganze Jahr hinziehen.

Hauptsächliche Intentionen sollten sein:

Erfahrungen der eigenen Kraft und Geschicklichkeit
Erfahrungen der vitalen Kraft der Gruppe
Befreiungserfahrung
Einfühlen in die Begeisterung über den Besitz von Kenntnissen

Einfühlen in die begeisternde Erfahrung über neubeginnendes und sich veränderndes Leben
Einfühlen in die Begeisterung der Jünger über die Kraft des Pneuma

Situationsanlässe

Anlässe gibt es viele: z. B. Geburtstag eines Kindes in der Gruppe, ein krankes Kind kommt nach ein paar Wochen wieder zurück, Nikolaus- oder Weihnachtsfeier, ein angstbeladenes Erlebnis, das glücklich überwunden wurde, ein Schmetterling oder eine Raupe, die entdeckt werden.
Immer soll die elementare Freude beim Erspüren der eigenen Beweglichkeit, der eigenen Kraft und Geschicklichkeit, die Lust am Miteinander-Spielen und Miteinander-in-Bewegung-Sein erlebt und zaghaft auch ins Bewußtsein der Gruppe erhoben werden.

Erfahrungsbereich: Befreiung

Es ist wichtig, die verschiedenen Teilerfahrungen miteinander lose zu verknüpfen, so daß im Lauf der Zeit ein Geflecht von freudig besetzten Knotenpunkten entsteht, in dem dann einmal, vielleicht, die tragende Freude des Angenommenseins durch Gott eingefangen werden kann.

Möglichkeiten des Erspielens:
Vielleicht erzählt man, daß es spaßhafte Wettkämpfe gibt, bei denen versucht wird, möglichst viele Menschen in eine Telefonzelle zu stopfen. Hier können auch Fernseherlebnisse der Kinder aufgearbeitet werden: Es können Szenen erzählt werden, wo Menschen im Fernsehfilm in Höhlen eingeschlossen werden. »Dies spielen wir jetzt im Gruppenraum.«
Eine Ecke des Gruppenraums wird z. B. durch einen Tisch verstellt, der Raum dahinter mit einer Decke verhängt. Jetzt verkriechen sich so viele Kinder dahinter, wie nur gerade möglich. Der Raum wird verdunkelt. Alle werden ganz still – leise Handtrommelschläge und dann ein Signal mit einer Zimbel –. Der Tisch wird zur Seite geschoben, der Höhleneingang geöffnet, und alle Kinder strömen heraus und tanzen, weil sie befreit sind, einen Reigen:

1. *Wir sind frei*
können uns bewegen
sehen das Licht
sehen die Mädchen
sehen die Buben.
2. *Ringel Ringel Rosenkranz,*
wir treten auf die Kette,
daß die Kette klingen soll.

Klar, klar wie ein Haar,
hat gesponnen sieben Jahr.
Sieben Jahr sind um und um, alte Hexe dreh dich rum!
(aus: Allerleirauh. Viele schöne Kinderreime, versammelt von Hans Magnus Enzensberger, Frankfurt am Main 1961, Seite 245; hier sind noch viele andere reizvolle Möglichkeiten anzutreffen).

Geburt des Schmetterlings

Oder es wird vom langen Werdegang eines Schmetterlings erzählt, wenn Kinder den ersten vor dem Fenster oder im Garten entdecken. *Die Verpuppung im engen Kokon:* Alle verwandeln sich in Raupen, können sich nur kriechend fortbewegen, werden langsam zu »Puppen«, rollen sich zusammen. Die Erzieherin spielt den Zauberer, der mit leiser Stimme die Verwandlungsetappen benennt, sie stecken den Kopf zwischen die Beine und bleiben so lange wie möglich in der schmerzhaft angespannten Weise ruhig sitzen, dann – ein Zimbelschlag –, die Haut des Kokons wird durchbrochen. Die Kinder springen auf, die Arme weit auseinandergespannt, und sie tanzen einen Schmetterlingstanz:
Die harte Haut
haben wir zerrissen,
unsere Flügel sind weit,
wir fliegen ins Licht.
Feste Texte sind nicht nötig, sie sollen hier nur eine Anregung bieten, daß in manchen Gruppen mit Hilfe solcher Texte, die von den Kindern mitformuliert werden, Erfahrungen ein wenig mehr bewußtgemacht werden.
Eine andere Variation:
Zuerst wird nur ein Kind aus der Gruppe »verpuppt«. Die anderen bleiben Raupen oder sind schon Schmetterlinge und schauen der Verwandlung zu: Das Kind wird gänzlich mit Binden eingewickelt und auf den Boden gelegt. Es versucht, sich zu befreien. Alle erleben die Anstrengung mit, helfen und versuchen, sowohl die Anstrengung als auch dann die Freude des Befreitseins in Worte zu fassen.

Das Märchen von Jona

Eine längere Einheit könnte mit dem biblischen Märchen von Jona gestaltet werden.
Zuerst wird das Märchen erzählt: Jona wollte den Ruf seines Gottes Jahwe nicht hören. Er hatte keine Lust, seine Aufgabe anzufangen. Er lief davon, er lief zum Hafen, weil er am Meer wohnte. Im Hafen war ein Schiff vor Anker mit aufgespannten Segeln. Er fuhr mit. Da kam ein Sturm. Die Wellen wurden immer höher, kamen über die Wand des Schiffes. Der Mast brach ab. Die Matrosen beteten. Jona betete nicht. Jona sagte: Werft mich ins Meer,

mein Gott ist zornig auf mich, dann werdet ihr gerettet! Die Matrosen hatten sehr große Angst! Sie warfen Jona ins Meer. Da kam ein riesiger ungeheurer Fisch, wie ihn noch nie jemand gesehen hatte, und der verschlang den Jona. Nach drei Tagen spuckte er den Jona aus. Jona blieb im warmen Sand in der Sonne liegen.
Nach der Erzählung, vielleicht auch Tage später, wird auf riesigen Papierbögen mit Fingerfarben das wildbewegte Meer schwarzblau in Szene gesetzt. Die Kinder sind der Wind und malen, rhythmisch dazu sprechend, das sausende und brausende Meer.

Meditationsübung

Später, an einem anderen Tag, setzen sich die Kinder vor das Meer auf den Boden, und die Gruppe macht eine Art Meditationsübung über die Jonageschichte:

Wir stellen uns das dunkle brausende Meer vor,
riesig und feucht der dunkle Bauch des Ungeheuers,
Jona, eng, er weiß nicht, wo oben und unten ist,
er wird zusammengepreßt,
er bekommt Angst zu ersticken,
plötzlich weicht der Druck,
er spürt den warmen Sand,
er sieht die Sonne,
er breitet die Arme aus,
er atmet tief ein,
ich bin befreit.

Szenische Darstellung:

Der Gruppenraum wird verdunkelt, ein kleines Licht brennt noch, wir stellen uns das schwankende Schiff vor, der Wind heult, wir sind im Wasser, wir gehen unter, es ist dunkel, dunkel, dunkel...
Die Erzieherin macht plötzlich die Tür auf und alle laufen hinaus in den sonnigen Flur oder Hof und rufen:
Es ist warm, es ist hell, wir können uns bewegen.

Vielleicht ist es dann möglich, in einem Gespräch mit der Gruppe über die helle Freude des Jona zu sprechen.

Erfahrungsbereich: Freude und Begeisterung

Zielvorstellung:
Hier soll der Versuch gemacht werden, verschiedene Arten von Freude und Begeisterung kennenzulernen.

1. Textvortrag: Das Märchen vom Rumpelstilzchen

Das Märchen von Rumpelstilzchen wird erzählt. Die Szene am nächtlichen Feuer wird besonders herausgehoben: Rumpelstilzchen ist wild vor Freude, tanzt begeistert um das Feuer, weil niemand seinen Namen kennt, weil es sein Geheimnis ganz für sich hat, das es mit niemand teilen will.

Interpretation im Spiel

Mit einer oder zwei Taschenlampen, rot eingestellt, hat man das Nachtfeuer in der Spielstube! Zuerst spielt die Erzieherin das Rumpelstilzchen, dann ein Kind aus der Gruppe. Langsam werden alle von der Begeisterung des Rumpelstilzchen angesteckt und tanzen um das Feuer: *O wie gut, daß niemand weiß, daß ich Rumpelstilzchen heiß.*

Bildnerisches Gestalten

Um die Erinnerung an Rumpelstilzchen und seine Freude und Begeisterung etwas festzuhalten, malt die Gruppe, mehrere Quadratmeter groß, ein Bild vom roten Feuer in der schwarzen Nacht.

2. Textvortrag: Das Märchen von Schneewittchen

Nach nicht allzulanger Zeit erzählt man z. B. das Märchen von Schneewittchen. Hier wird dann die Szene besonders betont, in der die Diener des Prinzen stolperten und das Schneewittchen die Augen öffnete: »Da ward ihm Schneewittchen gut und ging mit ihm und ihre Hochzeit wurde mit großer Freude und Herrlichkeit angeordnet.« Die Freude über das neue Leben, das Aufwachen aus dem Todesschlaf, das Befreitwerden aus der gläsernen Haut des Sarges – dies sollte an das Schmetterlingsspiel und an den Jonas im Bauch des Ungeheuers erinnern.

Interpretation im Spiel und gemeinsamen Aktivitäten

Mit Vorstellungsübungen wird die ganze Szene vor das »innere Auge« gerufen. Nun wird ein Fest, ein Hochzeitsfest für Schneewittchen in der Gruppe vorbereitet: Die ganze Gruppe bäckt miteinander einen riesigen Hochzeitskuchen – oder jedes Kind formt einen Stern oder eine Sonne oder ein Herz aus Teig. Schön wäre es, wenn auch das Teiganrühren gemeinsam gemacht werden könnte. (Wenn eine Schulküche vorhanden ist, dann kann dort gebacken werden. Dies wäre ein Anlaß, die Eltern mit in das Leben des Kindergartens einzubeziehen.) Das fertige Backwerk wird dann mit Eigelb, Zuckerguß und Liebesperlen verziert.
Jedes Kind bekommt einen Blumenkranz ins Haar, wenn es die Jahreszeit

erlaubt, aus echten Blumen – Löwenzahn – oder aus selbstgebastelten Papierblumen. Die Kinder verkleiden sich in die eingeladenen Prinzen, Räuber, Ritter, Cowboys. Der Kuchen oder die verschiedenen Kuchen werden in der Mitte des Gruppenraums auf eine weiße Decke gelegt, viele Kerzen werden rundum aufgestellt und angezündet. Die geschmückten Kinder tanzen einen Reigen um den Kuchen, rufen dem Schneewittchen Glückwünsche zu... Dann werden Kuchen und Plätzchen miteinander aufgegessen.
Ein paar Tage später kann dann, wenn mehr Fünfjährige in der Gruppe sind, ein Vergleich über die verschiedenen Qualitäten der Begeisterung des Rumpelstilzchens und der Freunde von Schneewittchen angestellt werden. Es sollen aber behutsame Reflexionen sein. Oft wird es besser sein, auf die Wirkung der Bilder allein zu vertrauen.

3. Frühlingsfest

Ein ähnliches Fest kann am Frühlingsanfang gefeiert werden: *ein Sonnenspiel:* Einer spielt immer die Sonne, ein riesiges Flammenrad aus Silber – Kupferfolie mit Pappdeckel verstärkt auf seinem Rücken. – Er ruft die Tiere aus dem Winterschlaf und die Blumen aus der Erde: *Primel – Primula – Veilchen – Viola* usw. Es endet in einem Frühlingstanz und einem gemeinsamen Essen von Radieschen.

4. Verknüpfung mit dem Oster- und Pfingstfest

Die Grundaussage des Festes ist die gleiche: der Gekreuzigte lebt und ist mit seinem Geist bei uns. In das bisherige Geflecht kann so ein neuer Knoten geknüpft werden.

Gespräch mit der Gruppe

Die Freunde des Jesus waren traurig. Sie hatten Angst. Sie weinten. Sie sperrten sich ein. Sie erinnerten sich an Jesus, und an einem Tag war das ganze Zimmer, in dem sie saßen, nicht mehr grau und dunkel, es war in Feuer eingetaucht. Die Freunde des Jesus faßten sich an den Händen und fingen an, im Zimmer herumzutanzen. Sie spürten: Jesus lebt. Gott hat ihn nicht vergessen. Gott hat Jesus aus der Dunkelheit befreit. Er hat ihn aus dem Todesschlaf aufgeweckt. Die Freunde rissen die Fenster auf und schrien laut hinaus:
Der Jesus lebt.
heio heio
Gott hat ihn nicht vergessen
heio Alleluja
heio Alleluja.

Abschließende Feier

Wenn im Gruppenraum eine Osterkerze aufgestellt werden kann, dann sollte sie mindestens einen halben Meter lang sein. Diese große Kerze wird in die Mitte gerückt, mit Frühlingsblumen geschmückt, die Kinder stellen sich um die Kerze, nehmen sich bei der Hand und tanzen herum, singend:
Jesus lebt
Gott hat ihn nicht vergessen
heio, Alleluja.
Dies alles sind nur Anregungen, und in immer neuen Spielversuchen müssen wir uns und die Kinder in die Freude einüben und sie zu erhalten versuchen.

Eleonore Gottfried-Massa

Übungen der Stille auf der Grundlage der Eutonie

Sich besuchen – sich kennenlernen – bei sich zu Hause sein

In Meditationskursen für Kinder (im Vorschul- u. Schulalter), für Erzieherinnen und Eltern erwuchsen die unten beschriebenen Übungen. Sie stellen nur einen kleinen Ausschnitt dar aus den vielfältigen Möglichkeiten, die Kindern und Erwachsenen helfen, in die Stille zu finden. Die Vorschläge sind gedacht sowohl für Erzieherinnen, die über Erfahrungen auf diesem Gebiet verfügen, wie auch für solche, die sich zum ersten Mal auf diese Erfahrungen einlassen wollen. Die angegebenen Übungen dürfen nicht einfach als Rezept verwendet werden, wie man Kinder leichter still bekommt, noch als Sammlung von Vorschlägen, was man alles mit Kindern tun kann und was bei Kindern gut ankommt. Sie möchten vielmehr eine Hilfe sein für die persönliche Entwicklung jedes einzelnen Kindes. Sie bieten Gelegenheit, schrittweise neue Erfahrungen mit sich und der Umwelt zu machen. Dieser Prozeß ist nur möglich, wenn die Erzieherin selbst übt.
Kinder wie Erwachsene leiden heute zunehmend an einer körperlichen und seelischen Disharmonie. Das Gleichgewicht der Kräfte ist gestört. Hieraus entwickeln sich leibliche Verspannungen und seelische Fehlhaltungen, die die Entwicklung des Lebens erschweren, indem sie lebenswichtige Energien blockieren. Symptomatisch dafür sind wachsende Gereiztheit und Aggressivität, Arbeitsunlust, Leistungsschwäche und Schwierigkeiten im Sozialkontakt. Wir erkennen immer deutlicher die psychosomatische Ganzheit des Menschen, den Zusammenhang zwischen seelischer Fehlhaltung und leiblichen Symptomen, wie auch leiblicher Fehlhaltungen und seelischer Reaktio-

nen. An der Verwirklichung der psychosomatischen Einheit arbeitet die Eutonie.
Gerda Alexander in Kopenhagen prägte vor etwa 40 Jahren diesen Begriff. Sie meint damit die Wiedergewinnung der optimalen lebendigen Spannkraft von Seele und Leib, den rechten Tonus (eu-Tonus) im Gegensatz zum gestörten Tonus (Dystonie), oder dem zu großen (Hypertonie) ode zu schwachen Tonus (Hypotonie). Der Übende gelangt aus der Verspannung über die Entspannung in die eigentliche, ihm gemäße lebendige Spannkraft; ein Gleichgewicht von Spannung und Lösung. Die Übungen sprechen zwar unmittelbar den Leib an, erreichen jedoch die gesamte Persönlichkeit in ihrem jetzigen Werden und in ihrem Bezug zur Umwelt. So entfaltet z. B. eine Kontaktübung des Rückens mit dem Boden nicht nur den körperlichen Kontakt, sondern befähigt auch zu innerem Kontakt mit sich selbst und mit der Umwelt. Die ungeteilte und ungestörte Aufmerksamkeit auf den Leib vermittelt schrittweise ein Zusichkommen und Beisichsein, was als beglükkend und befreiend erlebt wird. Im Gegensatz dazu ist der Zustand des Außersichseins belastend und blockiert Lebensenergien.
Die Eutonie arbeitet mit mehreren Prinzipien, von denen die folgenden drei für die Arbeit im Kindergarten besonders geeignet sind:

A. Das Hautbewußtsein und der Hautkontakt

Der Übende wird angeleitet, seine Haut in der Berührung zur Kleidung und durch die Kleidung zu einem Gegenstand, zu einem Partner zu erfühlen, *wahr-zu-nehmen.* Die Haut wird ihm deutlich wie ein Kleid, das ihn schützend umhüllt und die äußere Form gibt, das ihm aber auch den Kontakt nach außen ermöglicht. Der Kontakt wird zunächst in der Bauchlage geübt, dann in der Rückenlage und zuletzt in den beiden Seitenlagen. Durch die Entwicklung der Sensibilität für Hautkontakt wächst auch die innere Kontakt- und Fühlfähigkeit, die für jeden Menschen lebensnotwendig ist. Der kontaktarme und gefühlsarme Mensch von heute ruft nach solcher Hilfe. »Wenn die Fühlfähigkeit neu aufgebaut wird, werden gleichzeitig alle unsere Sinne lebendiger. Die Erlebnisfähigkeit vertieft sich, das gesamte seelisch-geistige Leben wird bereichert ... Ein Mensch, der bisher überwiegend in seinem Verstand gelebt und die Welt praktisch nur von dort betrachtet hat, fühlt sich nach bereits drei Tagen Eutonie-Übungen ›wie ein neuer Mensch‹! Er wird sich bewußt, daß er bisher sein Erleben und sein Bewußtsein unnötig verengt hielt.« (Stangl, Lebenskraft, S. 94ff.).

B. Das Körperbild

Mit dem Bewußtsein der Haut wächst das meist schlafende Körperbild, das heißt, das Bild, das der Übende von seinem Körper hat. Es ist nicht das Wissen, wie er aussieht, sondern das Bewußtsein seiner Gestalt. Ein einfacher Test macht dies deutlich: Mit geschlossenen Augen wird eine menschliche Gestalt aus Ton geformt. Was da entsteht ist das Körperbild. Es ist meist bruchstückhaft und unproportioniert. Nach regelmäßiger Arbeit am Körperbewußtsein ist bei der Wiederholung des Testes ein großer Unterschied zu sehen: Die Gestalt wird richtiger, proportionierter und durchlebter. Das ist der Prozeß, den die Eutonie in Gang setzt und der eigentlich ein Leben lang währt: in die dem einzelnen gemäße Gestalt mit all ihren Möglichkeiten der Entfaltung und Differenzierung zu kommen. Hierzu ist ein weiterer Schritt notwendig: Verspannungen, die diese Entwicklung aufhalten, abzubauen. Sie werden schon abgebaut durch die Arbeit am Hautbewußtsein und am Körperbild, mehr aber noch durch das Dehnen.

C. Das Dehnen

Das Dehnen wird vorbereitet durch das Erfühlen des Kontaktes und durch die Vorstellung, daß der Kontakt auch über Entfernung hinweg noch möglich ist; zum Beispiel fühlt die Ferse am Boden entlang zur nächsten Wand hin und nimmt mit ihr Kontakt auf. Dadurch entsteht, zunächst unmerklich, im Laufe der Übung jedoch immer deutlicher, ein tatsächliches Zur-Wand-Hinstreben. Es kommt zu einem Dehnen, das der Körper von sich aus sucht, nicht einem, was ihm der Wille aufzwingt. In der äußersten Dehnung wird mit einem Mal losgelassen, um aus der Überspannung in die Spannungsmitte zu gelangen. Im Dehnen und Loslassen entweicht die Verspannung, und es entsteht eine gelöste und durchlebte neue Spannung; für jeden, der unter Druck, Zwang, Reizüberflutung und ähnlichem leidet, ein beglückendes und belebendes Ereignis.

Was sich in diesem Umgang mit sich im einzelnen ereignet und in Gang kommt, kann im Rahmen dieses Aufsatzes nicht alles genannt sein. Ich verweise auf die unten angegebene Literatur hierzu. Die weiteren Schritte der Eutonie möchte ich nur nennen, nicht ausführen, da sie zur Anwendung im Kindergarten einer größeren Schulung bedürfen, als sie dieser Aufsatz bieten kann.

Im 4. Schritt der Eutonie wird der Leibinnenraum erarbeitet, im 5. Schritt das Knochenbewußtsein. Nach dieser Vorarbeit folgt die eutonische Bewegung.

Kinder empfinden diese Übungen als sehr wohltuend und förderlich. Da sie nicht ein Wissen des Kopfes voraussetzen, sondern die ursprüngliche Empfindung ansprechen, sind Kinder leichter dazu fähig als der Erwachsene. Außerdem wissen Kinder instinktiv, was ihrer Ent-Wicklung besonders dienlich ist. Hierzu gehört diese elementare Arbeit mit dem Leib.

Einige Voraussetzungen für diese Übungen

1. Der Raum:

Um in die ungeteilte Aufmerksamkeit und Sammlung hineinzufinden, ist ein ruhig gelegener Raum notwendig. Günstig sind Gymnastikraum, Schlafsaal oder sonstige Räume, die eine große, freie Bodenfläche haben. Die Einrichtung und der Schmuck des Raumes sollen der Übung förderlich sein und keine Ablenkung bieten. Der Raum wird nicht abgedunkelt, sondern hat normales Tageslicht. Er ist gut gelüftet und warm. Es sind Wolldecken ausgebreitet, damit die Kinder warm und doch fest liegen (keine dicken Gymnastikmatten).

2. Die Kleidung:
Zu empfehlen ist eine warme und gut dehnbare Kleidung, an den Füßen warme Socken ohne Schuhe.

3. Zeitpunkt und Dauer:
Während des Tagesablaufes können verschiedene Zeitpunkte günstig sein: Wenn die Kinder »satt sind« von ihrem Spielen und ihrem Tun, wenn sie sich unfähig zeigen, eine Aktivität zu beginnen, wenn sich immer stärker Unruhe breit macht, wenn der Umgang miteinander erschwert ist. Günstig kann aber auch eine Situation sein, in der die Kinder eine große Wachheit und Sensibilität für neue Eindrücke zeigen; z. B. beim ersten Schneefall, oder wenn sie eine Geschichte gehört haben.
Die Dauer der einzelnen Übungen wird recht unterschiedlich sein, je nach der Verfassung der Kinder. Sie schwankt zwischen zehn Minuten und einer halben Stunde. Im Anschluß an die Aufmerksamkeit auf den Leib wird die Erfahrung auf verschiedene Weise vertieft oder angewendet. Dies wird weiter unten beschrieben.
Die Übungen dürfen weder unter Zeitdruck stehen, noch darf irgendein Zwang dabei ausgeübt werden. Innere Ruhe und Heiterkeit bestimmen die Atmosphäre des Zusammenseins. Jede Reaktion wird zugelassen, z. B. Lachen oder Zurufe. Die Aufmerksamkeit auf sich selbst und die Entdekkung seiner selbst bewirken eine wachsende Stille, nicht der Befehl von außen. Es empfiehlt sich, regelmäßig ein- bis zweimal pro Woche zu üben, um eine kontinuierliche Entwicklung in Gang zu setzen.

4. Gruppengröße:
Von der Erzieherin wird bei diesen Übungen eine große Aufmerksamkeit erwartet, da sie jedes Kind im Blick haben muß. Deshalb sollten in der Gruppe nicht mehr als 8–12 Kinder sein. Die Übungen sind für 5- bis 6jährige Kinder gedacht bzw. für Schulkinder; so wird sich die Gruppenstärke in den meisten Fällen von selbst ergeben.

5. Vorbereitung und innere Einstellung der Erzieherin
Wie schon eingangs erwähnt, ist Voraussetzung für das Üben mit Kindern die eigene Erfahrung. Deshalb sollte jede Übung vorher noch einmal selbst gemacht werden, geeignet ist der Vorabend. Die einzelnen Schritte der Übung werden klar, samt den möglichen Schwierigkeiten. In Ruhe kann die

Formulierung bedacht werden, die die Kindergruppe anspricht. So findet die Erzieherin zu einer gesammelten Verfassung, die sich auf die Kinder überträgt. Gut ist es auch, sich kurz vor der Übung noch etwa 10–15 Minuten zurückzuziehen, um sich zu sammeln und den Vorgang noch einmal zu durchdenken. Falls die Gruppe zwei Mitarbeiter hat, läßt sich dies leicht realisieren. Während die Kinder üben, beobachtet die Erzieherin die einzelnen und läßt sie ihre Aufmerksamkeit spüren. Eine anschauliche Sprache läßt die Kinder leicht verstehen, wie die Übungen sein sollen. Die Anleitungen erfolgen mit ruhiger Stimme, deutlich und vorstellbar, mit genügenden Pausen dazwischen, um das Gehörte real zu vollziehen. Das Spüren braucht Zeit zur Entfaltung, im Gegensatz zum Gedanken, der schnell gedacht ist.

Nach den Übungen werden die Kinder angeregt, sich mitzuteilen. Die Erzieherin hütet sich davor, Antworten vorzugeben. Sie gibt Anregungen, die eigene Wahrnehmung zu erkennen, um das Nachreden zu vermeiden. Z. B.: »Was hat dein rechtes Bein gespürt?« »Wie fühlt sich dein Rükken?«

Aufbau der Übungen
A. Kontaktübungen

Wir beginnen schrittweise, den Kontakt des Leibes mit dem Boden bewußtzumachen. Das Kind erfährt leibhaft, wo und wie es Kontakt hat. Die Berührung mit dem Boden hilft, sich zu *orten* und bringt damit schon eine innere Beruhigung und Ordnung, Spannungen klingen ab. Kontakt haben, vor allem Hautkontakt, ist für die Entwicklung des Kindes lebenswichtig. Es erfährt durch ihn Orientierung, Bestätigung, Angenommensein. Ein gesundes Selbstbewußtsein kann wachsen. In diesem Sinne wirken die scheinbar sehr einfachen Kontaktübungen therapeutisch. Sie können seelische Lücken schließen, die durch mangelnde Kontakte im Elternhaus entstanden sind.

In der Berührung mit dem Boden wird der Leib deutlicher erkannt, und um das Erkennen geht es ebenfalls zentral in diesen Übungen. Z. B. wird die Fußsohle in ihrer Form und Größe leichter mit aufgestelltem Fuß erkannt, weniger genau, wenn sie frei in den Raum steht.

Da es den Kindern anfangs leichter fällt, sich auf den Bauch zu legen, beginnen wir mit Übungen in der Bauchlage. Die Kinder empfinden eine größere Sicherheit in dieser Lage, es gibt noch etwas, woran sie sich festhalten können, der Bauch ist geschützt. Zudem ist die Vorderseite bekannter als die Rückseite. Erst mit wachsendem Vertrauen zu sich und zur Gruppe wagen wir die Rückenlage und die Seitenlage.

Die einzelnen Übungen in den verschiedenen Lagen werden immer wieder wiederholt und durch Spiele variiert. Später bieten sie die Vorbereitung zu den nächsten Schritten der Eutonie.

Ablauf Übung A 1: Kontakt in der Bauchlage

Die Kinder liegen auf dem Bauch, das Gesicht auf der Seite, Arme und Hände neben dem Rücken, die Beine 3–5 cm auseinander, die Fersen fallen nach außen.

Beispiel einer möglichen Ausdrucksweise bei Kindern: Wir besuchen unser Gesicht und spüren, wie es den Boden berührt. Wie fühlt sich die Wolldecke an? Wie fest ist der Boden? Liegt das Gesicht gerne so, oder will es etwas anders liegen? Wir probieren verschiedenes Liegen aus.

Wir spüren den Hals und beobachten, daß er den Boden nicht berühren kann.

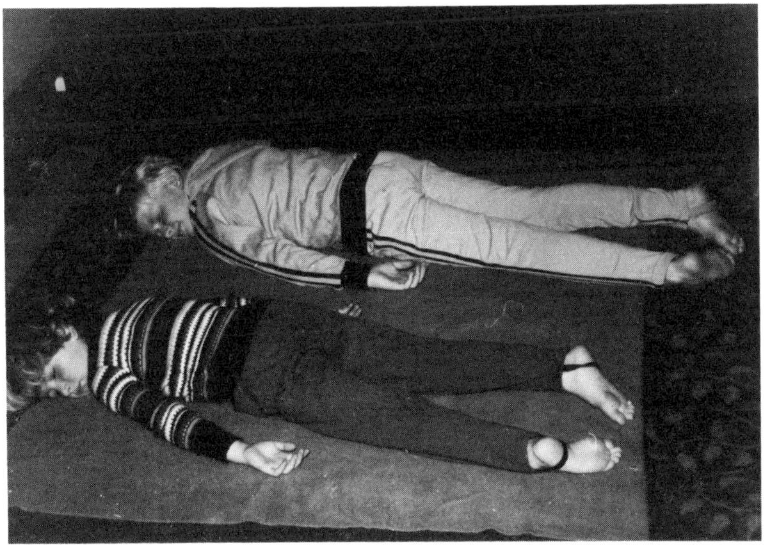

Wo beginnt wieder eine Berührung? Wo und wie liegt der Brustkorb, der ganze Bauch! Mit dem Gesicht, Brustkorb und Bauch schmiegen wir uns an den Boden.

Wir besuchen den rechten Arm, wo beginnt er? Wie lang ist der Oberarm? Wie berührt er den Boden? Wo liegt der Ellenbogen? Wie lang ist der Unterarm? Wir spürt er den Boden? Wie spürt die rechte Hand den Boden?

In der gleichen Weise besuchen wir den linken Arm. Danach fragen wir uns, welchen Arm wir besser spüren, welcher mehr den Boden berührt *(Unterschiede werden meist erst in der Wiederholung erkannt).*

Zuletzt besuchen wir die Beine und Füße. Wir beginnen mit dem rechten Bein, spüren, wo es beginnt. Wie lang ist der Oberschenkel? Um ihn genauer zu spüren, drücken wir ihn kurz an den Boden. Dann lassen wir den Druck los. Wie nah oder wie fern ist der Oberschenkel jetzt dem Boden? Wie liegt das Knie? Wie lang ist der Unterschenkel? Wie weit hat er es bis zum Boden? Wir besuchen den rechten Fußrücken. Wie berührt er den Boden? Wie

liegen die Zehen? Wir bewegen sie und strecken sie ausgiebig. Wie viele Zehen spüre ich tatsächlich *(meist werden nur 2–3 Zehen unterschieden.)*
Nun schließen wir einen Moment die Augen, um alles zusammen zu spüren: Das Gesicht, den Brustkorb, den Bauch, die Beine und die Füße. Unsere ganze Gestalt ruht am Boden.
Wir stellen uns vor, daß wir Papier und Stift haben und uns so malen, wie wir uns jetzt spüren.
Nach einer Weile dehnen und räkeln wir uns, gähnen und stehen langsam auf.
Nun kann ein wirkliches Malen erfolgen.
Nach mehrmaligem Wiederholen erfolgt nach einiger Zeit Übung 2.

Übung A 2: Kontakt in der Rückenlage
Die Kinder liegen auf dem Rücken, der Kopf liegt gerade, die Arme und Hände neben dem Rumpf, die Beine 3–5 cm auseinander, die Zehen fallen etwas nach außen. Zur größeren Sicherheit und Beruhigung können die Kinder etwas in der Hand halten: einen Ball, eine Kastanie, einen Holz- oder Bambusstab. Wir beginnen mit dem Spüren des Kopfes und gehen die ganze Gestalt entlang bis zu den Füßen, wie in Übung 1. Die Fragen lauten immer, wie und wo berühre ich den Boden; wie fühlt sich der Boden an?
Nachdem alle Kontakte angesprochen sind, können die Kinder die Augen wiederum schließen, um den Gesamteindruck noch besser zu erspüren. Zum Abschluß wieder dehnen, räkeln und langsam aufstehen.

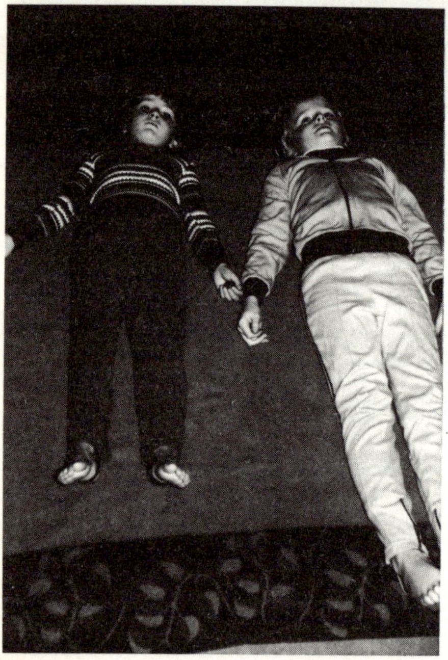

Übung A 3: Kontakt in der linken Seitenlage
Die Kinder liegen auf der linken Seite, der linke Arm liegt gestreckt hinter dem Kopf, das linke Bein ist langgestreckt. Der rechte Arm liegt angewinkelt vor dem Brustkorb, das rechte Bein angewinkelt vor dem linken Bein. Der Ablauf ist ebenfalls wie in Übung 1: Vom Kopf aus gehen wir die Gestalt entlang bis zu den Füßen. Die Kontaktübungen können auf folgende Weise vertieft werden:
1. Gleich in welcher Lage, sich zunächst unbequem hinlegen und dann die

richtige Lage suchen, verweilen, um zu spüren, wie sich das unbequeme und das richtige Liegen auswirken.
2. Die Kinder anregen, sich einen Platz vorzustellen, wo sie gerne liegen möchten, z. B. auf einer Wiese, einer Düne, in einer Höhle usw.
Nach einer Weile lassen wir die Kinder berichten.
3. Musik hören, eine Geschichte hören, eine Geschichte ausdenken.
4. Sich so malen, wie sie sich tatsächlich erspürt haben.
5. Mit geschlossenen Augen einen Menschen modellieren.

Übung A 4: Kontakt in der rechten Seitenlage, die sog. Babylage
Die Kinder liegen auf der rechten Seite, der rechte Arm liegt gestreckt hinter dem Kopf, das rechte Bein ist langgestreckt. Der linke Arm liegt angewinkelt vor dem Brustkorb, das linke Bein liegt angewinkelt vor dem rechten Bein. Der Ablauf ist wie in Übung 1: Vom Kopf aus gehen wir die ganze Gestalt entlang bis zu den Füßen und fragen wieder alle Kontakte ab.

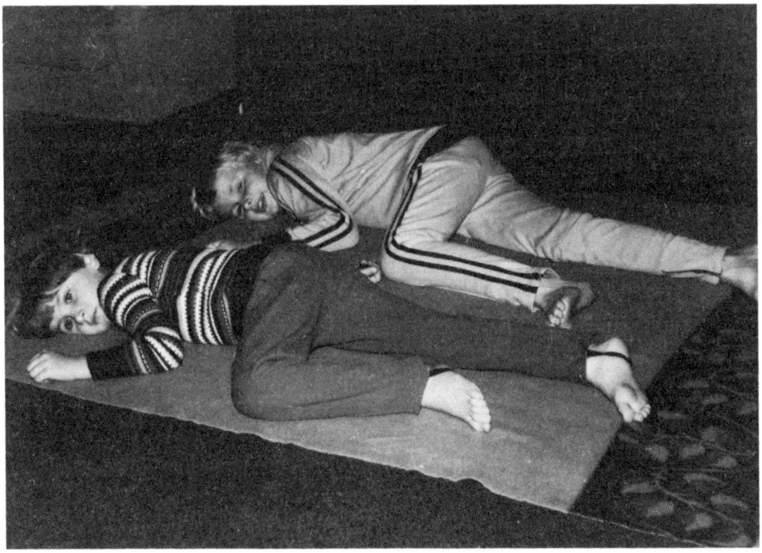

B. Körperbildübungen

Das Erarbeiten des Kontakts in verschiedenen Lagen hat das schlummernde Körperbild bereits aktiviert. Es entfaltet sich jedoch noch besser, wenn die Leiberfahrung noch intensiver geübt wird. Übungen, welche die einzelnen Bereiche des Leibes gesondert ansprechen, sind besonders wirksam.
Hierzu verschiedene Hilfen:
Die Kinder können den entsprechenden Körperbereich mit der Hand betasten und befühlen oder dies von einem anderen Kind tun lassen. Sie

können aber auch rein in der Vorstellung arbeiten; z. B. lassen sie in der Fantasie ein Männchen herumwandern, das alle Einzelheiten erkundet: Die Kinder leuchten sich mit einer vorgestellten Taschenlampe ab oder stellen sich vor, daß die Sonne sie bescheint. Vielleicht entwickeln die Kinder selbst eigene Weisen, wie sie ihren Leib am leichtesten und deutlichsten erschauen und erspüren können.

Übung B 1: Bewußtwerden des Rückens und des Gesäßes durch Berührung mit der Hand

Die Hälfte der Kinder liegt in der Bauchlage (siehe Übung A 1), die anderen Kinder streichen mit der Hand den Rücken der Liegenden entlang, von oben nach unten, von rechts nach links, hin und her, bis den Liegenden der Rücken deutlich bewußt ist.

Fragen unterstützen die Bewußtwerdung: Welche Form hat der Rücken? Wo beginnt der Hals? Wo beginnen die Oberarme? Wo beginnt der Po? Nach einer Weile schließen *alle* die Augen, um Form und Größe des Rückens ganz intensiv zu spüren. Dann werden die Rollen gewechselt.

Die ungewohnte Berührung löst anfangs leicht Heiterkeit aus, geben wir ihr Raum. Mit zunehmender Sammlung entsteht von selbst innere Ruhe und das Gefühl der Geborgenheit.

Übung B 2: Bewußtwerdung des Rückens und des Gesäßes durch Berührung mit dem Ball

Statt mit der Hand zu streichen, führen die Kinder einen Ball, am besten einen Tennisball, rollend auf dem Rücken und dem Gesäß hin und her. Die Berührung ist nicht so deutlich zu spüren wie die der Hand, daher bedarf es einer großen Aufmerksamkeit.

Übung B 3: Bewußtwerdung des Rückens und des Gesäßes mit Hilfe der Fantasie

Alle Kinder liegen in der Bauchlage und stellen sich ein Männchen vor, das den Rücken und das Gesäß erwandert.

Folgende Anleitung ist denkbar: Das Männchen stellt sich an einen Schulterrand, schaut um sich und macht sich voller Neugier auf den Weg, den ganzen Rücken zu erkunden. Es wandert zum anderen Schulterrand, es wandert in die Mitte, es wandert dort hin, wo die Arme beginnen, wo der Hals beginnt, es wandert hinunter zum Po. Es läuft und wandert, bis es den ganzen Rücken kennt. Es bemerkt, daß er verschieden hoch ist. Wenn es sich flach hinlegt, spürt es, wie der Atem ihn auf und nieder bewegt. Zuletzt läuft es noch einmal von oben nach unten, von rechts nach links und merkt sich, wie er aussieht. Dann springt es hinunter und läuft davon.

Mögliche Vertiefungen:

1. Den so erarbeiteten Rücken von der Sonne bescheinen lassen, entweder tatsächlich oder in der Vorstellung.

2. Mit dem Rücken den Wind im Freien spüren.
3. Ruhige und bewegte Musik mit dem Rücken in sich aufnehmen und spüren, was sie jeweils bewirkt.
4. Partnerübung: Die Kinder setzen sich mit dem Rücken zueinander, spüren die Berührung der Rücken und probieren aus, wie groß die Entfernung voneinander sein kann, in der man sich trotzdem noch spüren kann.
Ähnlich werden die anderen Körperteile erarbeitet. Die Erarbeitung erfolgt in der Reihenfolge:

1. Rücken und Gesäß
2. Beine
3. Füße und Zehen
4. Arme
5. Hände und Finger
6. Brustkorb und Bauch
7. Gesicht und Kopf

Die Erzieherin kann gemeinsam mit den Kindern überlegen, in welcher Form sie sich den Leib mehr und mehr verdeutlichen wollen. Kinder haben hierbei oft sehr gute und lebendige Anregungen. Je geübter die Kinder werden, um so leichter kann man gleich mit Vorstellungshilfen arbeiten.
Die Wahrnehmung des Leibes wird von Übung zu Übung klarer und differenzierter. Wenn die Kinder dazu regelmäßig malen und modellieren, wird das Körperbild für sie selbst und für die Erzieherin auch außen sichtbar an der veränderten Haltung und Bewegung.

C. Dehnübungen

Die Kinder können durch die vorhergegangenen Übungen und Erfahrungen mehr und mehr bei sich sein und in sich gegenwärtig. Ihr Leib wird ihnen vom inneren Empfinden und Wissen her nah und vertraut. Mit diesem neuen Gespür ist das Dehnen vorbereitet, das nicht von außen befohlen wird, sondern von innen her wächst und dadurch eine tiefe Wirkung gewinnt.

Übung C 1: Dehnen der Beine in der Rückenlage
Die Kinder liegen, wie bei der Übung A 2, auf dem Rücken und vergegenwärtigen sich die Kontakte zwischen Rücken und Boden. Sie besuchen besonders aufmerksam das rechte Bein, den rechten Fuß, spüren mit aufgestelltem Fuß die Fußsohle. Langsam schleifen sie die Fußsohle über den Boden, bis das Bein wieder liegt. Die Fußsohle spürt jedoch weiter nach vorne in den Raum bis zur gegenüberliegenden Wand. Die Ferse sucht die Wand trotz Abstand zu erreichen. Sie sucht immer kräftiger, bis sich das Bein allmählich zu dehnen beginnt. Geführt von der Ferse, wächst es bis zur Grenze der Dehnfähigkeit. Dann wird es mit einem Mal losgelassen. Das Loslassen wird oft von einem tiefen Ausatmen begleitet. Dehnen und Loslassen werden zwei- bis dreimal wiederholt.
Dann vergleichen die Kinder die beiden Beine miteinander und beobachten im ganzen Leib, was sich verändert hat: die Länge der Beine, ihre Form, der

Kontakt mit dem Boden, das Empfinden in der rechten Körperseite. Nach einer Ruhepause wird das linke Bein in der gleichen Weise gedehnt. Am Schluß soll das Empfinden in beiden Beinen gleich sein. Wird eines als zu kurz erlebt, wird nochmals gedehnt.

Übung C 2: Dehnen der Arme in der Bauchlage
Die Kinder liegen in der Bauchlage, wie bei Übung A 1 und vergegenwärtigen sich die Auflage der Vorderseite auf dem Boden. Der rechte Arm wird gestreckt neben den Kopf gelegt. Die Kinder denken sich in ihn hinein und spüren ihn in dieser Lage.

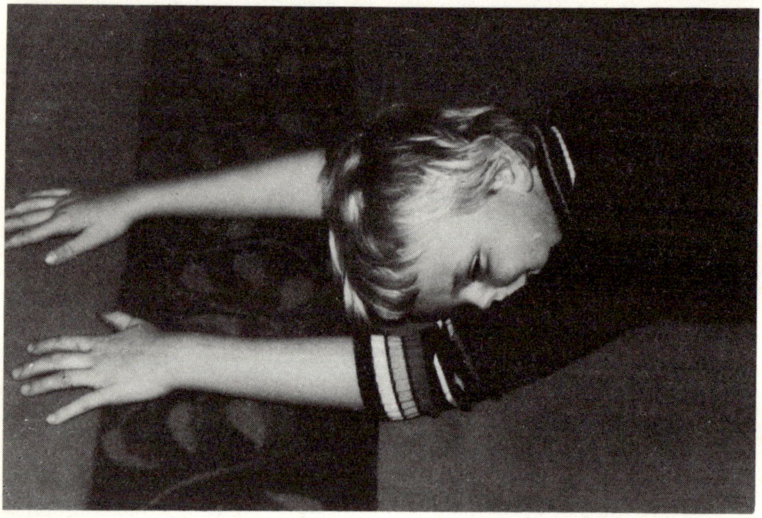

Er liegt möglichst locker, doch gerade am Boden. In der inneren Vorstellung suchen die Fingerspitzen, am Boden entlang wandernd, die nächste Wand, der Arm geht mit. Dies wird allmählich so intensiv, daß ein echtes Dehnen entstehen kann. Geführt von den Fingerspitzen, dehnt sich der Arm bis an die Grenze der Dehnfähigkeit hinein und läßt sich dann plötzlich los. Dehnen und Loslassen zwei- bis dreimal wiederholen.Die Kinder vergleichen die beiden Arme miteinander und beobachten Unterschiede. Nach einer Pause arbeitet der linke Arm in der gleichen Weise, bis beide Arme gleich erlebt werden.

Übung C 3: Dehnen der Arme und Beine in der Bauchlage
Übung 1 und 2 werden kombiniert. Sobald das rechte Bein im richtigen Dehnen ist, kommt der rechte Arm hinzu. Dies bewirkt eine enorme Dehnung der ganzen rechten Seite. Dehnen und Loslassen werden zwei- bis dreimal wiederholt.
Nach einer Pause folgt das Dehnen des linken Beins und des linken Arms. Zum Schluß dehnen sich beide Seiten im Wechsel.
Durch dieses Dehnen entsteht eine große Weite und Freiheit im Leib, die sehr erfrischend ist. Die Kinder brauchen anschließend etwas Zeit, um das neue Leibgefühl zu genießen und sich auszuruhen.

Mögliche Vertiefungen:
Nach dem Dehnen der Beine: Bewegung nach Musik, Rhythmik, Tanz, Lauf-Hüpf-Kletterspiele. Nach dem Dehnen der Arme: Bewegung nach Musik, Rhythmik, Malen nach Musik, Schattenspiele der Hände.

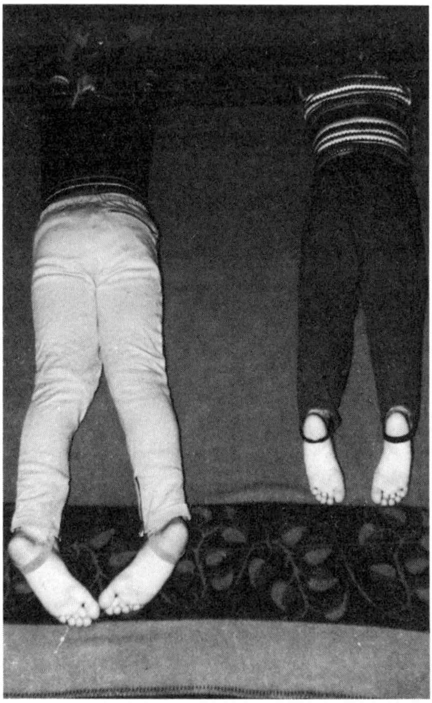

Reaktionen der Kinder:
Anfangs kann sich in der Ruhe angestaute Müdigkeit durchsetzen. Die Kinder werden müde, es kommt vor, daß ein Kind einschläft. Dieser Schlaf ist meist tief und erholsam. Deshalb ist dafür zu sorgen, daß der kleine Schläfer nicht gestört wird. Damit er nicht friert, wird er mit einer Wolldecke zugedeckt.

Später äußern die Kinder während oder nach den Übungen gerne, was sie erlebt haben. Es kommen Äußerungen wie: ich fühle mich ganz frisch, wie nach einem Bad. Mir ist so, als hätte ich lange geschlafen oder wie im Urlaub. In mir ist es hell und warm. Ich finde, daß ich richtig schön bin. Ich bin froh, daß ich mich habe.

Eleonore Gottfried-Massa

Wahrnehmungen in der Stille – Meditative Übungen

Durch die eutonischen Körperübungen vorbereitet, können die 5- bis 6jährigen Kinder in meditative Übungen der Stille eingeführt werden, die die innere Sammlungs- und Wahrnehmungsfähigkeit weiter ausgestalten. Die Stille schenkt den notwendigen inneren Freiheitsraum, in dem sich eine neue Erfahrung entwickeln kann. Die Erzieherin gibt zwar Anleitung auf dem Weg in die Stille, doch kann sie das Ergebnis nicht vorgeben. Jedes Kind reagiert auf seine Weise. Somit wird jede Übung zu einem spannenden Ereignis, bei dem zu Anfang nicht klar ist, was in der Stille wachsen wird.
Was Raum, Zeit und Gruppengröße betrifft, gelten die gleichen Voraussetzungen wie bei der Eutonie.
Wir beginnen mit Übungen, die zu einer guten Haltung verhelfen, denn die äußere, gesammelte Haltung bewirkt auch innere Sammlung und Ruhe.

Übung 1: Die aufrechte, gesammelte Haltung
Die Kinder sitzen am Boden auf den Fersen und werden wie folgt angeleitet zu sitzen: Wir spüren die Unterschenkel und Füße am Boden, das Gesäß auf den Unterschenkeln. Der Rücken richtet sich in seiner ganzen Größe gerade auf. Auch der Kopf ist aufrecht, als trage er ein kostbares Gefäß. Die Schultern sind locker und frei, die Arme liegen am Rumpf an, die Hände im Schoß, die eine in der anderen oder auf den Oberschenkeln. Die Augen sind geschlossen.

Wir sitzen und warten, daß der Leib immer ruhiger wird, wir spüren ihn genau. Nun lauschen wir auf alles, was ringsum zu hören ist, so als säßen wir im Theater und würden genau hören, was alles gesagt wird. Wir hören, was die Umgebung erzählt und merken uns, was wir hören. Wir sitzen so lange, wie der Leib still sein kann. Dann reiben wir die Hände und spüren, wie sie sich anfühlen. Wir drehen den Kopf weit nach rechts und links, bewegen die Schultern, bewegen die Zehen, recken und strecken uns und stehen auf.
Die Übung kann anfangs zwei bis drei Minuten dauern, später fünf bis acht Minuten. Das Zeitmaß geben die Kinder an. Anschließend kann die Anregung gegeben werden, alles, was zu hören war, in einem Gespräch mitzuteilen oder zu malen oder mit Musikinstrumenten nachzuspielen. Statt auf dem Boden zu sitzen, können die Kinder auch bei dieser Übung auf dem Stuhl sitzen. Sie sitzen vorne auf der Stuhlkante, damit sich der Rücken frei aufrichten kann. Der Bodenkontakt hat jedoch den Vorteil, daß er mehr Halt gibt und hilft, sich leichter zu sammeln.

Übung 2: Sitzen wie ein König

Die Kinder sitzen in der gleichen Haltung wie bei Übung 1, dazu die Anleitung: Wir stellen uns vor, ein König, eine Königin zu sein. Wir sitzen aufrecht, als hätten wir eine Krone auf dem Haupt. Der Rücken ist so gerade, daß er sich wohl fühlt. Wir machen uns nicht größer, als wir sind und auch nicht kleiner. Wir schließen die Augen und stellen uns vor, was zu unserem Königreich gehört: welche Menschen und Tiere, welche Burgen und Schlösser, welches Land. Sobald die Kinder Unruhe zeigen, beenden wir die Stille wie bei Übung 1.
Die Kinder können das Erlebte mitteilen oder miteinander spielen.

Übungen, die die äußeren Sinne sensibilisieren

Kinder begegnen heute einem Vielerlei an Eindrücken, auf das sie notgedrungen nur oberflächlich reagieren. Die Sinne haben die eigentliche Qualität der Dinge noch nicht voll ausgekostet. In den meditativen Übungen werden einige wenige Dinge exemplarisch erschaut, erfühlt, erlauscht, erschmeckt, so daß ihr Eindruck buchstäblich Eindruck macht. Die Kinder sitzen bei diesen Übungen in der gewohnten aufrechten Haltung am Boden oder auf dem Stuhl.

Übung 3: Erschauen einer Blume

Anleitung: Vor uns steht eine Blume, wir schauen sie an, als würden wir zum ersten Mal eine Blume sehen. Ein Blick genügt nicht, sie kennenzulernen. Wir lassen uns Zeit. Die Blume schaut auch uns an; schaut sie fröhlich oder traurig, lacht sie oder ist sie ernst, ist sie aufrecht oder gebogen? Wir schauen, bis wir jede Einzelheit kennen, die Farben, die Form der Blätter und der Blüte. Wenn wir glauben, sie zu kennen, schließen wir die Augen, um sie uns innerlich vorzustellen. Gelingt es uns noch nicht, schauen wir wieder hin und

schließen erneut die Augen. Dies machen wir so oft, bis wir die Blume in uns sehen können. Ganz still verweilen wir im Schauen.
Anschließend können die Kinder die Haltung und Verfassung der Blume berichten, selbst darstellen oder malen. Diese Übung braucht öftere Wiederholung, bis die Kinder gelernt haben, neu zu schauen, sich von dem Objekt ansprechen zu lassen und seine Aussageweise kennenzulernen. Den gleichen Vorgang kann man mit anderen Dingen wiederholen: Stein, Wurzel, Gras, Käfer usw.

Übung 4: Erfühlen der Erde
Anleitung: Vor uns steht eine große Wanne mit Erde. Die Erde ist aus dem Garten. Wir werden sie mit den Händen kennenlernen. Die Augen sind geschlossen. Einer nach dem anderen von euch hockt sich vor die Wanne und fühlt die Erde so lange, wie es ihm Freude macht. Es gibt allerhand in ihr zu entdecken: Die Hände und Finger werden alles erkunden und euch erzählen. Alle anderen sitzen aufrecht dabei und schauen zu, wie jeder etwas anders mit der Erde umgeht. Erst wenn alle die Erde erfühlt haben, sprechen wir miteinander.

Das gleiche kann auch mit Wasser geschehen. Beide Möglichkeiten entspannen die Kinder und regen zu manuellem Tun an. Es ist sehr ergiebig, mit den Kindern selbst zu überlegen, welche Dinge sie noch erfühlen wollen.

Übung 5: Erlauschen des Waldes
Im nahen Umkreis sucht sich jedes Kind einen Baum aus. Es *umarmt* ihn und lauscht in den Wald. Nach einiger Zeit werden die Augen geschlossen, um ganz *Ohr* zu sein. Auch diese Übung muß öfters wiederholt werden, um alle

Nuancen der Geräusche zu erkennen: das Rauschen der Blätter, das Knistern der Zweige, die Tierlaute, das Heulen des Windes usw. Dazu kommt noch die starke Erfahrung des Waldgeruchs. Die Kinder sprudeln anschließend über von ihren Erlebnissen und brauchen verschiedene Angebote zu deren Verarbeitung. Z. B. gemeinsam ein ganzes Bilderbuch malen, die Geräusche musikalisch darstellen, Gruselgeschichten erfinden. Andere mögliche Themen: Wiese, Kornfeld, Meer, Regen, Sturm usw.

Übung 6: Erschmecken eines Apfels
Wir beginnen mit Übung 1, damit in den Kindern eine ruhige Aufmerksamkeit entsteht. Nun bekommen sie ein Stück Apfel mit der Aufforderung, es ganz aufmerksam und so lange als möglich zu kauen. Die Augen sind dabei geschlossen. Die Kinder verfolgen das Tun der Zähne, das Schmecken des Mundraums, das Schlucken. Sinnvoll ist es, im Laufe der folgenden Zeit eine ganze Serie von Früchten, Nüssen, Brot und dergleichen zu erschmecken. Jedesmal wird ein Geschmack voll ausgekostet. Zu vergleichen ist zweitrangig und kann sich viel später anschließen. Die Kinder erfahren, wie süß alles durch langes Kauen wird. (Vielleicht wird dadurch auch der Geschmack mehr auf gesunde Kost gelenkt.)

Übungen, die sowohl die innere Vorstellungskraft als auch ein vertieftes Erleben der Natur anregen
Die Kinder werden heute zunehmend von äußeren Bildern bestimmt (Zeitschriften, Reklame, Warenangebote, Fernsehen), und es verkümmert ihre innere Bildwelt. Diese gehört jedoch wesentlich zur seelischen Gesundheit eines Menschen. Mit inneren Bildern, die zugleich eine neue Beziehung zu den Elementen der Natur anregen, wird die natürliche Vorstellungs- und Ideenkraft der Kinder geweckt und geschult. Damit werden starke innere Kräfte angesprochen, die die Kinder zu ihrer Entwicklung brauchen.

Übung 7: Die Quelle
Die Kinder liegen am Boden und werden eingeladen zu träumen. Das Wort *träumen* löst leicht innere Bilder aus.
Anleitung: Wir liegen gemütlich am Boden und träumen von einer Quelle, wie Wasser aus der Erde quillt oder wie es sich durch einen Felsspalt drückt oder wie auch immer die Quelle aussieht. Wir warten, bis ein Bild in uns aufsteigt, vielleicht sehen wir ein einziges Bild einer Quelle, vielleicht entsteht eine ganze Bildfolge. Zeigt sich nichts, bleiben wir liegen und genießen die Ruhe. Wir nehmen an, was kommt.
Zeigen die Kinder, daß sie innerlich fertig sind, wird die Übung mit Dehnen, Räkeln und Strecken beendet. Bei einer Wiederholung und Vertiefung dieses Themas können Textstellen aus der Heiligen Schrift, Gedichte oder Lieder über die Quelle gebracht werden.
Mögliche andere Themen (je nach Verfassung der Kinder und nach dem

übrigen Themenbereich des Kindergartens): Höhle, Weg, Wiese, Wald, Weizenkorn.

Übung 8: Der Baum
Die Kinder stehen, die Füße sind 3–5 cm auseinander, die Arme hängen locker herunter, die Augen sind zunächst offen.
Anleitung: Wir spüren die Fußsohlen gut am Boden, Fersen, Fußkanten und Zehen und stellen uns vor, daß die Füße wie Wurzeln in den Boden wachsen. Der Boden gibt ihnen einen guten Halt. Wir spüren, Beine und Rumpf sind wie ein Baumstamm, aufgerichtet und voll Kraft. Am Kopf entfaltet sich die Krone mit Ästen, Zweigen und Blättern. Vielleicht sind Blüten oder Früchte daran. Wir warten, welche Krone bei uns entsteht und schließen die Augen, um diesen Baum deutlich zu sehen und zu spüren. Mit den Wurzeln nehmen wir Kraft auf, sie steigt bis in alle Äste und Blätter. Die Blätter strecken sich dem Licht entgegen und nehmen es auf. Der ganze Baum lebt. Wir verweilen so lange in diesem Bild, wie es in uns bleibt. Zum Schluß dehnen und strecken wir uns.
Diese Übung ist auch sehr gut im Sitzen möglich, dann verwurzeln sich nicht nur die Füße, sondern auch die Unterschenkel. Im Sitzen kann die Übung länger dauern, da die Kinder einen stabileren Halt zum Boden haben. Die Kinder verarbeiten das Erlebte am besten, indem sie einen Baum malen.

Abschließende Bemerkungen

Wer sich mit den vorgeschlagenen Übungen vertraut macht, wird merken, daß sie, eingebettet in die gesamte Arbeit im Kindergarten, einen Zeitraum von 1½–2 Jahren füllen, indem bei ihm selbst und bei den Kindern viel Veränderung geschieht. Notwendig sind Ausdauer, Geduld, Humor und eine große Offenheit für das, was entstehen will. Die Kinder werden bald einen kontinuierlichen Fortlauf erwarten, dies berichten mir immer wieder die Erzieherinnen, die solche Übungen ihrer Gruppe angeboten haben.
Die Kinder werden auch selbst viele Ideen beisteuern. Wenn sie erleben, daß ihre Ideen aufgegriffen werden, werden ihre schöpferischen Kräfte noch reger. Ihre Selbständigkeit und Unabhängigkeit wächst, für den Erwachsenen nicht immer bequem, aber doch ermutigend zu sehen, wie sich das Leben ursprünglich entfaltet. Dostojewski sagte einmal: »In jedem von uns schlummert ein kleiner Mozart, doch eines Tages wird er umgebracht«. Lassen wir ihn leben und wachsen!

Anmerkungen

1. Grundsätzliches zur Eutonie:
Gerda Alexander, »Eutonie«, Kösel-Verlag 1976, 78[3].
Anton und Marie-Luise Stangl, »Lebenskraft«, siehe Kapitel. über Eutonie, Econ-Verlag 1978.

Howard Kent, »Spaß am Yoga«, Neuer Tessloff-Verlag, Hamburg 1975.
2. Übungspraxis
Moshé Feldenkrais, »Der aufrechte Gang«, Insel-Verlag 1968.
Eleonore Gottfried-Massa, Cassetten mit 4 Eutonieübungen.
Denis Bojes, »Autogenes Yoga«, Otto-Wilhelm-Barth-Verlag 1976.
3. Meditation
Ernst Eggimann, »Meditation mit offenen Augen«, Christian-Kaiser-Verlag 1977.
Deborah Rozmann, »Mit Kindern meditieren«, Fischer-Verlag 1979.

Felicitas Betz

Meditative Übungen im Kindergarten

Tür-Tor

»... die Mädchen, die bereit waren, gingen mit ihm in den Hochzeitssaal, und die Türe wurde zugeschlossen. Später kamen auch die anderen Mädchen und riefen: ›Herr, Herr, mach uns auf!‹« (Mt 25,10)

»Amen, Amen, ich sage euch: Ich bin die Tür zu den Schafen. Alle, die vor mir kamen, sind Diebe und Räuber; aber die Schafe haben nicht auf sie gehört. Ich bin die Tür. Wer durch mich eintritt, wird gerettet werden; er wird ein- und ausgehn und wird Weide finden.« (Joh 10,7–9)

Allein diese zwei Stellen aus dem Evangelium fangen den Symbolraum von *Tür* ein. Die Tür ermöglicht, einen abgegrenzten Bereich dennoch zu betreten. Sie ist dazu da, daß man hineingelangt. Wenn es irgendwo eine Tür gibt, dann ergibt sich der Wunsch und das Ziel, diese Tür zu durchschreiten und zu entdecken, in welche Räume sie führt. Eine Tür kann geschlossen sein. Dann ist es nicht ohne weiteres möglich, hineinzugelangen. Man muß unter Umständen draußenbleiben. Das ist immer ein katastrophales Erleben. Vor verschlossener Tür stehenbleiben müssen und nicht hineinzukönnen, das bringt zur Verzweiflung. Wer auf andere Weise eindringen wollte – durch Fenster oder sonstige Schlupflöcher – benäme sich kriminell. Wer es versucht, gelangt doch nicht ans Ziel. Denn er wird als »Dieb und Räuber« hinausgeworfen. Ein- und ausgehen können, das ist die Freiheit, die durch eine Tür ermöglicht wird.
In Manfred Lurkers »Wörterbuch biblischer Bilder und Symbole« (München 1973) ist u. a. zu lesen: »Mit Tür und Tor ist die Vorstellung der Schwelle zwischen zwei Bereichen verbunden, dem Draußen und Drinnen, dem Heute und Morgen, dem Profanen und Sakralen. Die Sprache der altorientalischen Mythen und Religionen kennt Tore zum Himmel und zur Unterwelt; denn das Verlassen dieser Welt ist ein Eingang in das Jenseits.«

Ziel unserer meditativen Bemühung mit Kindern im Vorschulalter wird sein, ihnen die Tür oder das Tor als eine Schwelle erlebbar zu machen, die den Reiz in sich birgt, durchschritten zu werden. Daß dieser Reiz gestillt wird, ist der springende Punkt. Deshalb sind verschlossene Türen so enttäuschend. Deswegen begleitet das Durchschreiten eines geöffneten Tores ein angenehmes Gefühl: es ist gelungen, erreicht, es kann der neue Raum erobert werden. – In unserer schnellebigen Zeit, die kein Verweilen fördert, in der alle Hindernisse möglichst schnell beseitigt werden, wird auch das Erlebnis »Tür als Durchgang« – der nicht selbstverständlich ist – verwischt und verhindert. Türen öffnen und schließen sich selbst. Türen sind auch für Kinder schon bequem zu öffnen, die Schlösser klein, die Schlüssel handlich. Das ist alles sehr zweckmäßig und bequem für uns, bringt uns aber um das starke Erleben. Ein großes, schwer zu öffnendes Haustor übt eine ganz andere Wirkung aus. Also müssen wir dafür sorgen, daß die Kinder Gelegenheit bekommen, den Symbolwert von *Tür* und *Tor* einmal intensiv zu erleben. Das ist für sie wichtig, wenn ihnen nämlich dieses Erleben vorenthalten wird, entgeht ihnen ein wichtiger Lebensvorgang. Lebt doch im Dämmer ihrer Seele noch die Erinnerung an ihren Eintritt in das Leben. Dieses Durchschreiten des Geburts-Tores ist für sie schon gefühlsbesetzt gewesen und hat Erinnerungsspuren hinterlassen. Vielleicht war dieses Tor für sie schwer zu passieren (im Gegensatz zu der Leichtigkeit, die sie in ihrer Umwelt beim Türenöffnen feststellen), vielleicht sind ihnen von diesem Vorgang traumatische Erlebnisse übriggeblieben.

Nicht zufällig gibt es eine Reihe von Kinderspielen und Liedern, die das Durchkommen durch ein Tor zum Inhalt haben, denn sie bergen Spieltherapien in sich –: »Machet auf das Tor, machet auf das Tor, es kommt ein goldner Wagen...« oder »Krieche durch, krieche durch, durch die goldene Brücke...« Die gleiche Wirkung haben Kreisspiele, die das Gefangensein symbolisieren und den Gefangenen zum Ausbrechen anleiten – oder auch umgekehrt: ein Ausgeschlossener möchte in die Geborgenheit eindringen und sucht ein Durchgangsloch. Zur meditativen Erarbeitung von Tür und Tor gehört das Vertrautmachen mit solchen Liedern, Versen und Spielen.

Wenn eine Erzieherin eine Zeitlang so etwas in Gang gebracht hat, dann wird sie sich nach einer Möglichkeit umsehen, den Kindern ein eindrucksvolles Tor-Erleben zu verschaffen. Sie wird zunächst Ausschau halten nach ungewöhnlichen Türen und Toren, diese den Kindern zeigen, oder die Kinder solche Tore suchen lassen, z.B. durch die Anregung, auf dem Heimweg aufmerksam zu sein, ob es nicht ein großes Tor zu entdecken gibt, an dem man sonst achtlos vorbeigeht. – Der Höhepunkt des pädagogischen Elements »Tür und Tor« sollte dann das Durchschreiten eines Portals sein, das zuerst verschlossen war und im Beisein der Kinder für sie geöffnet wird. Vielleicht läßt sich das am besten und einfachsten mit einem Kirchenportal

bewerkstelligen. Ein Vorgespräch mit dem Pfarrer könnte darauf abzielen, ihn zur Mitarbeit zu gewinnen: Zu einem bestimmten Zeitpunkt finden sich die Kindergartenkinder mit ihren Erziehern – auch Eltern könnten eingeladen werden – vor der Kirche ein: das Tor ist verschlossen. Die Kinder klopfen an. Von drinnen kommt die Stimme des Pfarrers: »Wer ist da?« Der Pfarrer öffnet: »Die Tür ist auf – tretet ein!«
Nun sollten alle mit einem Lied einziehen. Man könnte ein Lied singen, das vorher mit den Kindern erfunden und erarbeitet worden ist, mit einem einfachen Text, wie die Kinder ihn bringen, zum Beispiel: »Das Tor ist auf – wir treten ein – die Tür war zu – nun können wir hinein. Wir ziehen ein, wir ziehen ein ins große Haus.«
Kinder dieses Alters haben einen ausgesprochenen Sinn für Umgänge und Prozessionen. Mit einem Lied, vielleicht auch mit einer Fahne als sichtbarem Zeichen – (oder auch mit den Kreuzen, die sie in der Kreuzmeditation s. S. 219 hergestellt haben) könnte durch den Mittelgang in die Kirche eingezogen und dann der ganze Raum einmal umgangen werden.
Zuletzt läßt man die Kinder sitzend noch ein wenig verweilen und den Raum nachempfinden: wie hoch er ist und wie weit ... Wenn es beginnt, unruhig zu werden, könnte noch einmal ein Lied aufgenommen werden oder ein kurzes Gebet das Ganze beschließen.
Zur Vertiefung des Erlebten könnte an einem anderen Tag im Kindergarten der Vorgang des Toröffnens pantomimisch noch einmal nachgespielt werden.

Blume

»Ich werde für Israel sein wie der Tau, damit es aufblüht wie eine Blume.«
Hosea 14,6

»Des Menschen Tage sind wie Gras,
er blüht wie die Blume des Feldes.
Fährt der Wind darüber, ist sie dahin;
der Ort, wo sie stand, weiß von ihr nichts mehr.« *Psalm 103,15f.*

Zum Symbolverständnis von Blume
Blumen blühen auf. Knospen öffnen sich. Blüten wenden sich dem Licht zu. Wenn Gott sich den Seinen zuwendet (sie betaut), dann blühen sie auf wie eine Blume. Die Blumen selbst *arbeiten* nicht. Sie lassen sich beschenken. Sie nehmen Tau und Licht auf. Ihre Antwort ist die geöffnete Blüte. Aber Blumen sind vergänglich. Ihre Zartheit macht sie hinfällig – sie verwelken.
In M. Lurkers »Wörterbuch biblischer Bilder und Symbole« (München 1973) finden wir u. a. folgende Hinweise: »Wie der Mensch zeigt die Blume eine geheimnisvolle Verwandtschaft zu Licht und Leben und untersteht dem gleichen irdischen Gesetz des Vergehens. So war die Blumenliebe der alten Völker mehr als nur Ausdruck ihrer Freude am Schönen, vielmehr war sie

fest eingebaut in ihre religiösen Vorstellungen... Nach einer kosmogonischen Vorstellung der alten Ägypter entstand die Welt dadurch, daß der Sonnengott aus einer Lotosblume hervorkam... Blühen und Gottverbundenheit stehen im Alten Testament in einem inneren Zusammenhang; so ist auch das Blühen von Arons Stab zu verstehen (Num 17,17–23) oder wenn es bei Jesus Sirach (39,13f.) heißt: »Ihr frommen Söhne, hört auf mich, dann sproßt ihr auf wie eine Rose, die an Wasserläufen wächst! Wie Weihrauch gebt ihr süßen Wohlgeruch und setzt Blüten an wie eine Lilie!« ... Dante schildert in seinem »Paradiso« die große Schar der Erlösten im Himmel als eine riesige Rose...«

Praktische Hinweise

Für unsere Kinder wird vor allem wichtig sein, daß sie die Blume sehen lernen als ein Wesen, das sich dem Licht zuwendet, sich ihm öffnet, still blüht und wieder vergeht. Wenn sie die Bezogenheit »Die Blume ist die Antwort der Erde auf das Licht der Sonne« in ihr Empfinden aufnehmen können, dann wäre das Ziel erreicht.

Vielleicht ist für unser meditatives Vorhaben am besten die Sonnenblume geeignet. An ihr können die Kinder viel beobachten: Das Keimen aus dem Kern, das langsame Wachstum vor der Blüte. Sie ist groß und stabil genug, blüht lange, so daß die Kinder sie lange genug anschauen können. An ihr ist außerdem das Mitgehen mit dem Sonnenlicht besonders deutlich erkennbar, und sie bildet ihre Gestalt der Sonne nach... Wir werden also damit beginnen, den Kindern im Frühjahr die Samen zu zeigen. Vielleicht erkennen manche Kinder Vogelfutter in ihnen... Jedes Kind bekommt seinen Kern zum Anschauen, Anfühlen, zum Aufbeißen, Spelzen-Abmachen und schließlich zum Essen. ... Wir können ihnen von den großen Sonnenblumenfeldern in der russischen Ukraine erzählen, wo die Bauernmädchen bei der Ernte unentwegt Kerne kauen und Spelzen spucken..., und daß aus den Kernen wertvolles Öl gewonnen wird. ... Wir aber wollen die Sonnenblumenkerne als Samen gebrauchen: wir wollen sie in die Erde stecken und sehen, was daraus wird.

An einem anderen Tag wird der Boden bereitet: gelockert, vielleicht mit etwas Kompost versetzt oder gedüngt. Je nach den Gegebenheiten des Kindergarten-Grundstücks können nur wenige Samen dem Boden übergeben werden – oder vielleicht darf jedes Kind ein Samenkorn in die Erde legen? – Und dann muß man abwarten und immer wieder nachschauen, ob sich etwas rührt ... bis schließlich im Laufe der Monate die Sonnenblume hoch aufgewachsen und voll erblüht ist.

Imaginationsübung

Wenn es soweit ist, können wir die Kinder einmal das Gesehene *imaginieren* lassen: An einem ruhigen Morgen setzen wir uns im Kreis: »Wollen wir einmal probieren, ob wir unsere Sonnenblume auch hier im Zimmer sehen können? Wenn wir die Augen schließen und geduldig warten, dann gelingt uns das vielleicht. Dann lassen wir die Kinder ausgiebig berichten, ob es gelang oder nicht, vielleicht hat eines eine große, ein anderes eine kleine, wieder eines viele Sonnenblumen gesehen, vielleicht hat sich bei einem Kind in der Imagination die Farbe verändert. Diese Übung läßt sich auch im Winter wiederholen, wenn keine Blumen mehr draußen wachsen können: »Wißt ihr noch, wie unsere Sonnenblumen im Garten geblüht haben? Wir wollen einmal probieren, ob wir sie jetzt noch sehen können? Machen wir die Augen zu und warten, was uns innerlich vor Augen kommt ...«

Nach einer solchen Imagination oder in einem anderen geeigneten Moment ließe sich der Werdevorgang unserer Sonnenblume pantomimisch nachvollziehen: »Wie war das doch, als wir nur einen kleinen Kern in den Händen hatten ... und dann die Erde locker machten ... und ihn hineinlegten ... dann warteten? ... Wollen wir einmal selbst der Sonnenblumenkern werden, der still in der Erde ruht ... (wir begeben uns in gebeugter Haltung auf den Boden) ... ich bin der Sonnenblumensamen und ruhe in der Erde ... die Feuchtigkeit und die Kraft der Erde dringt in mich ein ... da regt sich etwas, ich fange an zu wachsen ... es zieht mich nach oben ... ich durchstoße den Boden ... komme ans Licht! ... Weiter wachse ich ... bekomme Blätter ... (die Kinder stellen die Entfaltung langsam mit ihrem Körper dar) ... Groß bin ich geworden ... und jetzt wächst eine Knospe ... (Hände) ... sie öffnet sich ... da scheint ihr die Sonne ins Angesicht! ... (ausgebreitete Arme und Hände) ...« Wir verharren eine Weile so. Dann nehmen wir die Sonnenblumenhaltung wieder zurück, fassen uns bei den Händen und gehen einmal im Kreis. Vielleicht fällt uns ein Lied ein oder ein kurzes Gebet, oder wir regen die Kinder an, kurze Sätze zu erfinden und zu singen. An einem anderen Tag fragen wir die Kinder, ob sie noch den langen Wachstumsweg der Sonnenblume wissen. »Wer möchte uns zeigen, wie das vor sich ging, daß aus dem Samenkern die große Sonnenblume gewachsen ist? Es wird nicht mehr gesprochen, alle vollziehen schauend mit. Im Anschluß daran oder an einem anderen Tag könnte dann auch noch das Welkwerden, Trockenwerden dargestellt werden, die Blätter fallen ab, von der Blüte bleibt nur noch die Samendolde übrig ... die Vögel kommen und picken ... bis schließlich der Stiel abgeschnitten wird, die Sonnenblume in sich zusammensinkt, die Reste verwesen und wieder zu Erde werden ...

III Nikolaus ohne Rute

Hermann Große-Jäger

Woher kommt der Nikolaus?

Nikolausfest und Nikolausbrauchtum bringen Kindergärtnerinnen und erziehungsbewußte Eltern in Schwierigkeiten, wenn nicht gar in Verlegenheit. Auf der einen Seite kann man Brauchtum nicht ignorieren, zumal seine verkaufswirksamen Aspekte schon Tage vorher in das Blickfeld aller Kinder gerückt werden durch Geschäftsauslagen, Reklame und diverse »Nikolausfeiern«. Wir können die durch Nachbarschaft, Spielkameraden und Gewohnheiten geförderten Erwartungen der Kinder nicht enttäuschen und das Problem dadurch lösen, daß wir den Nikolaustag übergehen. Neben den Kindern haben auch viele Eltern Wünsche und Erwartungen mit Bezug auf den Nikolaustag an den Kindergarten. Auf der anderen Seite haben wir sehr begründete pädagogische und religionspädagogische Vorbehalte gegenüber schiefen religiösen Vorstellungen, die gerade durch das Nikolausbrauchtum erzeugt werden können: Himmel als Ort über der Erde; Gott, der Gut und Böse unterscheidet nach den Maßstäben der Erwachsenen – und der durch einen »Boten« lohnt und bestraft; Darstellung eines »Heiligen«, der »vom Himmel« kommt oder doch mit dem Himmel (als Ort) zu tun hat.

Zur Klärung dieser Problematik ist es nützlich, sich die Geschichte des Nikolausfestes und des entsprechenden Brauchtums zu vergegenwärtigen. Sie zeigt sehr deutlich, wie in einem Zeitraum von vielen Hundert Jahren die unterschiedlichen Inhalte und Ausformungen volkstümlichen Verhaltens entstanden sind, miteinander verknüpft, umgedeutet und auch verdunkelt wurden. Wenn man das Geflecht verschiedener Brauchtumsstränge erkennt, kann man Folgerungen und Handlungshilfen für eine angemessene Gestaltung des Festes heute gewinnen.

Das Leben des Nikolaus

Es gibt wenige historisch belegte Fakten aus dem Leben des Nikolaus. Er wurde vor 300 in Patera in Kleinasien geboren. Wenn man dem Kern später entstandener Legenden glauben darf, war er ein Sohn reicher Eltern, der aus sozialen Gründen sein Vermögen verteilte und – um sich dem öffentlichen Lob zu entziehen (?) – seine Heimatstadt verließ. In Myra (im Süden der heutigen Türkei) war er Bischof. Wahrscheinlich wurde er durch Zuruf und Wahl der ganzen Gemeinde gewählt, wie das in den ersten Jahrhunderten der

Kirche nicht selten geschah. Die Legende deutet das dadurch an, daß sie von einer Uneinigkeit bei der Wahl eines neuen Bischofs erzählt. Man einigte sich auf den, der als erster am frühen Morgen die Kirche betritt: Es ist Nikolaus. Wahrscheinlich nahm der Bischof Nikolaus im Jahre 325 am Konzil von Nicäa teil. Dort soll er so heftig gegen Irrlehre und Spaltung gesprochen haben, daß ihn andere Bischöfe zur Ruhe ermahnten. Darauf soll er auf seine Wunden aus der Christenverfolgung hingewiesen haben. Nikolaus ist gestorben zwischen 345 und 352.

Offenbar war er eine überragende Persönlichkeit und seine Ausstrahlung und Bedeutung für die Gemeinde so bedeutsam, daß sein Andenken noch sehr lange nach seinem Tod unvergessen blieb. Das Nikolausbrauchtum, das sich das Mittelalter hindurch im christlichen Abendland entwickelte, ist nur zu verstehen aus seiner Verwurzelung und Verknüpfung mit der kultischen Nikolausverehrung. Sie hat ihre Begründung in dem Glauben an die Nähe eines Verstorbenen (»Heiligen«) bei Gott und in der Annahme, daß dieser Heilige schöpferisches Vorbild für das Christsein in einer bestimmten Zeit ist und Fürsprecher für die Lebenden. Deshalb werden Kirchen, Kapellen und Altäre nach ihm benannt, wo man seiner besonders gedenkt, zumal an bestimmten Tagen (Patrozinium). Im Laufe des Mittelalters wurde der Aspekt der exemplarischen Gestaltung christlichen Lebens durch Heilige zurückgedrängt zugunsten des Gedankens der Fürsprache der Heiligen.

Die kultische Nikolausverehrung

Die folgenden Ausführungen stützen sich vor allem auf Karl Meisen: Nikolauskult und Nikolausbrauchtum im Abendlande, Bonn.

Der Ursprung der Nikolausverehrung liegt in der griechischen Kirche. Bis zum Ende des 9. Jahrhunderts ist der Nikolauskult im byzantinischen Reich zu solcher Ausbreitung gekommen, daß Nikolaus als der bedeutendste aller Heiligen angesehen wird. Maria ausgenommen. Von Byzanz aus erreicht die Nikolausverehrung im Zuge der Missionierung Rußland. Auch dort wird er der bekannteste und beliebteste Heilige, wie zahllose Ikonen bis heute dokumentieren, Vornamen (Nikita) und Städtenamen (Nikolajew, Nikolajewsk) belegen. Seit dem 7. Jahrhundert nimmt die Zahl der Nikolausklöster und -kirchen in Süditalien zu, das zu Großgriechenland gehörte.

Im übrigen Abendland und auch in Deutschland wird die Nikolausverehrung ebenso von Byzanz beeinflußt. Und zwar ist es Theophano, eine griechische Prinzessin, die Kaiser Otto II. 972 heiratet, die unmittelbar oder mittelbar die Gründung von Nikolausklöstern und -kirchen fördert.

Als die Türken nach 1071 Kleinasien und Myra besetzten, gelang es Kaufleuten aus Bari in Süditalien, die Reliquien des Heiligen zu Schiff in ihre Heimatstadt zu bringen, wo sie am 8. Mai 1087 anlangten. Die Übertragung (Translation) der Gebeine des Nikolaus war für seine Verehrung von großer Bedeutung. Jetzt wird in Bari die berühmte Nikolausbasilika gebaut. Sie ist

für Jahrhunderte einer der herausragenden Wallfahrtsorte Europas. Zahlreiche Persönlichkeiten wallfahren nach Bari, z. B. Bernhard von Clairvaux und Brigitta von Schweden. Besonders günstig für die Verbreitung der kultischen Nikolausverehrung war die Tatsache, daß die Translation und die ihr folgenden Wallfahrten zeitlich zusammenfielen mit der Kreuzzugsbewegung. Auf dem Wege nach Palästina gelangten die Kreuzfahrer in das byzantinische Reich, nach Italien und Bari. Durch Kreuzfahrer und Wallfahrer wird Nikolaus in ganz Europa bekannt, vor allem entlang den alten Handels- und Pilgerstraßen, wo Nikolauskapellen und -hospize in großer Zahl entstehen, z. B. von Italien kommend über den Bernhardpaß ins Rhonetal nach Frankreich, in Flandern und im ehemaligen Erzbistum Trier. Die nächste Wellenbewegung der Verbreitung geht bis zum Rhein, vor allem zum Niederrhein und bis ins heutige Holland. Die flämischen, niederländischen, niederrheinischen und westfälischen Kolonisten bringen den Nikolauskult bis an die Ostgrenze zu den Slawen. Durch die deutschen Ordensritter wird Nikolaus im Preußenland der beliebteste Heilige. – Eine weitere Verbreitung findet die Nikolausverehrung dann durch die Hanse. Als dem Patron der Schiffer und Kaufleute errichtet man zu seinen Ehren in fast jeder Hansestadt eine Kirche oder Kapelle. So ist es erklärlich, weshalb man entlang den Küsten der Ost- und Nordsee bis heute zahlreiche Nikolaikirchen findet, z. B. in Lübeck, Hamburg.
Es ist nicht verwunderlich, daß bei dieser Beliebtheit des Heiligen Nikolaus die Zahl der Namengebungen nach ihm das Mittelalter hindurch ständig wächst. Neben Johannes und Petrus ist Nikolaus einer der meist gebrauchten männlichen Vornamen. Ebenso werden entsprechende Familiennamen geläufig: Klaas, Klasen, Clasen, Klaßen.

Ursprung und Verbreitung des Nikolausbrauchtums

Im Zusammenhang mit der kultischen Verehrung des Nikolaus – deren Ausmaß nur angedeutet werden konnte – ist die *volkstümliche* Ausformung im erzähl- und bilderfreudigen Mittelalter, das eine Trennung von kirchlich-kultischen und bürgerlichen Lebensformen nicht kannte, zwangsläufig. Die volkstümliche Ausgestaltung durch Brauchtum schließt sich der zeitlichen und räumlichen Entwicklung der kirchlichen Nikolausverehrung an. Sie ist vor allem gekennzeichnet durch Legenden, durch das sogenannte Knabenbischofsspiel, durch die Einkehr des Nikolaus und durch seine Begleiter.

Die Nikolauslegenden

Wenn man die Entstehung und Bedeutung der Legenden recht einschätzen will, muß man die »Wundergläubigkeit« des Mittelalters beachten als eine besondere Aussageweise des Weltverständnisses mittelalterlicher Menschen. Immer dann, wenn Ereignisse sich nicht aus sich selbst erklären lassen

– z. B. das plötzliche Ende eines lebensbedrohenden Seesturms; oder die Befreiung aus Gefangenschaft ohne ersichtlichen Grund für den Sinneswandel der Feinde; oder die Verheiratung von Mädchen ohne Mitgift, eine im Mittelalter entscheidende Voraussetzung für Heirat; oder die Ankunft von Schiffen mit Lebensmitteln bei Hungersnot, obwohl nach »menschlichem Ermessen« damit nicht mehr zu rechnen war – immer dann, wenn Unerklärbares geschieht, versucht der mittelalterliche Mensch gern, die Gründe und damit die Klärung nicht in der Sache selbst – also in der Natur, in der Psyche oder Taktik des Feindes – zu suchen, sondern im Übernatürlichen. Und diese Weltsicht schlägt sich in Erzählungen, eben in den Legenden nieder. Sie zeigen, daß man die Rettung ohne weitere Nachfrage auf übernatürliches Eingreifen, z. B. auf die Hilfe und Fürbitte des Nikolaus zurückführt. So »nah« waren den mittelalterlichen Menschen die Verstorbenen, die »Heiligen«; jedoch nicht, wie in den ersten Jahrhunderten der Kirche, als Zeugen des Glaubens und insofern Vorbilder der Lebenden, sondern als »Bewohner des Himmels« in der Nähe Gottes. Und wenn sie sich schon zu Lebzeiten um die Nöte der Menschen kümmerten, warum sollten sie es jetzt nicht als Fürsprecher bei Gott tun? Deshalb sind Heiligenlegenden nur zu verstehen in Verbindung mit dem Glauben an die Fürsprache der Heiligen, ja an die Möglichkeit ihres direkten Eingreifens.

Legenden werden von erzählfreudigen Menschen mündlich weitergegeben. Auf ihrem langen Weg der mündlichen Weitergabe durch die Jahrhunderte wurden viele Legenden umgebildet, einige bis zur Unkenntlichkeit der ursprünglichen Aussageabsicht und bis zur Kuriosität. Die am häufigsten erzählten Nikolauslegenden sind: die von der Befreiung der Gefangenen, die von den drei verarmten Jungfrauen, die Legende von der Errettung von Seefahrern aus Seenot, die Legendensammlung »Nikolaus und der Teufel« – sie zeigen ihn als Bezwinger des Bösen und sind wichtig für das spätere Brauchtum der Begleiter des Nikolaus – und die Legende von der Wiederbelebung dreier Schüler. Die letzte ist für unser Thema besonders wichtig. Sie entsteht in Nordfrankreich. Dort war Nikolaus das Vorbild der Schüler geworden in Kloster- und Domschulen. Da sich alle Patronate auf Wundererzählungen berufen, ist diese Legende wahrscheinlich als Grund für das Schülerpatronat des Nikolaus entstanden. Schülerpatronat des Nikolaus und die entsprechende Legende sind die erste Grundlage des späteren Brauchtums der Nikolauseinkehr.

Die Legenden begründen das weitläufige und häufige Patronat des Heiligen, da sie ja für mittelalterliche Menschen deutlich machen, in welchen Notlagen Nikolaus der »geeignete« Helfer und Fürsprecher ist. Durch Jahrhunderte hindurch ist Nikolaus (siehe die Reihe der Legenden oben) neben dem Schülerpatron der Patron der Gefangenen, der Ehewilligen, der Seefahrer und Schiffer – und daher der Heilige der Hanse –, der Bäcker und der Armen. Bis in die Neuzeit ist er der populärste unter den vierzehn Nothelfern.

Legenden des Nikolaus können deshalb nur recht verstanden werden, wenn man beachtet, daß sie nachträglich seine Bedeutung für eine bestimmte Situation, für eine Gruppe deuten wollen, manchmal mit legendärem Rückgriff auf sein Leben. Bei Weitergabe von Legenden kommt es deshalb nicht so sehr auf ihren Wortlaut an – denn der hat sich ja ständig verändert –, sondern auf die Herausarbeitung der jeweiligen Aussage über die Person, von der sie erzählen.

Das Knabenbischofsspiel

Die zweite Grundlage des Nikolausbrauchtums ist das sogenannte Knabenbischofsspiel. Dabei wurde am 28. Dezember, dem Fest der »Unschuldigen Kinder«, ein Schüler zum Abt oder zum Bischof gewählt. Er übernahm für einen Tag die Leitung der Klosterschule bzw. der Domschule, die dem Bischof unterstand. Außer der Feier der Sakramente und einiger anderer Rechte hatte er alle Funktionen des Abtes bzw. des Bischofs als Leiter der Schule inne. Die Anordnungen des Knabenbischofs wurden für einen Tag anerkannt und befolgt: Nicht selten erklärte er den Tag als unterrichtsfrei; er beorderte Lehrer, Patres und Abt zum Arbeiten in die Küche; er sorgte für die Aufwertung der Speisekarte. Das Wichtigste: Er belohnte und bestrafte

als Schulherr die Schüler. Lohn für Schüler wurde im Mittelalter ausgedrückt z. B. durch Verteilung von (getrockneten) Apfelscheiben und Pflaumen, Nüssen, Mandeln, süßem Gebäck. Das jahrhundertealte Mittel der Strafe ist die Rute. Von hier her kommen »Äpfel, Nüss' und Mandelkern« in die Nikolauslieder und die Rute in das Brauchtum der Nikolauseinkehr.
Das »Spiel« des Knabenbischofs, das also kein unverbindliches »Theater« war, ging in manchen Klosterschulen bis in den Kirchenraum. Der Knabenbischof führte die Prozession an zu den Gottesdiensten bzw. zum Stundengebet. Beim Magnifikat der Vesper verließ er den Sessel des Vorstehers, und zwar beim Vers: Deposuit potentes de sede = ER stürzt die Mächtigen vom Thron. Und damit war der Tag des Knabenbischofs zu Ende.
Nun ist es auffallend, daß in Deutschland, Holland, Frankreich und England das Knabenbischofsspiel vom 28. Dezember verschoben wird auf den 6. Dezember. Inzwischen war nämlich Nikolaus der Schülerpatron geworden, und damit wurde sein Fest gefeiert in der Form des Knabenbischofsspiels. Bald wird es in allen Schulen eingeführt und erfreut die Schüler über Jahrhunderte hin bis zum Umbruch in der Reformation. Aus dem Knaben-Bischof wird bald der Nikolaus-Bischof, kurz »der Nikolaus«. Diese Bezeichnung festigt sich im Laufe der Zeit. Ihr Ursprung wird vergessen, und damit wird die Bezeichnung »der Nikolaus« umgedeutet bzw. vieldeutig.
Wir wollen festhalten: Vom Ursprung des Brauchtums her ist »der Nikolaus« ein den Mitschülern bekannter Junge, der meistens auch von ihnen gewählt ist.

Das Brauchtum der Einkehr des Nikolaus

Auffallend ist, daß der Brauch der Einkehr des Nikolaus in Person in Italien und Südfrankreich nicht bekannt war. Sein Ursprung liegt mit großer Wahrscheinlichkeit in Nordfrankreich. Von dort breitet er sich aus nach Belgien, Niederlande, Deutschland und Skandinavien. Das Brauchtum der Nikolauseinkehr erfüllt also einen großen zusammenhängenden Raum, der in seiner geografischen Ausdehnung genau zusammenfällt mit der Verbreitung des kirchlichen Kultes und seinen volkstümlichen Auswirkungen in Legenden, Namengebung und Patronat. Es muß darum angenommen werden, daß sich die volkstümlichen Ausformungen gegenseitig beeinflußt haben.
Die früheste bekannte Quelle ist eine merkwürdige Erzählung aus dem 12. Jahrhundert in Nordfrankreich. Sie erzählt, Nikolaus habe sich in der Nacht in der Klosterzelle eines Priors gezeigt und ihn mit der Rute aus dem Bett getrieben, indem er ihn strafte »more consueto magistri« = nach der Art und Weise, wie es Lehrer tun. Begründung: Der Prior habe die Schüler nicht gründlich und geduldig genug im Unterricht unterwiesen. Es ist gleichgültig, ob ein verkleideter Mönch in der Zelle des Priors erschien oder ob es sich um eine frei erfundene Erzählung handelt. Es genügt die Feststellung, daß die

Vorstellung des Nikolaus mit der Rute im 12. Jahrhundert in der Normandie vorhanden ist. Das Moment der Strafe zeigt sich hier wie beim Knabenbischofsspiel. Es kommt hinzu, daß für die Wundergläubigkeit der Zeit in der legendären Überlieferung die psychologische Möglichkeit gegeben war, den Heiligen in Person erscheinen zu lassen. So ist es erklärlich, daß Nikolaus stets erscheint in Pontifikalgewändern mit Mitra und Stab, der die Kinder examiniert und belohnt bzw. bestraft.
Der aus der klösterlich-kirchlichen Tradition des Mittelalters stammende Zug des Examens mit nachfolgender Belohnung und Bestrafung ist so sehr als das Wesentliche des Brauchtums angesehen worden, daß selbst die Reformationszeit, die an dem Brauch starke Veränderungen vornahm, an Examen, Rute und Belohnung festhielt. Neben dem Knabenbischofsspiel ist die Nikolauseinkehr, gestützt durch Legenden, ein zweiter Brauchtumsstrang, so daß am Patronatsfest nicht nur ein Schülerfest mit verteilten Rollen inszeniert wird, sondern der »Heilige« selbst erscheint. Das ist möglich auf dem Hintergrund der »Wundergläubigkeit« der Zeit.
Erscheint der »Heilige« nicht selbst, so legt er in der Nacht seine Gaben in Strümpfe, Hosen, Schuhe, Holzschuhe. Strümpfe und Hosen deuten hin auf die Kleidungsstücke, in die der Jüngling Nikolaus nach der Legende zur Nacht seine Geldspenden für die unverheirateten Mädchen warf. Die Sitte des Schuhaufstellens ist vor allem in Nordeuropa bekannt. Manchmal wird sie abgelöst von der Sitte, kleine Schiffchen aus Papier aufzustellen.

Der Begleiter des Nikolaus

Fast alle Namen für den Begleiter des Nikolaus weisen darauf hin, daß er den Teufel als Personifizierung des Bösen darstellen soll. So weist z. B. der Name Pelznickel auf die Pelzvermummung hin, die als die Bocksvermummung der Teufelsgestalt bekannt ist. Pelzbock, Beelzebok und Beelzebub haben die gleiche Bedeutung. Es ist zu beachten, daß das Mittelalter den Teufel gern in Bocksgestalt mit einem Pelz darstellt, wie man ihn auch auf vielen Bildern der Zeit gemalt sieht. Die den Nikolaus begleitende Figur wird darum bis in die jüngste Zeit in einigen Gegenden in einen Pelz gesteckt. Auch der Name Hans Muff, wie der Begleiter im Rheinland heißt, deutet höchstwahrscheinlich auf den Teufel hin: Im Mittelhochdeutschen heißt muffen = den Mund spöttisch verziehen, grinsen. Muff ist also eine Figur mit erschreckendem Gesicht, wie sich das Mittelalter den Teufel vorstellt; man beachte die Vielzahl entsprechender Bilder. Das Wort Knecht Ruprecht kommt vor allem in literarischen Belegen vor und wird dort fast immer der Teufelsfigur gleichgesetzt. Die Bezeichnung Krampus dürfte vom mittelhochdeutschen krammen abgeleitet sein = mit den Klauen packen. Der Sack schließlich weist hin auf die primitiv-realistische Vorstellung, daß der Teufel die Verdammten auf dem Rücken in die Hölle trage.
Die wenigen Beispiele beweisen wohl, daß ursprünglich die Begleitperson

des Nikolaus den Teufel meint. Es soll anschaulich vor Augen gestellt werden, daß Nikolaus das Böse überwunden und gebändigt hat, wie schon eine frühe griechische Legende erzählt. Der Heilige legt das Böse in Ketten. Das versteht selbstverständlich nur der, der symbolhafte Darstellungen – im Spiel wie auf Bildern – zu lesen und zu deuten weiß. Im Laufe der Jahrhunderte ist das Symbolverständnis weithin verloren gegangen. Dadurch wurde die Figur gründlich mißverstanden, in grobschlächtiger Vergröberung und nicht selten pädagogisch mißbraucht vorgeführt.

Die Umwandlung des Brauchtums in und seit der Reformationszeit

In den Gebieten, die sich im Zeitalter der Reformation von der alten Kirche und ihrer Lehre trennten, verändern sich mit der kultischen Heiligenverehrung auch die Formen des bisher geübten Nikolausbrauchtums. Denn wenn Nikolaus als Bischof und Heiliger im Mittelpunkt des Brauchtums steht, so muß eine veränderte Stellung zur Heiligenverehrung auch zur Änderung des Brauchtums führen. Nikolaus wird als Heiliger mehr und mehr verdrängt. Da offenbar die Feier des Nikolaustages im Volksleben tief verwurzelt war, wird er durch andere Gabenspender ersetzt. Die Umwandlung vollzieht sich allmählich, wie zahlreiche Predigten und Ermahnungen zeigen, in denen protestantische Theologen gegen den »papistischen Unsinn« ankämpfen. Luther sagt – aus unserer Perspektive mit gutem Grund – daß alles Gute nur »vom heiligen Christ selber« und nicht durch einen Heiligen kommen könne. In seinem Hause beschenkt 1546 statt des Nikolaus »der heilige Christ«. Wenig später zeigen andere Belege, wie statt des Nikolaus ein Engel als Gabenbringer auftritt.

Diese Umdeutungen sind nun ihrerseits wiederum Anlaß für weitere Veränderungen und zum Teil für Verzerrungen in den folgenden Jahrhunderten. Wenn nicht mehr ein »Bischof« der Gabenbringer ist, verändert sich auch das Aussehen des »Nikolaus«. Dabei mischen sich Aussehen der ehemaligen Nikolausbegleiter und des ehemaligen »Bischofs«. Es kommt zu Phantasiekostümen, die verständlicherweise die Ursprungsfiguren nicht mehr erkennen lassen und mißverstanden werden.

Das vorläufige Endprodukt dieser Mischung sind die Weihnachtsmänner, die inzwischen von Mitteleuropa kommend in vielen Teilen der Erde zur Weihnachts- und Vorweihnachtszeit auftauchen. – Eine weitere Folge der Umdeutungen: Da der Gabenbringer nicht mehr der »Heilige« ist und in protestantischen Kirchen Heiligenfeste bald nicht mehr gefeiert werden, verschiebt sich auch der Tag der Beschenkung der Kinder vom 6. Dezember auf den Weihnachtstag oder den Weihnachtsabend. Hier liegt der Ursprung des Beschenkens am Heiligen Abend. Das Mittelalter kannte keine allgemeine Weihnachtsbeschenkung. Und am 6. Dezember wurden nur die *Kinder* beschenkt. Daß heute oft der Eindruck erweckt wird, es sei ein zwingender Brauch, sich am Weihnachtstag zu beschenken, ist durch

Umdeutung der ehemaligen Beschenkung der Kinder am Nikolaustag eine Erfindung des merkantilen Zeitalters. Wer bringt aber dann den Kindern die Gaben am Weihnachtsabend? Das »Christkind« kommt im 18. und 19. Jahrhundert in Mode. Auch ihm haften die pädagogischen Züge des Nikolausbrauchtums an: Denn es kommt nur, wenn die Kinder »lieb« sind. In katholischen Gegenden wird die Pädagogisierung vollkommen, wenn gesagt wird: Zuerst kommt der Nikolaus und schaut nach. Er sagt dem Christkind, ob die Kinder lieb sind. Dann mag auch das Christkind kommen und schenken. Diese Maßnahmen hilfloser Pädagogen werden gekoppelt mit dem »Christkind in der Krippe«, dem man für jede gute Tat einen Strohhalm hinlegt, damit es weich liegt und sieht, was das Kind alles Gutes getan hat. Der religionspädagogische Unsinn wird komplett, denn nun sind die Gaben des »heiligen Christ«, die Luther meinte, nicht mehr freie Geschenke, sondern erkaufte Belohnung. Die erziehliche Absicht schlägt in ihr Gegenteil um.

Einige Folgerungen

Aus der langen Geschichte des Nikolausbrauchtums erklären sich die verschiedenen und unterschiedlichen, zumeist verzerrt verstandenen Bilder, Symbole, legendären Aussagen, Brauchtumsstücke, religiösen Vorstellungen und pädagogischen Absichten, die im 20. Jahrhundert zu einem Brauchtums-Wirrwarr geführt haben. Wir sehen, wie die Eindeutigkeit eines Brauchtums und seine Funktion in einer historischen Situation zerfällt, wenn ihm die Verbindung zu den Wurzeln fehlt. Die Grundlagen des alten Nikolausbrauchtums aber sind: mittelalterliches Weltbild, mittelalterliches Verständnis von der Kindererziehung, mittelalterliche Schulverhältnisse, Glaube an die nahtlose Einheit dieser Welt mit der »jenseitigen« Welt. Alle diese Voraussetzungen können heute nicht mehr tragen. Das Welt- und Menschenbild hat sich grundlegend verändert. Welche Folgerungen sind daraus für das Brauchtum heute zu ziehen?
a) Das Nikolausfest soll Kindern erlebbar machen: Gute Menschen, Menschen, die im Sinne Jesu Christi zu leben versuchen, vergessen wir nicht.
b) Nikolausbrauchtum ist ein Spiel. Wenn wir »den Nikolaus« darstellen, muß jeder Beteiligte wissen und merken: Einer von uns spielt den Nikolaus. Dabei ist es unbedeutend, wie man das erreicht, ob z. B. durch Ankleiden des Spielers vor den Kindern oder vor der Tür. c) Der Nikolausspieler kann weder ein Examen halten noch Verfehlungen der Kinder erwähnen oder gar vorlesen. Heutiges Nikolausbrauchtum sollte frei sein von irgendwelchen Zügen der Belohnung und der Strafe. Die Rute ist völlig fehl am Platz. Bei der Beschenkung erhalten alle das Gleiche. d) Eine Begleitfigur ist unangebracht, denn ihre symbolhafte Darstellung ist für heutige Menschen nicht verständlich. e) Der Nikolaustag sollte im Kindergarten ein Kinderfest sein, frei von falscher Spannung.

Wer so ansetzt, muß mit dem Widerstand mancher Erwachsenen rechnen. Geduld ist notwendig bei Veränderung religiöser Vorstellungen der Erwachsenen. Auch verkrüppeltes Brauchtum, das der Intellekt durchschaut, lebt in den Tiefenschichten der Seele zäh und lange fort.

Eugen J. Cooper

Nikolaus als Erziehungskrücke?

Die Gestalt des Heiligen Nikolaus, wie sie heute im Brauch vieler europäischer und amerikanischer Länder dargestellt wird, ist von Pädagogen und Psychologen für fragwürdig und für die Frühentwicklung des Kindes für sogar gefährlich erklärt worden. Siegfried Hornauer zitiert eine Reihe von Beispielen des herkömmlichen Brauchs, wobei Kinder soviel Angst vor dem Nikolaus bekommen haben, daß sie sogar psychische und auch körperliche Schäden davongetragen haben.[1] Ausgehend vom Brauch der Nikolaus-Feier im österreichischen und süddeutschen Raum lehnt er die herkömmliche Darstellung des Heiligen Nikolaus u. a. deswegen ab, weil die Eltern sich dabei einer Lüge schuldig machen und falsche religiöse Vorstellungen beim Kind wecken. Nach der Entlarvung des Nikolaus kann es zu einer schweren Enttäuschung und zur Zerstörung des kindlichen Vertrauens in die Eltern und Verwandten kommen.[2] In diesem Beitrag wird nun versucht zu verdeutlichen, warum bestimmte Darstellungen der Nikolaus-Gestalt – wohl immer dann, wenn er oder seine Gefährten als Angst erregende, strafende, lobende und das Kind auf seine Folgsamkeit prüfende Gestalt auftreten – für die Entwicklung von richtigen Gottesvorstellungen beim Kind sowie für die Gewissensentfaltung hemmend und sogar gefährlich wirken. In Ergänzung zur Argumentation von Hornauer und anderen wird hier das Phänomen »Loben und Strafen« vor dem Hintergrund der frühkindlichen Gewissensentwicklung dargestellt und als zusätzliche Argumentation gegen den herkömmlichen Brauch aus dem Bereich der Psychologie angeführt. Zur Verdeutlichung soll zunächst die Santa-Claus-Figur Nord-Amerikas aufgezeigt werden.

Der Santa Claus als säkularisierte Nikolaus-Gestalt

> Es war Heiligabend, und im ganzen Haus
> War alles schon am Schlafen, sogar die Maus
> Die Strümpfe der Kinder hingen am Kamin, in hoffnungsvoller
> Erwartung, daß der Heilige Nikolaus bald kommt ...[3]

So fängt das Gedicht von »Santa Claus« an, das den Kindern Nord-Amerikas seit Generationen erzählt wird. Die Rede von »Saint Nickolas« (Heiliger

Nikolaus) oder »Saint Nick« verrät die Herkunft des amerikanischen Santa Claus. Er ist derselbe Heilige Nikolaus der europäischen Tradition. Sein Fest wird im Zuge der reformatorischen Einflüsse nicht mehr am 6. Dezember gefeiert, sondern er tritt am Fest des die Menschheit beschenkenden Christkindes auf als derjenige, der den Kindern Spielzeug und Süßigkeiten beschert.[4] Der fast völlig säkularisierte, in den Dienst des Spielzeuggeschäftes eingetretene Santa Claus lebt der Erzählung nach 11 Monate des Jahres »oben« am Nordpol. Am letzten Donnerstag im November (das Erntedankfest Nord-Amerikas) packt er seinen großen Sack voll von Geschenken für die Kinder, spannt seine acht Rentiere vor seinen Schlitten und fliegt samt Geschenken, Schlitten und Rentieren nach Nord-Amerika, wo er in den großen Geschäften und Kaufhäusern feierlich begrüßt wird. Mit seiner Ankunft bricht die vorweihnachtliche Einkaufszeit an. Von diesem Zeitpunkt an werden die Kinder von den Eltern gemahnt, brav und folgsam zu sein, denn »der Santa Claus kommt«.
Kinder stehen Schlange vor seinem thronartigen Sessel im Kaufhaus. Jedes Kind wartet, bis es an der Reihe ist, auf Santas Schoß zu sitzen und ihm seine Wunschliste ins Ohr flüstern zu dürfen. Grundsätzlich fragt Santa Claus: »Warst Du brav?, Gehorchst Du den Eltern?«, und er mahnt sie, bis Weihnachten folgsam zu sein. Am Heiligabend fliegt der Santa Claus mit seinem Schlitten von Haus zu Haus, landet auf dem Dach und schlüpft durch den Kamin. Die Strümpfe der Kinder, die am Kamin hängen, füllt er mit Obst, Nüssen, Schokolade und kleinen Geschenken. Die Unfolgsamen bekommen stattdessen eine Rute (zum Gebrauch der Eltern) und ein Stück Kohle.
Dieses Geschehen wird im soeben zitierten Gedicht plastisch und ausführlich geschildert. Der Nikolaus selbst wird im Gedicht als ein alter, dicker, freudiger und weiser Mann dargestellt, der von der Zipfelmütze bis zu den schwarzen Stiefeln rot-weiß gekleidet ist. Er hat rote Pausbacken und raucht Pfeife. Er ist kein Bischof, der mit Mitra und Stab auftritt, sondern ein lebensgroßer Zwerg (»a right jolly old elf«), eine Märchenfigur also mit zauberhaften Eigenschaften.
Doch hat der Santa Claus mit dem Heiligen Nikolaus vieles gemeinsam – eben diejenigen Eigenschaften und Züge, die man als fragwürdig bezeichnen kann. Der Santa Claus ist allwissend. Er lebt zwar am Nordpol, »sieht« aber die Kinder und führt Buch über ihre guten und »bösen« Taten. Er prüft sie grundsätzlich auf Gefolgsamkeit den Eltern und Lehrern gegenüber und läßt sie ihm versprechen, daß sie sich bis Weihnachten benehmen werden. Die Funktion des Santa Claus als Erziehungskrücke kommt in dem allen Kindern Nord-Amerikas bekannten »Weihnachtslied« deutlich zum Ausdruck:

> Du sollst Dich in acht nehmen, du sollst nicht weinen
> Du sollst nicht schmollen, ich sage Dir warum:
> Der Santa Claus kommt in die Stadt.

Er bereitet seine Liste vor, er überprüft sie zweimal
Er wird herausfinden, wer nicht brav oder wer brav ist
Der Santa Claus kommt in die Stadt.
Er sieht Dich, wenn Du schläfst, er weiß, wenn Du wach bist,
Er weiß, wer gut ist und wer böse
Deshalb sollst Du brav sein ...[5]

Der Santa Claus ist auch ein Zauberer, denn er kann fliegen, durch den schmalsten Kamin schlüpfen und mangels Kamin sogar durch die Wände hindurchgehen. Er besucht die Häuser der Kinder auf der ganzen Welt in einer einzigen Nacht, ist also beinahe allgegenwärtig.

Auch der Heilige Nikolaus Europas weiß über das Benehmen der Kinder genauestens Bescheid. Er prüft sie auf Folgsamkeit und läßt sie ihre Gebete vorsprechen. Sein Auftreten gleicht teilweise immer noch einem Gerichtsverfahren. Die »bösen« Taten der Kinder kommen ans Tageslicht und werden vor der versammelten Familie oder Verwandtschaft erzählt. Er droht, mahnt und bestraft die Unfolgsamen und belohnt die Braven. »Gut« und »Böse« werden am Maßstab der Folgsamkeit den Eltern gegenüber gemessen. Dort, wo der Heilige Nikolaus so auftritt, wird er zur Erziehungskrücke der Eltern.

Für die religiösen Vorstellungen des Kindes sind dabei vor allem die magischen Züge der Nikolaus-Gestalt gefährlich, insbesondere dann, wenn den Kindern dazu noch ein Gottesbild vermittelt wird, das ähnliche Eigenschaften besitzt. Denn jedes Kind kommt über kurz oder lang hinter die Täuschung der Nikolaus-Gestalt und wird ent-täuscht. Dann ist der Nikolaus genauso wie der Osterhase oder der Klapperstorch: eine Erfindung der Erwachsenen, eine Lüge, etwas, das es gar nicht gibt. Es ist von daher wichtig zu vermeiden, daß bei Kindern der Eindruck geweckt wird: Wenn es mit dem Osterhasen, dem Klapperstorch und dem Nikolaus so ist, dann gibt es auch Gott nicht. Nach der Entdeckung, daß es den Nikolaus nicht gibt, werden Kinder nicht mehr an den Gott glauben können, der mit magischen, zauberhaften Zügen ausgeschmückt ist.[6] Von daher ist es ratsam, den Kindern bestimmte Gottesvorstellungen (ähnlich gilt das für den »Schutzengel« und den »Teufel«) vorzuenthalten, weil diese den noch nicht vorhandenen, erwachsenen Glauben voraussetzen und beim Kind eher magische und Angst erregende Vorstellungen erwecken. Es seien in unserem Zusammenhang zwei Gottesbilder für Erwachsene erwähnt, die nicht kindgemäß sind: der strafende Richter-Gott und der allwissende, allmächtige, allgegenwärtige Gott.

Der strafende Richter-Gott

Die Verfasser der Bibel kennen eine Vielfalt von Gottesbildern, u. a. auch den ungeduldigen Richter-Gott, der die Bösen und Unfolgsamen bestraft. Ausgangspunkt der biblischen Gottesvorstellungen aber ist der liebende, sich seinem auserwählten Volk zuwendende Gott, der bereit ist, das reuige Volk und den Sünder wieder aufzunehmen und ihm alles zu verzeihen. Dieses Bild beruht auf der Selbstoffenbarung Gottes, der im Alten Testament sich als denjenigen offenbart, der für sein Volk da ist, und im Neuen Testament als den barmherzigen Vater der Verkündigung Jesu Christi.

Bei der Frage nach dem Bösen gehen die biblischen Verfasser vom Bild des guten, liebenden Gott aus. Gott ist gut, wie auch seine Schöpfung. Doch gibt es Böses. Woher kommt das Böse, wenn Gott gut ist? Es gibt Ungerechtigkeit. Die Guten werden ausgenutzt und getötet, die Armen unterdrückt und ausgebeutet. Doch leben die Bösen und Ungerechten unbestraft weiter. Wo ist der Gott der Gerechten? Auf diese Fragen haben die Verfasser der Bibel nach langem Ringen eine Antwort gefunden: Gott ist gut und liebt die Menschen. Das Böse auf der Welt entstammt dem Herzen des Menschen, der sich dem Aufruf Gottes nach Umkehr und Glaube verschließt. Jeder wird nach seinen Taten, aber auch und vor allem nach seiner Herzensgesinnung das Gericht und Urteil Gottes bestehen müssen.

Diese kurze Zusammenfassung stellt eine Entwicklung von Jahrhunderten dar, die sich nur schrittweise vollzogen hat. Der erste Schritt und Ausgangspunkt dieser Überlegungen ist die Selbstoffenbarung Gottes. Er ist der liebende, gute Gott. In einem weiteren Schritt stellt sich die Frage nach Belohnung und Strafe für den Menschen, und auf diese Frage wird eine typisch menschliche, jedoch berechtigte Antwort gegeben: Gott selbst wird die Guten belohnen und die Bösen bestrafen. Wohlbemerkt, das sind erwachsene Überlegungen. Bei der Hinführung des Kindes zu den ersten Vorstellungen von Gott sollte diese schrittweise Entwicklung beachtet werden. Ehe das Kind den Gedanken vom strafenden Richter-Gott verkraften kann, muß die Begegnung mit dem liebenden Gott sich vollzogen haben und das Vertrauen zu Gott aufgebaut werden, den es zwar nicht sieht, der aber für es da ist.[7] Die Versuchung, Gott als den lobenden und strafenden Erziehungshelfer einzuführen, ist jedoch groß! Der vierjährige Markus klettert in Abwesenheit der Mutter auf einen Stuhl, um an die Schokolade zu gelangen, die im Kühlschrank liegt. Seine Mutter hat ihm sowohl das Klettern wie auch das Schokolade-Essen verboten. Kaum hat er das Stück Schokolade erreicht, so fällt er vom Stuhl herunter. Der Lärm und das Geschrei machen die Mutter auf seine Missetat aufmerksam. Sie eilt vorbei, sieht mit einem Blick, was passiert ist, und sagt: »Siehst Du, jetzt hat Dich der liebe Gott bestraft, weil Du ungehorsam warst.« Zwischen dem »lieben« Gott und seiner Tat sieht der Markus keinen Zusammenhang. Wieso kann Gott, den er nicht sieht, ihn sehen? Warum verbietet ihm Gott die Freude am Schokolade-Essen? Und warum bestraft ihn Gott so hart und sofort wegen einer lächerlichen Kleinigkeit? Die Vorstellung vom bestrafenden Gott erweckt beim Vierjährigen das Bild eines unheimlichen, Angst erregenden Wesens, das nichts Besseres zu tun hat, als ihn auf Schritt und Tritt zu beobachten und bestrafen.

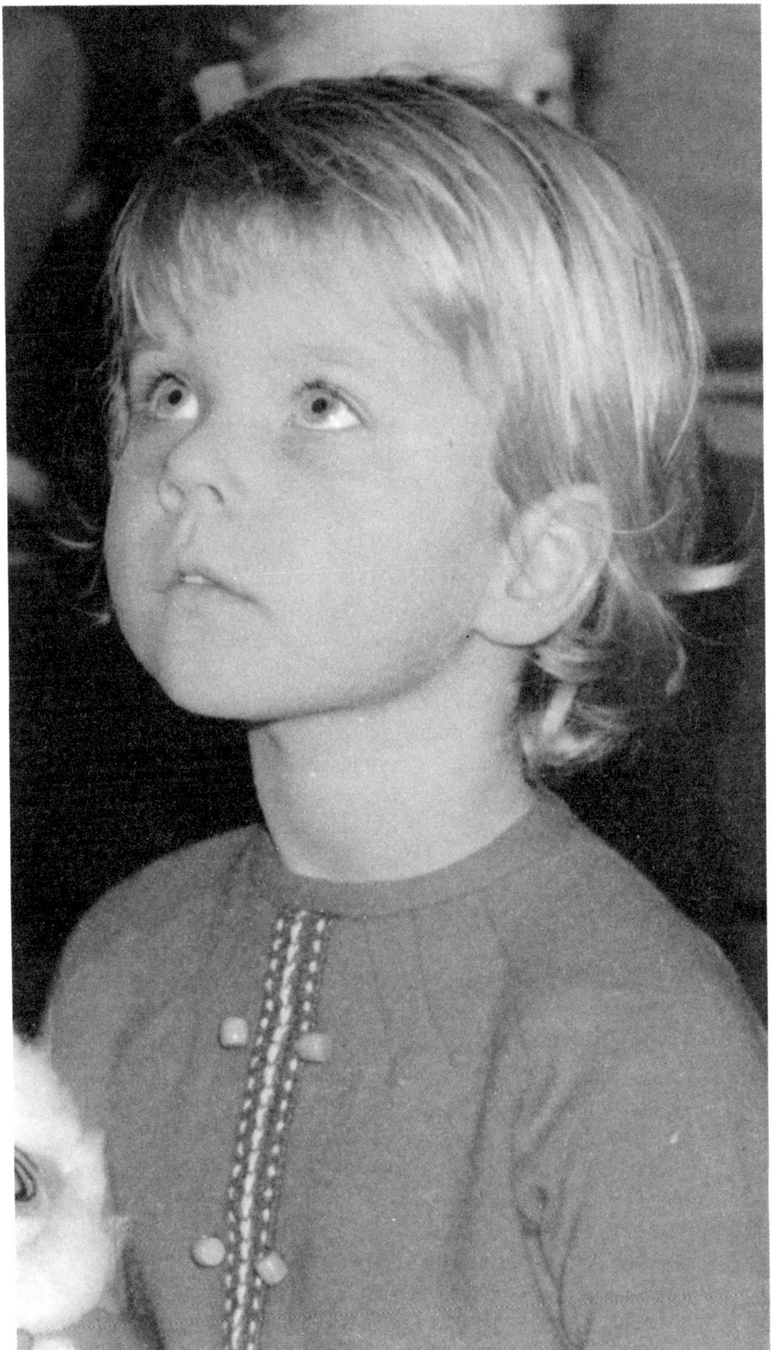

Die Vorstellung von einem unsichtbaren Gott, der alles sehen kann, geht auf die philosophische Vorstellung von einem Allwissenden, Allmächtigen und Allgegenwärtigen zurück. Ähnlich wie beim Bild des Richter-Gottes wird auch die Vorstellung des allwissenden Gottes bewußt oder unbewußt als Erziehungskrücke ins Feld gezogen. Diese ist aber eine erwachsene Vorstellung von Gott, die dem Kind deswegen nicht vermittelt werden soll, weil ihm die notwendige Lebenserfahrung und der erwachsene, herangereifte Glaube fehlen. Dieser ermöglicht es dem Menschen erst, trotz der Erfahrung des Bösen, des Leids, des Todes und der Ungerechtigkeit der Welt an einen guten, allwissenden und allmächtigen Gott zu glauben. Es fällt auch dem erwachsenen Menschen schwer, an die Güte und Gerechtigkeit, Allmacht und Allwissenheit Gottes zu glauben, wenn unmenschliche Kriege geführt werden, wenn die Kleinen und Armen ausgenutzt werden und wenn Unschuldige schmerzhaft leiden. Wenn Gott das alles weiß und mit ansieht, warum unternimmt er nichts dagegen? Ist er dem gegenüber doch ohnmächtig, oder ist er doch taub und blind? Nur derjenige, der an Jesus Christus glaubt, kann in seinem Leid und Tod eine Deutung des menschlichen Elends, der Krankheit, Sterblichkeit und des Krieges erblicken. Dies setzt aber eine intensive Begegnung mit dem Glauben voraus.

So sollen Erwachsene sich dessen bewußt werden, daß sie dem Kind auch unbewußt erwachsene Vorstellungen von Gott vermitteln, z. B. in Kindergebeten. Mit Bittgebeten sollte man äußerst vorsichtig umgehen, denn diese können beim Kind die magische Vorstellung eines Zauberer-Gottes, der alles machen und jeden Wunsch erfüllen kann, erwecken.

»Lieber Gott, der Vater ist in der Arbeit. Bewache und beschütze ihn, damit er gesund und heil wieder nach Hause kommt.« Oder: »Lieber Gott, die Oma ist krank. Bitte laß sie wieder gesund werden.« Oder: »Lieber Gott, mein neues Fahrrad ist kaputt. Der Vater wird zornig, wenn er das erfährt. Bitte mache es wieder ganz.« Bei der Arbeit bricht der Vater einen Arm. Die Oma stirbt. Das Fahrrad bleibt trotz des Betens kaputt. Für das Kind bedeutet es, daß Gott doch nicht alles kann. Die Fürbitte an den allwissenden und allmächtigen Gott und die Hinführung des Kindes zu diesem Gottesbild genügen deswegen nicht, weil zur Fürbitte noch das volle Vertrauen zu Gott und der Glaube an ihn im Gebet des »Dein Wille geschehe« zugehören. »Bitte laß die Oma wieder gesund werden. Gib uns die Kraft, ihren Tod zu akzeptieren. Dein Wille geschehe.« Gebet des Erwachsenen, das, getragen vom erwachsenen Glauben, vor und mit dem Kind im Kreis der Familie schon gebetet, aber vom Kind nicht in seiner vollen Tragweite verstanden werden kann.

Bei der Vorstellung vom allgegenwärtigen Gott oder vom »Schutzengel«, der alles sieht und das Kind beschützen soll, handelt es sich wiederum um Vorstellungen von Erwachsenen, die beim Kind ganz anders, nämlich sehr plastisch und konkret aufgefaßt werden. Die Allgegenwart Gottes und die Begleitung des Schutzengels bewahren das Kind doch nicht davor, daß es sich am Kopf stößt, vom Fahrrad herabstürzt oder vom Auto angefahren wird. Die Vorstellung eines schützenden Engels oder Gottes vermag das Kind nicht mit den allzu spürbaren Wunden und blauen Flecken des konkreten Alltags zu vereinbaren. An einen solchen allgegenwärtigen, schützenden Gott wird das Kind nur solange glauben, bis der angebliche Beschützer einmal gewaltig »versagt«.

Die nicht kindgemäßen Gottesbilder vom prüfenden und strafenden Richter-Gott und vom alles wissenden und sehenden Aufseher-Gott stimmen mit der herkömmlichen Darstellung der Nikolaus-Gestalt überein. Gott und der Nikolaus verfügen über dieselben Eigenschaften; sie sehen und wissen alles, sie prüfen die Kinder, sie belohnen und bestrafen. Die Gestalten Gottes und des Nikolaus sind aber ambivalent. Jeder ist sowohl der Lobende und Beschenkende wie auch der Bestrafende und Angst Erregende. Wird der Nikolaus dem Kind als Himmelsbote (Heiliger) mit gottähnlichen Zügen dargestellt, so werden die konkret erfahrbaren und erlebten »negativen« Eigenschaften der Nikolaus-Gestalt, die das Kind sieht und vor welcher es zittert, sehr leicht auf den Heiligen schlechthin übertragen. Vom Schenkenden, aber prüfenden, drohenden und Angst erweckenden Nikolaus ist es nur noch ein kleiner Schritt zum »lieben«, aber zornigen und strafenden Vater-Gott. Für das Kind ist der Nikolaus wie Gott und Gott wie der Nikolaus. Die Entlarvung des einen führt zwangsläufig zum Nicht-Glauben an den anderen.

Loben und Strafen als Erziehungsmittel im Kleinkindalter

Eine »straffreie« Erziehung gibt es nicht, setzt man das Wort »Strafen« nicht sofort mit »massiver Bestrafung« gleich. Denn das Strafen fängt dort an, wo die Mutter ihr Mißfallen am Verhalten des Kindes noch ohne Worte durch die Gesichtsmiene ausdrückt. Das Loben fängt mit dem das Dasein des Kindes anerkennenden und bestätigenden, liebevollen Lächeln der Mutter an. So kann man mit Fraas[8] und anderen das erste Lächeln des Kindes als den »ersten sozialen Akt« bezeichnen. Denn der Säugling, der zum ersten Mal empfindet, daß sein eigenes Lächeln das Lächeln der Mutter herbeiführen kann, ist zugleich dabei, sich als ein von der Mutter separates Wesen, das durch eigenes Tun auf diese verursachend wirken kann, zu empfinden. Dieses Empfinden wird durch das Wiederholen des Vorgangs verstärkt und wird zur Erfahrung: »Meine Existenz wird anerkannt, angenommen, bestätigt und bejaht.« Von diesem Augenblick an wird jeder Ausdruck der Zuneigung und Liebe von seiten der Eltern im weitesten Sinn des Wortes als »Loben« beim Kind empfunden, wogegen jeder Ausdruck des Mißfallens oder Zornes als »Strafe« bzw. als eine die Existenz durch fehlende Bestätigung und Annahme gefährdende Reaktion der Umwelt beim Kind ankommt. Durch

Loben und Strafen wird das Kleinkind in die geordnete Welt der Erwachsenen eingeführt. Es wird an die Ordnung der Eltern (z. B. an den Tagesrhythmus der Familie mit bestimmten Eß-, Schlaf- und Spielzeiten) »gewöhnt« und paßt sich in zunehmendem Maße an diese Ordnung an. Denn das Kind ist darauf angewiesen, um überhaupt existieren zu können, in diese Ordnung und damit in das Leben der Eltern aufgenommen zu werden.

Verbote im Krabbelalter

Wenn das Kind anfängt zu krabbeln, wird die Erfahrung, daß es ein von der Umwelt separates Wesen ist, durch die Begegnung mit Spielzeug und Wohngegenständen wie Tischen, Stühlen usw. verstärkt. Während das Kleinkind bisher darauf aus war, die Grenzen seiner Möglichkeiten im Hinblick auf die Reaktionen seiner Bezugspersonen durch Lächeln, Schreien und Rufen auszuprobieren, tritt hier das Ausprobieren seiner körperlichen und physikalischen Grenzen und Möglichkeiten im Krabbelalter hinzu. Es macht die Erfahrung, daß ein Stuhl oder eine Wand hart ist und nicht nachgibt, wenn es gegen sie stößt, daß es bestimmte Barrieren gibt (Laufstallgitter, geschlossene Tür), worüber es nicht hinweg kann. Da dem Kleinkind die Einsicht in Kausalzusammenhänge fehlt und weil es »ausgezogen ist«, die Umwelt zu erobern und kennenzulernen, »lernt« es, was warm, kalt, hart, weich usw. ist, durch das Berühren, Tasten und Fühlen, kurz: durch *Erfahren.*

Wenn das Kind sich nun die Finger verbrennt oder beim Klettern auf einen Stuhl auch herunterfällt, macht es die Erfahrung, daß »Kochtopf« und »unangenehm heiß« oder »Auf den Stuhl klettern« und »Sich dabei weh tun« in Zusammenhang miteinander stehen. Diese Erfahrung kann durch die Worte der Eltern verstärkt werden, etwa dadurch, daß man dem Kind kurz sagt: »Du hast Dir die Finger verbrannt, weil das Bügeleisen heiß ist«. Mit zunehmender Erfahrung, auch unangenehmer Art, gewinnt das Kleinkind eine erste Einsicht in Kausalzusammenhänge, die es noch nicht verbalisieren kann. Die freudigen und zornigen Reaktionen der Eltern verstärken die Erfahrung. Bewußt oder unbewußt vermitteln sie dem Kind Gefühle der Bestätigung oder des Tadels. Die Gefühle der Eltern werden auf das Kind übertragen.

So empfindet das Kind jedes Verbot der Mutter so: »Wenn ich das Verbotene tue, so mißfällt es der Mutter. Wenn ich das tue, was sie will, dann gefalle ich ihr.« Da das Kind darauf aus ist, möglichst viel Zuneigung, Liebe und Aufmerksamkeit der Eltern zu gewinnen und Angst davor hat, die liebende Zuneigung der Eltern zu verlieren, *verzichtet* es praktisch auf das Berühren des (für die Eltern gefährlichen, in den Augen des Kindes interessanten, aber verbotenen) Gegenstands. Das ist der von Freud überkommene »Triebverzicht«, nämlich das Verzichten des Kindes darauf, seinen Trieben nach Neugierde, Zerstörung usw. freien Lauf zu gewähren – zugunsten der

Erwartungen, Befehle und Wünsche der Eltern, aus Angst vor Liebesentzug und aus dem Wunsch nach Liebesgewinn. Von dem Augenblick an, wo Eltern mit Verboten (und Geboten) erziehen, untermauern sie diese mit Lob und Strafe.

So verstanden ist die Strafe eine unvermeidliche Folge jeder Erziehung, da sie in Form von Mißgefallen durch Stimmlage und Gesichtsausdrücke dem Kind vermittelt wird, eventuell auch durch den Entzug von Privilegien (Fernsehen, Süßigkeiten, Ausflüge, Taschengeld) oder auch durch das Schlagen. Weil der Mensch kein Engel ist, begegnet er seinem Mitmenschen und auch dem Kind nicht immer mit Wohlwollen, Geduld, Lob und unerschöpflicher Liebe. Weil das Kind auch kein Engel ist, wird es getadelt, zurechtgewiesen und in irgendeiner Form »bestraft«. Voraussetzung für Strafe jedweder Art ist die grundlegende Erfahrung des Kindes, daß es von den Eltern angenommen ist, daß sie für es da sind, und daß es Vertrauen zu den Eltern haben kann. Die Erfahrung der Liebe und Zuwendung der Eltern muß so unerschütterlich sein, daß – in der Sprache Freuds – die Angst vor dem Liebesentzug der Eltern überwunden wird. Wenn die Eltern aus Zorn oder Ungeduld das Kind zu Unrecht oder übergebührend bestrafen, können sie das durch die ungerechte Bestrafung gefährdete Vertrauen des Kindes hinterher wieder dadurch verstärken, daß sie das Kind um Verzeihung bitten. Auf jeden Fall muß vor dem Schlafengehen die Versöhnung zwischen Eltern und Kind stattgefunden haben. Das Kind muß wissen – und wird unaufgefordert danach fragen – daß »alles wieder gut ist«, daß es »wieder brav ist«, d. h. von den Eltern wieder angenommen ist.

Zum ersten Lebensabschnitt des Kindes – etwa bis Ende des dritten Lebensjahres – kann man zusammenfassend sagen:

1. Am wichtigsten ist der Aufbau des *Vertrauens*, zunächst zur Mutter, später zum Vater und anderen Erwachsenen, damit das Kind sich als ein von den Eltern angenommenes, wertvolles und geliebtes Wesen empfindet und erfährt. Diese Erfahrung fängt mit der Befriedigung der kindlichen Triebbedürfnisse durch Nahrung, Wärme und Ruhe an und setzt sich durch die Zeichen und Ausdrücke der Freude am Kind fort, etwa durch Lächeln und Loben. Das Urvertrauen, daß die Eltern für das Kind da sind, muß nach der Entwöhnung und mit zunehmender räumlicher Entfernung zwischen Mutter und Kind dadurch bekräftigt werden, daß auf die Stimme und das Rufen des Kindes die Eltern antworten.

2. Die noch fehlende Einsicht beim Kind in Zusammenhänge von Ursache und Nachwirkung führen zur Notwendigkeit des Verbietens als Erziehungsmittel, um das Kind vor Gefahren zu schützen. Das Kind ist darauf aus, das zu tun, was eine freudige Reaktion bei den Eltern auslöst, und das zu lassen, was getadelt und bestraft wird. Durch ihre Reaktion auf das Verhalten des Kindes vermitteln die Eltern ihr Gefallen oder Mißfallen und somit ihre eigenen Wertvorstellungen und -maßstäbe über das, was »richtig« und »gut« bzw. »falsch« und »schlecht« (»böse«) ist. Das Kind handelt unbewußt nach dem

Prinzip: »Gut ist, was die Eltern wollen, schlecht ist, was sie nicht wollen« bzw. »Gut ist, was straffrei bleibt und gelobt wird, schlecht ist, was Strafe nach sich zieht«.

3. Auf dem nicht-verbalen Weg, z. B. durch Stimmlage, Tonfall und Gesichtsausdruck erfährt das Kind die Zuneigungen und Abneigungen der Eltern sowie ihre Einstellung zueinander, zum Kind und zu anderen Menschen, wie Verwandten und Bekannten. Das Kind empfängt ihre Sympathien und Antipathien, ihre Vorurteile positiver wie negativer Art und ihre Gefühle und Emotionen wie Liebe, Haß, Angst, Freude, Selbstvertrauen und Unsicherheit und lernt auf diese Weise, seiner Umwelt mit denselben Gefühlen zu begegnen.

Das kindliche Gewissen

Zwischen drei und sechs Jahren wird beim Kind das »Über-Ich« gebildet. Dies ist ein psychischer Vorgang, der unbewußt verläuft und zum Ziel hat, dem Kind eine möglichst große Befriedigung der Wünsche und Bedürfnisse (Lustprinzip) im Rahmen der zunächst von den Eltern und später von der sonstigen Umwelt überkommenen Werte und Normen (Realitätsprinzip) zu gewährleisten. Nach Freud begegnet das Kleinkind dem »Realitätsprinzip« spätestens bei den ersten Versuchen der Reinlichkeitserziehung, wobei es Wünsche, Erwartungen und Anforderungen der »Außenwelt«, also der Wirklichkeit (Realität) erfährt. Mit der Entwöhnung wird dem oralen Trieb nach Lustbefriedigung, mit der Sauberkeitserziehung dem analen Trieb nach Freude an Ausscheidungsvorgängen, mit der glücklichen Lösung der »Ödipus-Phase« dem Sexualtrieb Schranken gesetzt. Immer geht es dabei um einen »Triebverzicht« von seiten des Kindes aus dem Wunsch heraus, angenommen zu sein. So paßt sich das Kind der Ordnung und dem Wertsystem der Eltern und der sonstigen Außenwelt an. Die »Realität« der Außenwelt kennenlernen bedeutet, die Einschränkungen und Grenzen dieser Wirklichkeit annehmen.

Ab drei Jahren ist das Kind dabei, dieses Wertsystem und die Verhaltensregeln und -weisen der Umwelt, vor allem der Eltern, zu übernehmen. Hier spricht die Freud'sche Schule von der »Introjektion« (Verinnerlichung) des Wertsystems der Außenwelt im kindlichen »Über-Ich«. Die Introjektion des Wertsystems wird von der »Identifikation« begleitet, d. h. vom Nachahmen des Verhaltens der Bezugspersonen (Menschen, mit welchen das Kind in einer affektiven Beziehung – positiv oder negativ – steht) begleitet. Mit der ersten Bildung des Über-Ichs beginnt das Kind von sich aus und ohne den ausgesprochenen Wunsch oder Befehl der Eltern – auch in Abwesenheit der Eltern – sich so zu verhalten, wie es den Eltern gefällt. Das Gesetz der Eltern wird zum verinnerlichten, eigenen Gesetz des Kindes. Das macht sich etwa dann bemerkbar, wenn das Kind von sich aus aufräumt und so seinen »Hang zur Ordnung« (in Wirklichkeit zur »Ordnung« der Eltern) zeigt, oder wenn das Kind andere Kinder oder Puppen genauso anredet, lobt, tadelt, befiehlt und bestraft, wie es die Eltern tun. Das Kind ist also dabei, sogenannte »Ideal-Elemente« des elterlichen Verhaltens als eigene Verhaltensweisen zu übernehmen (wobei »ideal« für das Kind bedeutet, das, was die Eltern loben und für gut halten). Aus den Ideal-Elementen macht sich das Kind ein Bild dessen, was es auf Grund der Wünsche, Befehle und Erwartungen der Eltern meint, sein zu sollen. Die Anpassung des kindlichen Verhaltens an das Ideal-Bild wird vom Über-Ich überwacht, beobachtet, beurteilt und bewertet. Hier sprechen Psychologen von einem ersten, kindlichen Gewissen, das im Über-Ich anzusiedeln ist und das »autoritäres« oder »soziales Gewissen« heißt.

Das Kind handelt nach wie vor nach dem Prinzip: »Gut ist, was die Eltern wollen und straffrei bleibt, schlecht ist, was die Eltern nicht wollen und bestraft wird«, nur mit dem Unterschied, daß der Vier- bis Sechsjährige die Wunschvorstellungen und Verbote der Eltern und anderer Bezugspersonen bereits zum eigenen Gesetz gemacht hat und sich von sich aus so benimmt. Er tut das, was bei den Eltern Lob auslöst und meidet das, was bestraft wird. Dies ist eine notwendige Zwischenstufe der sog. Gewissensbildung. Das Kind lernt allmählich, was von ihm erwartet wird, und lernt dies zunächst mittels Geboten und Verboten, die mit Loben und Strafen bekräftigt werden. Mittels Loben und Strafen erfährt das Kind, wie es bei den Eltern und der Umwelt »dran« ist, wie weit es gehen darf, was erlaubt ist und was nicht. Auf diese Weise geschieht das erste Sich-Einordnen in die Gesellschaft der Familie und das erste Kennenlernen der Wünsche und Bedürfnisse der anderen Familienmitglieder, die dem freien Lauf der kindlichen Triebe Schranken setzen. Das Erlernen des Ruhig-Seins, des Nicht-Zerstörens und des Gehorchens mittels Loben und Strafen muß durch die Erfahrung der Rechte und Bedürfnisse anderer nach Ruhe, Besitztum usw. ergänzt werden. Die Über-Ich-Phase, wobei das Kind aus Angst vor Strafe oder aus dem Wunsch nach Liebesgewinn handelt, muß durch den Aufbau von zwischenmenschlichen, personalen Beziehungen abgelöst werden. Für das Kind bedeutet das, es muß lernen, die Geschwister deswegen nicht zu verprügeln, weil es ihnen weh tut, und nicht einfach deswegen nicht, weil die Eltern es verboten haben. Das Kind muß erfahren, daß es deswegen nicht laut Schlagzeug spielt, weil die Mutter schlafen will, und nicht einfach deswegen, weil sie ihm das Spielen verboten hat. Die Verbote, die ursprünglich mittels Loben und Strafen aufrecht erhalten worden waren, werden auf Grund der sich entwickelnden personalen Beziehungen und der zunehmenden Anerkennung der Bedürfnisse und Rechte anderer jetzt anders begründet und aufrecht erhalten: durch Rücksichtnahme, Liebe und Gerechtigkeit. Die Liebe zum anderen, der Respekt vor seinen Rechten stellen die Grundlage für die nächste Stufe der Gewissensentfaltung des Kindes dar. Dieselben Verbote und Gebote mögen bestehen bleiben. Sie werden in zunehmendem Maße durch Erklärungen und Einsicht in die Sachlage begründet und in abnehmendem Maße durch Strafmaßnahmen für ungehorsames Verhalten bekräftigt.

Nikolaus als Erziehungskrücke

In diesem Zusammenhang ist die Gefährlichkeit des traditionellen Nikolaus-Brauchs zu sehen. Der Brauch verstärkt das Bewußtsein beim Kind, Folgsamkeit und Anpassung werden belohnt, Phantasie und Selbständigkeit werden bestraft. Soll das Kind nicht auf der Stufe der Anpassung und des Gehorchens stehenbleiben, so braucht das Gewissen andere Bilder und Vorbilder als nur die der Eltern, um die Fähigkeit zu verantwortlichen eigenen Entscheidungen entwickeln zu können. Es muß dem Kind erlaubt sein, Fehler zu machen, die nicht sofort bestraft werden, wenn die Entdeckungsfreudigkeit nicht abgestumpft werden soll. Das Kind muß sich einmal auf das Risiko des Herunterfallens einlassen, will es erfahren, daß das Klettern gefährlich sein kann. Es muß sich verbrennen – sowohl buchstäblich wie auch im übertragenen Sinn – ohne sofort bestraft zu werden, soll es der Umwelt mit all seinen Gefahren begegnen und selbst ein Stück davon erobern. Es muß sich von der lobenden und strafenden Autorität dadurch entbinden, daß es die Wertmaßstäbe der Eltern nicht einfach übernimmt, sondern zuerst prüft und sie entweder ablehnt oder als sinnvolle Maßstäbe für das eigene Verhalten bestätigt. Das Kind muß von sich und dem Gesetz des Über-Ichs Abstand nehmen, aus sich herausgehen können, um weiterzukommen.

Die Nikolaus-Gestalt hält die Autorität der Eltern und des Über-Ich als des von den Eltern übernommenen Gesetzes mit Drohungen und Strafmaßnahmen aufrecht und verhindert so das Infragestellen und kritische Prüfen dieser Autorität, das für die persönliche Stellungnahme zur Autorität der Eltern und der Wertmaßstäbe der Gesellschaft notwendig ist. Wird die Möglichkeit zur persönlichen Prüfung und Stellungnahme zum Überkommenen durch zu starkes Verbieten verweigert, so wird auch die Möglichkeit der persönlichen Annahme des Bestehenden, weil man es für gut und sinnvoll gefunden hat, verhindert.

Für die weitere Gewissensentfaltung des Kindes ist das Vertrauen zu den Eltern die Voraussetzung. Das Vertrauen in die Eltern bedeutet für das Kind den Rückhalt, Vergleichs- und Orientierungspunkt, worauf es zurückfallen kann, wenn es die überkommenen Werte sowie die neu kennengelernten Verhaltensmaßstäbe der Klassenkameraden, Bekannten und Medien kritisch prüft. Nichts beeinträchtigt das Vertrauen des Kindes in die Eltern so sehr, als die Entdeckung, die Eltern haben ihm etwas vorgelogen. Sie geben etwas als Wahrheit aus, was sie selbst nicht glauben. Hier kommt es nicht so sehr darauf an, was die Eltern dem Kind vortäuschen und vorlügen, sondern es kommt auf den Grad der Erschütterung des Vertrauens beim Kind nach der Entlarvung der Lüge an. Das Spiel mit dem lobenden und strafenden

Nikolaus ist ein gefährliches Spiel, weil nur die Erwachsenen wissen, daß es sich um ein *Spiel* handelt. Das Kind nimmt das Geschehen todernst. Die Aufdeckung der Lüge bedeutet für das Kind, den Eltern kann man nicht mehr trauen, sie sind nicht mehr für mich da. Nur auf Grund der Liebesbeziehung zu den Eltern und vom Vertrauen zu ihnen aus ist es in der Lage, der Wirklichkeit zu begegnen. Nun erfährt das Kind, daß die Eltern etwas Un-Wirkliches erzählt haben. So beginnt es, an der Wirklichkeit jeder Aussage und Geste der Liebe und Zuneigung der Eltern zu zweifeln. Es kann sie nicht mehr völlig ernst nehmen und fühlt sich zugleich gefährdet, weil es nicht mehr sicher sein kann, daß die Eltern es annehmen, ernst nehmen, bejahen und lieben.

Die Tatsache, daß der Nikolaus in die Rolle des lobenden und strafenden Buhmann hinein gezwungen worden ist, ist eine Folge der geschichtlichen Entwicklung des Nikolaus-Brauchs. Das ist noch kein Grund dafür, die Nikolaus-Feier völlig abzuschaffen, wohl aber Veranlassung dazu, die Gestaltung der Nikolaus-Feier – wie vielerorts bereits praktiziert – sorgfältig vorzubereiten und die Nikolaus-Gestalt von den im Laufe der Jahrhunderte ihr angehafteten, für die Gewissensentfaltung und die Gottesvorstellungen des Kindes ungünstig auswirkenden Zügen und Eigenschaften zu befreien.

Anmerkungen

1 Siegfried Hornauer, Lüge, Kitsch oder Fest? – Ein Werkbuch zur Gestaltung von Nikolausfeiern, Wien 1966, 26–28.

2 Siegfried Hornauer, Alles was froh macht – Freizeit, Spiel, Fest, Feier, Wien o. J., 100–116.

3 Freie Übersetzung des Verfassers. Der englische Text lautet:
»Twas the night before Christmas and all through the house
Not a creature was stirring, not even a mouse.
The stockings were hung by the chimney with care
In hopes that Saint Nickolas soon would be there ...«

4 Norbert Henrichs, Kult und Brauchtum im Kirchenjahr, Düsseldorf 1967, 195–198. Entstehen und Geschichte der Nikolaus-Feier werden hier in knapper und treffender Weise berichtet.

5 Freie Übersetzung des Verfassers aus dem Lied »Santa Claus is coming to Town«. Der englische Text lautet:
»You'd better watch out, you'd better not cry
You'd better not pout, I'm telling you why:
Santa Claus ist coming to town.
He's making a list, he's checking it twice
He's going to find out who's naughty or nice
Santa Claus is coming to town.
He sees you when you're sleeping, he knows when you're awake
He knows if you've been good or bad, so be good for goodness sake ...«

6 Bernhard Grom, Gefahren religiöser Fehlentwicklung, in: Welt des Kindes, 52/2 (1974), 62–71.

7 Hans-Jürgen Fraas, Unterwegs zum Glauben – Religiöse Erfahrung des Kindes im Horizont der anbrechenden Gottesherrschaft, in: Welt des Kindes, 53/3 (1975), 132–145.

8 Hans-Jürgen Fraas, Religiöse Erziehung und Sozialisation im Kindesalter, Göttingen 1973, 102.

Dieter Marenbach

Nikolauslegenden im Kindergarten

Jedes Jahr zur Nikolauszeit steht die Erzieherin im Kindergarten vor der Frage: Soll ich den Kindern etwas vom Nikolaus erzählen? Weitere Fragen schließen sich an: Welche Geschichte wähle ich aus? Sind solche Heiligenlegenden überhaupt noch zeitgemäß? Stellen sie geeignetes Erzählgut für Kinder im Vorschulalter dar? Gibt es Besonderheiten bei dieser Art von Literatur zu beachten?
Um diese Fragen zu klären, müssen wir uns zunächst mit der Sache selbst auseinandersetzen, mit der literarischen Form der Legende und mit den Geschichten, die vom heiligen Nikolaus überliefert werden. Nach dieser Sachanalyse soll auf Kindbezug, Zielsetzung und Auswahlgesichtspunkte eingegangen werden, eine didaktische Analyse. In einem letzten methodischen Teil schließlich werden Gedanken zur praktischen Durchführung geäußert.

Zur literarischen Form der Legende

Legenden (vom lateinischen Wort legenda = das zu Lesende) waren ursprünglich Berichte aus dem Leben der Heiligen, die an deren Gedenktagen in der Kirche oder bei der Klostermahlzeit vorgelesen wurden. Sie dienten einerseits der Ausschmückung des Lebenslaufes eines Heiligen, andererseits der religiösen Belehrung. Die Herrlichkeit Gottes sollte durch Leben und Taten des Heiligen deutlich werden. Zur Zeit der Reformation rückte der Begriff Legende in die Nähe der Erdichtung, der unwahrscheinlichen Geschichte, der Lüge (Luther sprach von »Lügende«). Unter den vielfältigen literarischen Merkmalen, die heute von der Legende als literarischer Form herausgearbeitet sind, scheint über folgende Einigkeit zu bestehen:
– Die Nähe zur volkstümlichen Literatur, besonders zum Märchen und zur Sage, obwohl es sich bei diesen Formen um mündliche Überlieferung handelt;
– die bestimmende Rolle des Übernatürlichen, des Wunders, wobei es in der Legende als Besonderheit herausgestellt wird, um die Allmacht Gottes zu zeigen, das Gottvertrauen der Menschen zu stärken, anders als im Märchen, wo sich niemand über das Übernatürliche wundert;
– der Wahrheitsanspruch, der sich in genauer Terminierung und Lokalisierung zeigt, die an die Stelle des unbestimmten »Es war einmal« des Märchens treten, obgleich diese Betonung der Wahrheit durch nichts als den Wunsch nach Bekräftigung im Glauben gerechtfertigt wird.
Zusammenfassend könnten wir definieren: Legenden sind einfache Erzählungen über historisch nicht belegbare wundersame Begebenheiten aus dem Leben der Heiligen, die zum Zwecke der religiösen Unterweisung verbreitet wurden.

Nikolauslegenden

Es gibt über 150 Nikolauslegenden. Wenn auch viele davon nur geringfügige Veränderungen aufweisen, vor allem bei Orts- und Zeitangaben, so mag die Vielfalt doch als Beweis dafür gelten, wie wenig an belegbaren Tatsachen über den heiligen Nikolaus bekannt ist. *(Vgl. H. Große-Jäger, Woher kommt der Nikolaus?)*

Die Beliebtheit dieses Heiligen als Nothelfer sowohl in der Ostkirche (hier werden zwei Gedenktage im Jahr gefeiert) als auch in der katholischen Kirche zeigt sich in der Vielzahl der Patronate, die der hl. Nikolaus auf sich vereinigt. So gilt er als Schutzpatron der Schüler, der heiratsfähigen Mädchen, der Seefahrer, der Advokaten, der Metzger, der Apotheker, der Gefangenen, der Opfer von Justizirrtümern, wobei noch nicht alle genannt sind, die sich seinem Schutz anvertrauen. Für jedes Patronat läßt sich eine Erklärung in den Nikolauslegenden finden, wobei manchmal sogar Mißverständnisse bei der Deutung bildlicher Darstellungen verantwortlich sind, wie dies im Falle der Metzger angenommen werden muß: Die älteste überlieferte Nikolauslegende (aus dem 6. Jahrhundert) handelt von der Errettung dreier unschuldig zum Tode verurteilter Ritter, die bereits mit entblößtem Nacken vor dem Scharfrichter knieten, als diesem von Nikolaus das Schwert entrissen wurde. Wiederum drei Krieger erinnern sich an diese Tat des Heiligen, während sie ebenfalls aufgrund ungerechter Beschuldigungen im Gefängnis auf ihr Todesurteil warten, sie flehen den hl. Nikolaus um Hilfe an und werden wirklich aus dem Gefängnis befreit. Ein Szenenbild zu dieser Geschichte zeigt nun die drei Generäle in einem Turm, dem Symbol für die Gefangenschaft, dabei erscheinen – gemäß dem Prinzip, die Hauptperson größer darzustellen als die übrigen Personen – die Gefangenen im Vergleich zu Nikolaus wie Kinder. Wird nun der Turm noch zum Faß, erhalten wir die Vorlage für die Legende von den drei Knaben, die sich im Walde verliefen, von einem Wirt geschlachtet und eingepökelt, aber von Nikolaus wieder aus dem Pökelfaß geholt wurden. Wahrscheinlich auf diese Art kamen die Metzger in Verbindung zum Nikolaus.

Weniger blutrünstig sind die Nikolauslegenden, die das Verständnis des Heiligen für materielle Not zeigen und somit auch in Verbindung mit dem Brauch der Gabenverteilung stehen.

Zwei der bekanntesten Legenden dieser Art seien hier wiedergegeben: »Die Kornvermehrung«, die in unterschiedlichen Fassungen vorliegt, wahrscheinlich ins 7. Jahrhundert zurückgehend, und die »Aussteuer der drei armen Mädchen«.

Die Kornvermehrung (nach Rahmer 1964)

Nikolaus war einige Zeit Bischof, als eine grausame Hungersnot ausbrach. Da hörte der Heilige, daß im Hafen ein Schiff mit einer Weizenladung liege, das sich auf der Weiterfahrt nach Rom befinde. Er eilte hin und bat den Kapitän, ihm doch 100 Sack Getreide zu geben, um die schon fast verhungerten Einwohner der Stadt zu retten.

Doch der Kapitän sagte: »Ehrwürdiger Vater, das Korn ist zu Alexandria gemessen und für die kaiserlichen Scheuern bestimmt. Ich trau mich nicht!« Da entgegnete der Heilige: »Gebt mir die 100 Sack Weizen und ich verspreche euch, daß ihr keine Minderung haben werdet, wenn ihr in Rom seid!« Da ließ sich der Kapitän erweichen und gebot den Matrosen, dem Bischof die erbetene Menge Weizen zu geben. – Als sie in Rom waren und die kaiserlichen Beamten das Getreide abwogen, hatten sie genausoviel wie zu Alexandria. Nun erzählten sie das Vorkommnis von Myra und priesen laut den Heiligen. Nikolaus aber ließ das Korn austeilen. Die 100 Säcke reichten zwei Jahre lang aus, um die ganze Stadt zu versorgen.

Aussteuer der drei armen Mädchen (nach Rahmer 1964)

Ein verarmter Edelmann zu Myra hatte nicht genug Vermögen, um seinen drei Töchtern eine Aussteuer zu besorgen. Ohne Heiratsgut wollte aber niemand eine Ehe mit ihnen eingehen. Die strengen Landessitten verboten jedoch, daß ein Edelfräulein durch Arbeit ihr Brot verdiene. So beschloß der unglückliche Vater, seine Töchter dazu anzuhalten, daß sie allabendlich ihren Körper gegen Geldgeschenke den Männern der Stadt hingeben sollten, damit sie nicht zu verhungern brauchten. Als der Heilige das hörte, war er entsetzt und sann auf Abhilfe. Er nahm ein Säckchen voll Goldmünzen und warf es durch das offene Fenster in das Schlafzimmer der Mädchen. Am Morgen fand sich das Gold. Der freudig überraschte Vater gab es seiner ältesten Tochter als Heiratsgut. Nikolaus warf nun ein zweites Mal ein Geldsäckchen in das Haus, so daß auch die zweite Tochter ausgesteuert werden konnte. Nun beschloß der überglückliche Edelmann, jede Nacht zu wachen um herauszufinden, wer ihm helfe. Als der Heilige ein drittes Säckchen mit Gold durch das Schlafzimmerfenster warf, hörte es der Vater. Er eilte aus dem Hause und lief Nikolaus nach. Als er ihn eingeholt hatte, warf er sich vor ihm auf die Knie und wollte die Füße küssen, doch der Heilige verwehrte es ihm und verbot ihm, so lange er lebte etwas davon zu erzählen.

Kind und Legende

Nach diesem knappen – durch pädagogische Gesichtspunkte noch nicht gefilterten – Überblick über die Sache selbst ist es an der Zeit, den Bezug zum Kind und zum Kindergarten zu suchen.

Das Vorschulkind hört gern märchenhafte Geschichten, es läßt sich von wundersamen Erzählungen gefangennehmen, wenngleich der Sechsjährige bereits aus dem magischen Alter heraustritt, die Unterscheidung zwischen Fiktion und Wirklichkeit sucht. »Das ist ja nur ein Märchen!« hören wir oft als kritische Stellungnahme Erzählungen gegenüber. Diese realistische Haltung findet man in der kindlichen Entwicklung früher als noch vor einigen Jahren angenommen wurde, da man die »participation mystique«, die Einbettung in eine magische Weltsicht bis zum 8. Lebensjahr vermutete. Das ungewöhnliche Geschehen der Legende wird vom Kind zwar gerne aufgenommen, aber – besonders von den Älteren – in den Rahmen des Märchens verwiesen.

Der Aufbau der Legende als einfacher literarischer Form bereitet ebenfalls keine Schwierigkeiten für das kindliche Verständnis. Der teilweise etwas altertümlich anmutenden Schriftsprache der Legende steht das Kind jedoch ablehnend gegenüber, sie müßte in eine mündliche Erzählsprache der heutigen Zeit übersetzt werden.

Zielsetzung für die Praxis

Aus diesen Überlegungen heraus ergeben sich mögliche Ziele für die Auseinandersetzung mit der Legende im Vorschulbereich. Ein der ursprünglichen Absicht entsprechender Einsatz der Legende als Glaubensbestärkung dürfte weder möglich noch erwünscht sein. Wer dem Kind Legenden erzählt, darf nicht verlangen, daß die hier berichteten wundersamen Begebenheiten für wahr gehalten werden. Die kritische Stellungnahme des Kindes, das den Gegensatz zwischen Phantasie und Wirklichkeit gerade entdeckt hat, muß erlaubt, ja sogar angestrebt sein. Ein Beharren auf der Glaubwürdigkeit, etwa mit dem Hinweis auf die von Gott gewirkten Wunder, würde das Kind verunsichern, der Erziehung zur Kritikfähigkeit entgegenwirken. Wenn ein Märchen erzählt wird, gibt es für das Kind keine Probleme mit dem Wirklichkeitsbezug, bereits bei der Ankündigung dieser Art von Geschichten ist der junge Hörer gewillt, alles, was nun folgt, in einen Bereich einzuordnen, der jenseits der Realität liegt, in dem nichts unmöglich ist. Das Kind vergewissert sich nur noch manchmal, daß dies doch ein Märchen und somit nicht wahr sei. Auf dieses Erkennen der Märchenwelt mit Eigengesetzlichkeiten arbeiten wir im Kindergarten bewußt hin, ohne dadurch die Märchen zu entzaubern oder weniger begehrenswert zu machen.
Da nun einerseits Legenden keine Märchen sind, und wir auch kaum ein Märchen vom hl. Nikolaus erzählen können, andererseits der Glaube an das Wunder in der Legende als wirkliches Geschehen vom Kind nicht zu verlangen ist, ergibt sich eine Alternative, die nicht nur als Ausweg gelten kann, sondern im Sinne einer literarischen Erziehung notwendige Einsichten weckt: Legenden sollten – ihrer wirklichen Art entsprechend – als Geschichten dargestellt werden, die sich die Leute vor langer Zeit über Heilige erzählt haben. Folgende Gedankengänge sind auch dem Kind einsichtig: Über bekannte Personen möchte man möglichst alles erfahren, deshalb sind viele Geschichten über sie in Umlauf. Wir wissen nicht immer genau, ob alle diese Geschichten wahr sind. Je älter die Geschichten sind, um so weniger können wir sie nachprüfen. Von Heiligen erwartet man, sie müßten etwas ganz Besonderes vollbracht haben. Über sie gibt es viele wundersame Erzählungen. Solche Berichte lassen sich heute nicht mehr nachprüfen.
Der Zusammenhang mit der literarischen Erziehung besteht nun darin, daß Kinder möglichst früh Literatur in ihrem ursprünglichen Bezug, in ihrem Wirkzusammenhang zwischen Autor und Leser in bestimmten Situationen zu sehen lernen. Dieser Anspruch soll nicht etwa als überzogene Vorstellung eines schulischen Literaturunterrichts gelten. Im Kindergarten genügt es, wenn bei der Konfrontation mit Literatur zugleich die Existenz eines Autors registriert wird. Geschichten sind von jemandem erdacht, aufgeschrieben. An diese Erkenntnis lassen sich ohne Schwierigkeiten die Einsichten anschließen, daß man mit Geschichten auch etwas erreichen kann, daß sie zu

bestimmten Zwecken aufgeschrieben wurden. Nebenbei geäußerte Einschübe der Erzieherin: »*Hier hat jemand eine Geschichte aufgeschrieben, damit wir etwas zu lachen haben*« oder »*... damit wir etwas über ... erfahren*« können diese Sichtweise auf Intention und Wirkung von Literatur durchaus anbahnen.

Die Hilfsbereitschaft des hl. Nikolaus zu zeigen, könnte als Absicht von Nikolauslegenden herausgestellt werden. Darüber hinaus wäre eine Verbindung zwischen Brauchtum und erklärenden Geschichten eine sich hier zwanglos ergebende Zielsetzung, das Verständnis für die später angebotenen ätiologischen Erzählungen (z. B. Sagen) ließe sich hier anbahnen, vom kindlichen Bedürfnis nach Begründungen, das sich schon früh in den vielen Warum-Fragen äußert, könnte ausgegangen werden. Zusammengefaßt würden mögliche Zielsetzungen im Umgang mit Nikolauslegenden also lauten:

Die Kinder sollen:

– Nikolauslegenden als Erzählungen kennenlernen, die überliefert wurden, um besonders die Hilfsbereitschaft des hl. Nikolaus zu zeigen,
– erkennen, daß es schwierig ist, die Wahrheit einer Legende zu überprüfen,
– die Verbindung zwischen Brauchtum und erklärenden Erzählungen entdecken.

Auswahlgesichtspunkte

Zu überlegen ist nun, anhand welcher Legenden die Ziele zu verwirklichen sind. Die Legende von der Aussteuer kann in der vorgegebenen Urfassung auch bei ernsthaft betriebener Geschlechtserziehung im Kindergarten wohl nicht erzählt werden, weil das Phänomen der Prostitution außerhalb des kindlichen Verständnisses liegt. Informationen hierüber sind erst möglich, wenn über Fragen der eigenen Geschlechtlichkeit und über sexuelles Normalverhalten Klarheit gewonnen ist. Konsequenzen wären nun, entweder diese Legende ganz zu verschweigen oder sie um den Entschluß des Vaters, die Töchter auf die Straße zu schicken, zu verkürzen oder – wie in Lesebüchern geschehen – diese Legende abzuändern. So finden wir etwa in einem Schulbuch (Lesebuch 3, Stuttgart: Klett) die Erzählung, wie Nikolaus für die hungernden Kinder eines armen Mannes, der wegen einer Krankheit nicht arbeiten kann, jeweils einen Sack mit Getreide, Kleidung und Schuhen durchs Fenster in die Stube reicht. Ich würde zur zweiten Möglichkeit raten, die Legende verkürzt anzubieten, denn die Hilfsbereitschaft des Heiligen scheint mir auch so genügend deutlich zu werden.

Eine weitere Thematisierung der gleichen Eigenschaft des Heiligen liegt in der Legende von der Kornvermehrung vor. Hier wird zusätzlich das Wunder eingesetzt, damit Nikolaus anderen helfen kann. Durch das Erzählen der beiden Legenden mit dem gleichen Kerngedanken »Nikolaus hilft, er verteilt Gaben« könnte ein Schritt zur Relativierung des Inhalts zugunsten des

dahinterstehenden Anliegens getan werden. Die Einzelgeschichte verliert etwas von ihrer Wichtigkeit, erscheint austauschbar, als Veranschaulichungsmittel für einen Gedanken, ein Anliegen, das dadurch stärker in den Mittelpunkt rückt. Zu betonen ist dabei noch einmal, daß es sich im Kindergarten hier nur um ein Anbahnen solcher Zusammenhänge handeln kann, die freilich von der Erzieherin bereits voll durchschaut werden sollen.
Es sollen nun einige Ausführungen über Umsetzungsmöglichkeiten der vorstehenden Gedanken folgen. Dabei ist vorauszuschicken, daß hier nur einer von vielen möglichen Wegen aufgezeigt wird, von dem nicht einmal mit Bestimmtheit gesagt werden kann, daß er der beste sei.

Erste Tageseinheit: Was wissen wir vom Nikolaus?

Kurze Zeit vor dem Nikolaustag wird im Kindergarten von der Erzieherin die Frage gestellt: Soll der Nikolaus zu uns kommen? In dem sich anschließenden Gespräch wird den Kindern Gelegenheit zum Ausdruck gegeben. Auch schüchterne Kinder können hier direkt um ihre Meinung befragt werden. Die Möglichkeit, über Angstgefühle zu sprechen und so die Angst zu bewältigen, bietet sich hier an, sie soll von der Erzieherin nicht beschnitten werden.
Nach der zu erwartenden Zustimmung zum Nikolausbesuch ist die Frage zu klären: Wie verständigen wir den Nikolaus von unserem Wunsch? Hier bekommt die Erzieherin einen Überblick über die Vorstellungen der Kinder, die vom märchenhaften Glauben an die Schlittenfahrt aus dem Himmel auf die Erde bis zu der realistischen Information reichen, wo man telefonisch einen Studenten-Nikolaus bestellen kann. Das Gespräch wird in der Frage gipfeln: Gibt es denn überhaupt einen richtigen Nikolaus? Nun berichtet die Erzieherin darüber, was wir vom hl. Nikolaus wissen. Natürlich wird sie auch dabei zunächst den Kindern Gelegenheit geben, ihr eigenes Wissen zu äußern. Die Kinder erfahren, daß der »echte« Nikolaus ein Bischof war, daß er vor vielen hundert Jahren gelebt hat, daß er in einer Stadt am Mittelmeer zu Hause war (Myra und die Türkei als heutiger Name für dieses Land kann durchaus erwähnt werden) und daß am 6. Dezember sein Gedenktag ist, der am Vorabend gefeiert wird. Falls ein Klaus in der Gruppe ist, wird sein Namenstag einen neuen Bezugspunkt darstellen. Den Kindern soll deutlich werden, daß dies eigentlich recht wenig ist, was wir von Nikolaus wissen. Darüber hinaus erzählt man aber, daß der Bischof Nikolaus ein sehr guter Mensch gewesen sei, der allen Leuten geholfen hat. Gemeinsam tragen wir Möglichkeiten zusammen, wie ein Bischof den Leuten helfen könnte (Geschenke, Geld, Lebensmittel, Gebete usw.). Damit sich die Leute besser vorstellen konnten, wie und wem der Nikolaus geholfen hat, schrieb man darüber viele Geschichten auf. Eine davon ist die Legende von den drei Mädchen. (Der Name Legende sollte dabei ruhig verwendet werden, ohne aber die Kinder anzuhalten, diesen Begriff zu übernehmen.)
Nun erzählt die Erzieherin die Legende von der Aussteuer (siehe S. 128):

In Myra, der Stadt des Bischofs Nikolaus, soll es einen Edelmann gegeben haben,... Anstelle der märchenhaften Erzählweise »Es war einmal« sind hier solche Einschübe »man erzählt«, »es soll«, »wie man berichtet hat« usw. angebracht, um die Besonderheit des Wirklichkeitsbezugs deutlich zu machen. Zum Begriff der Aussteuer können Kinder wahrscheinlich selbst Erklärungen beitragen. Der vergleichende Hinweis auf unsere Zeit sollte nicht unterbleiben, wo viele Mädchen das für die Heirat benötigte Geld selbst verdienen, während früher nur die Männer zur Arbeit gingen.
Die Erzieherin erzählt weiter, wie der Bischof gehört hat, daß die drei Mädchen wegen des fehlenden Geldes nicht heiraten konnten, und überlegt hat, wie er helfen könne. Bei der Art des Geschenkes könnten wir auch einschieben, daß man sich in anderen Geschichten erzählt, Nikolaus hätte Goldklumpen oder goldene Kugeln ins Fenster geworfen. Durch solche Hinweise wird der Charakter der fehlenden Authentizität mit ins Bewußtsein gerückt.
Ist die Legende erzählt, kann der Bezug zu unseren Nikolausbräuchen erfolgen: Auch heute werden die Kinder noch an die Geschenke des hl. Nikolaus erinnert, sie bekommen Äpfel anstelle der goldenen Kugeln.
Zur Abrundung dieser Gesprächs- und Erzähleinheit könnte die Gruppe noch eines der vielen Nikolauslieder erlernen.

Zweite Tageseinheit: Der Nikolaus kommt

An einem der nächsten Tage sollte dann der Nikolaus in den Kindergarten kommen. Dabei könnte die Möglichkeit, ihn in Zivil erscheinen zu lassen, vor den Kindern dann das Ankleiden zum Bischof zu vollziehen, einen Kompromiß darstellen zwischen dem völligen Verzicht auf den Nikolaus und dem üblichen Besuch eines als Bischof verkleideten Bekannten. So wäre einmal vermieden, daß Kinder eingeschüchtert, verängstigt werden und eine unkritische Haltung künstlich verlängert wird, zum anderen braucht nicht auf diese emotionale Bereicherung verzichtet zu werden, die der hl. Nikolaus für Kinder zweifellos darstellt, besonders für solche Kinder, deren Eltern sich einen häuslichen Nikolaus-Besuch mit kleinen Geschenken nicht leisten können oder die darin einen Rückschritt in einer aufgeklärten Erziehung sehen.
Der von der Erzieherin genau instruierte »Zivilnikolaus« läßt sich nun in der Gruppe von den Kindern erzählen, was sie schon vom Nikolaus wissen, dabei ergibt sich – anders als sonst – die ideale Situation für die kleinen Erzähler, einen wirklichen Zuhörer zu haben. Der Nikolaus kündigt dann an, er wolle noch eine andere Legende erzählen, die ebenfalls von der Hilfsbereitschaft des Bischofs berichtet. Er erzählt die Legende von der Kornvermehrung (siehe S. 127). Im Anschluß daran zieht der Nikolaus die mitgebrachten Gewänder an, um den Kindern zu zeigen, »wie der Bischof Nikolaus vielleicht wirklich ausgesehen hat«. Als Bischof verteilt er dann an jedes

Kind ein Säckchen mit Äpfeln und Plätzchen. Die Gruppe singt vielleicht noch ihr Nikolauslied vor und dankt dem Nikolaus für seinen Besuch. In dieser oder einer ähnlichen Art durchgespielt, könnte der Nikolausbesuch erwarten lassen, daß die Kinder zum Phänomen Nikolaus eine natürliche Beziehung, zu den Nikolauslegenden eine den Zielen einer literarischen Erziehung angemessene Einstellung finden.

Anmerkungen

Jacobus de Voragine: Legenda aurea, deutsch von R. Benz, Jena: Diederichs 1925, 3. Aufl. 1950
Meisen, K.: Nikolauskult und Nikolausbrauch im Abendlande, Düsseldorf: Schwann 1931
Rahmer, A.: Nikolauslegenden. Leben und Legenden des heiligen Bischofs von Myra, München: Slav. Inst. 1964
Rosenfeld, H.: Legende, Stuttgart: Metzler 1961, 2. Aufl. 1964

Ernst Klusen

Nikolaus komm in unser Haus

Der Bischof von Myra hat als einer der ältesten und weitverbreitetst verehrten Heiligen (seit dem 6. Jahrhundert in der morgenländischen, seit 1087 in der abendländischen Kirche) eine Fülle von Patronaten auf sich gezogen: Patron der Diebe und Schützer gegen Diebstahl, Freund der Armen, der Kinder und der Schiffbrüchigen, einer der vierzehn Nothelfer. Einige Einzelzüge, wie sein Amt als winterlicher Gabenbringer mit einem dämonischen Begleiter (Krampus, Knecht Ruprecht) scheinen auf Verbindung mit vorchristlichen Kulten zu deuten. Von alledem ist im Gedächtnis der Gegenwart eigentlich nur seine Kinderfreundlichkeit geblieben, die sein auch heute noch so beliebtes Fest prägt.
Frühe Lieder von St. Nikolaus sind – merkwürdigerweise im Gegensatz zu seiner weiten Verehrung – nur wenig überliefert und interessieren nur noch als historische Dokumente. Es sind, neben der deutschen Übersetzung eines lateinischen Nikolaushymnus »Nicolai Solemnia«, erbaulich-didaktische, wie ein mittelalterliches Lied, das ihn, als »Edelstein aller Tugend«, als einen der Nothelfer preist:

St. Nikolaus du lieber Herr,
Getreuer milder Nothelfer
Aller Bedrängten ungemein:
Ich empfehle mich der Treue dein.
(Erk-Böhme, Deutscher Liederhort, Leipzig 1893ff. Bd. III Nr. 2102)

Nicht viel anmutender ist der steife, 15 Strophen lange Festgesang aus dem 17. Jahrhundert, den ein Erzieher als Nikolausgabe »der Jugend in die Schuhe« legen wollte:

O weiser und barmherziger Prälat,
du kennst wohl unsere wankelmütige Tugend,
du weißt, wie unsre unbedachte Jugend
so oft verläßt den rechten Tugendpfad.

Aus diesen Blüten ist gewiß kein Honig mehr zu saugen, doch führen uns diese Verse die lange Tradition des mit dem Kinde verbundenen Brauchs vor: das Beschenken der Kinder, die einen Schuh in der Nikolausnacht vors Fenster setzen, um ihn morgens mit Süßigkeiten gefüllt zu finden.
Als Anregung für eine Weiterentwicklung des heutigen Nikolausbrauchs sei auf die mittelalterliche Sitte des Kinderbischofs verwiesen: am Nikolaustag spielte man »verkehrte Welt«. Ein Kind regierte als Bischof, die Schüler waren an diesem Tag die Lehrer, die Kinder hatten die Rechte der Erwachsenen. Dabei ging es so munter zu, daß weltliche und geistliche Obrigkeiten gegen diesen Brauch einschritten und ihn verboten. Ein weiterer Brauch, das Heischengehen der Kinder am Nikolaustag, wird noch von den ältesten der heute umlaufenden Nikolauslieder bezeugt. Es sind die – meist nur in bestimmten Regionen lebenden – Singverse, in denen auf die Kinderbescherung angespielt wird: war doch der Nikolaustag und nicht Weihnachten der ursprüngliche Beschertag der Kinder. Die mundartlich-regionale Sprache macht sie zwar für die allgemeine Verbreitung wenig geeignet, trotzdem aber soll ein Beispiel vom Niederrhein, aus der Gegend von Mörs, hier angeführt werden: als Anregung, auf solche Kinderverse in der eigenen Region zu achten, sie von den Kindern oder Eltern zu erfragen und sie dem lebendigen Singen wieder zuzuführen.

Die beiden bekanntesten Nikolauslieder – auf die gleiche Melodie gesungen – stammen aus dem 19. Jahrhundert. Auch sie entbehren nicht einer gewissen Lehrhaftigkeit und von Erwachsenen ausgedachten Kindertümlichkeit; doch ist die schlichte Melodie gut sangbar:

Stell das Pferdchen unter den Tisch, daß es Heu und Hafer frißt. Lustig...
Heu und Hafer frißt es nicht, Zuckerplätzchen kriegt es nicht. Lustig...

Das Mühlrad, hg. E. Klusen, Kempen/Ndrh. 1966

Auch zu dem Text gesungen:
Laßt uns froh und munter sein und uns all im Herrn erfreun!
Lustig lustig tralleralala |: Heut ist Niklausabend da :|

mit weiteren Strophen bei Grete Hahn, s. u.

Vielleicht hängt es auch mit dem Mangel an Nikolausliedern zusammen, daß diese etwas betulichen Lieder heute noch im Gebrauch sind. Jedenfalls spricht für die Lebendigkeit der Nikolausgestalt in unserer Zeit nicht nur die eher negative Tatsache, daß sie als »Weihnachtsmann« heutzutage noch in den Kaufhäusern ihr säkularisiertes (Un)Wesen treibt, sondern im positiven Sinne dies: In den letzten Jahren wurden, wohl aus der Einsicht in den Mangel an Liedern zu diesem Kinderfest, neue Lieder angeboten; ein paar von ihnen, die auch im Vorschulalter auszuführen sind, sollen hier vorgestellt, auf weitere soll verwiesen werden.
Sehr einfach zu erarbeiten ist die Melodie des auch textlich ansprechenden Liedes »Als Nikolaus Bischof von Myra war« ...

Vorspiel: Orff-Instrumente, dann

Worte: Liselotte Holzmeister
Weise: Richard Rudolf Klein

Erzähler:

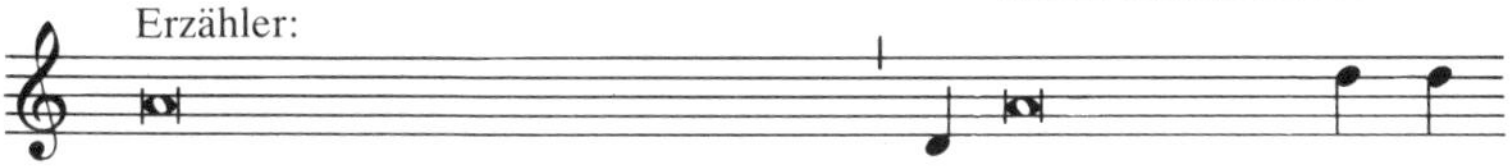

1. Als Nikolaus Bischof von Myra war, das war vor mehr als tausend Jahr,
da half er den Menschen bei Kummer und Not, den hungernden Kindern gab er Brot.
Seitdem sind die Kinder dem heil'gen Mann von ganzem Herzen zugetan. (Alle)

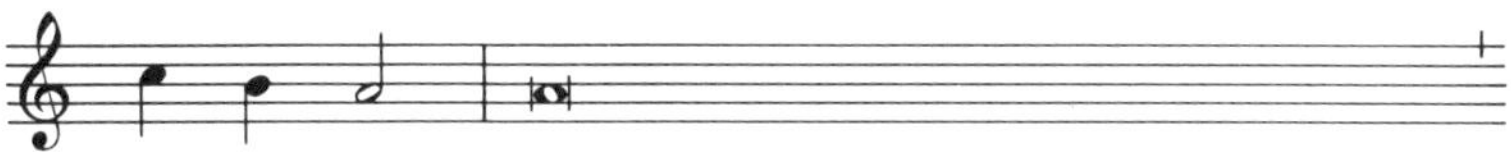

2. Den unrecht Verfolgten stand er bei, er fegte von Stürmen die Meere frei.
Den Kranken konnte er Heilung geben, den toten Kindern neu das Leben.

3. Ein Diener des Heilandes Jesu Christ Nikolaus immer gewesen ist.
Das Wort des Herrn hat er ernst genommen: »Lasset die Kindlein zu mir kommen«.

1–3 Komm auch zu uns in unser Haus,
komm, lieber guter Nikolaus!

Auf der Schallplatte: Fidulafon 1126, Fidula Verlag, Boppard
Noten: Mosaik 63

Das Lied gliedert sich in zwei Teile: der erste, rezitatorisch, ist durch einen Erzähler darzustellen; alle fallen dann mit dem Kehrreim ein. Wichtig wäre es aber, die Melodie des Erzählers mit allen Kindern einzuüben, damit die Erzählerpartie abwechselnd an verschiedene Kinder gehen kann. Der Kehrreim ist auf einfache Art auch mehrstimmig auszuführen. Zum Vorspiel und den Zwischenspielen von Str. 1–2 und 2–3 sowie als Nachspiel kann eine Instrumentalgruppe in beliebiger Besetzung herangezogen werden; sie begleitet auch die gesungenen Teile. Diese Instrumentalbegleitung kann entweder selbständig in der Gruppe erarbeitet oder nach dem in Mosaik 63 oder der Schallplatte Fidulafon 1126 gegebenen Satz ausgeführt werden. Zu überlegen wäre, ob man dem Erzähler eine Bildertafel beigibt, die in ihren einzelnen Abteilungen die Inhalte des Rezitationsteils – wie eine Moritat – verdeutlicht. So könnte das Singen des Liedes zu einer kleinen szenischen Aufführung erweitert werden.

Reizvoll ist die Melodie des folgenden Liedchens, weil es in seiner ersten Hälfte den gewohnten Dreiklangrahmen sprengt und in halbtonloser pentatonischer Fortschreitung eine schwebende Tonalität erzeugt:

Worte: Lieselotte Holzmeister; Weise: Hans Poser

Auf der Schallplatte: Fidulafon 1126, Fidula Verlag, Boppard

Somit dürften die beiden ersten Takte am schwierigsten zu erarbeiten sein. Hilfreich ist es, zunächst ohne Worte, wiederholt und langsam den ersten, dann den zweiten Takt auf Klangsilben zu singen oder zu summen, bis sich die ungewohnte Formel eingeprägt hat. Zur Unterstützung können (Orff-)In-

strumente herangezogen werden. Es wird in der didaktisch-methodischen Diskussion zu Recht darauf hingewiesen, daß bereits in der musikalischen Früherziehung Musik und Lieder zu erarbeiten seien, die das Kind aus der steten Gewöhnung an das Dur und die dreiklangsstrukturierte Melodik herausführen, um ihm die Strukturen neuerer Musik zugänglich zu machen. Dieses Lied ist auch unter diesem Gesichtspunkt gut zu verwenden.
Nun einige Hinweise, wo Noten und Schallplatten zu den angeführten Liedern und noch zu anderen zu finden sind:

Nikolauslieder 1–2stimmig mit (Orff) Instrumenten ad libitum: Mosaik 40 und 63, dazu Schallplatte Fidulafon 1126; 17/33 upm. Fidula-Verlag, Johannes Holzmeister, Boppard a. Rh. Die beiden zuletzt hier abgedruckten Lieder sind dieser Veröffentlichung mit freundlicher Genehmigung des Verlags entnommen.
St. Nikolaustag, Christophorus Verlag, Freiburg Cy 75089 17 cm/33 upm.
Lieder, Reime und Geschichten zum Nikolaustag mit 8 Seiten Begleittext, der auch die Liedertexte enthält.
Grete Hahn, Lied und Spiel, Berlin (Schroedel 1955[3]).
Gottfried Wolters, Das singende Jahr 12, Möseler, 1955.

Allen hier genannten Liedern ist eine einfache Instrumentalbegleitung ad libitum beigefügt.

Franz Kett

Sankt Nikolaus ist ein guter Mann

Vorbemerkung

St. Nikolaus ist wie St. Martin Bischof und ein Mann der Caritas. Die Gestalt des heiligen Nikolaus ist freilich noch mehr als die des Martin von vielfältigem Volkstum und Volksbrauch überdeckt, so daß der Motivationsgrund, aus dem heraus dieser Mensch handelte, oft nicht mehr so recht

St. Niklaus ist ein guter Mann F. Kett

sichtbar ist. Wir sollten wieder zum christlichen Kern des Festes durchstoßen. St. Nikolaus kündete durch seine Güte, Hilfsbereitschaft und Menschenfreundlichkeit die Güte und Liebe Gottes so überzeugend, daß wir noch heute seiner gedenken, seine guten Taten erzählen, im Spiel nachvollziehen und dadurch Freude erfahren. Versuchen wir, diesen Lebensgehalt in dem den Kindern verständlichen Liedtext (S. 137) zusammenzufassen.

Methodische, didaktische Gestaltung

Zielvorstellungen:
Die kindlichen Vorstellungen und Erwartungen zum Fest und der Gestalt des Nikolaus werden in Erfahrung gebracht.
Die Person des heiligen Nikolaus wird vorgestellt.
Drei Nikolausgeschichten sollen die Güte und Menschenfreundlichkeit dieses Heiligen sichtbar machen.

Vorstellungen und Erwartungen
Die Kinder äußern sich zu einem von der Erzieherin verfertigten und auf die Flanelltafel oder an die Wand gehefteten Nikolausbild. Sie erzählen und spielen im Rollenspiel ihre bereits gemachten Nikolauserfahrungen und sagen ihre Erwartungen. Ängste und Befürchtungen kommen unter Kontrolle, wenn die Kinder sie aussprechen dürfen.
Die Erzieherin greift die Erwartungen, die im ganzen gesehen sicher mehr zum Positiven neigen, auf. Sie fängt sie ein und verdichtet sie etwa in dem Lied: »*Laßt uns froh und munter sein*...«.

Die Person des heiligen Nikolaus
Die Erzieherin betrachtet mit den Kindern z. B. mit Hilfe eines Dias ein Nikolausbild oder eine Nikolausskulptur. Den Kindern müßte dabei erklärt werden: Der Nikolaus lebte vor langer Zeit, nicht bei uns, sondern weit von uns entfernt. Er war ein Bischof, der den Menschen von Gott erzählte. Der Bischof Nikolaus ist schon lange tot, aber er wurde nicht vergessen. Man hat Bilder vom Nikolaus gemalt, Figuren von ihm geschnitzt. Manche Kirchen tragen den Namen des hl. Nikolaus.
Die Kinder betrachten die Kleider des hl. Mannes anhand des Bildes und anhand der bereitgestellten Nikolausgewänder. Sie lernen einige Kleidungsstücke benennen, Mitra, Stola usw. Günstig wäre es, wenn unser Nikolausbild mit dem vielfach dieser Gestalt zugeteilten Symbol, drei goldenen Kugeln oder Äpfeln, ausgestattet wäre. In diesem Falle kann die Erzieherin ankündigen, sie werde heute und die nächsten Tage 3 Geschichten vom Nikolaus erzählen, 3 gute Taten des Mannes schildern. Jede Kugel, jeder Apfel sei das Zeichen einer guten Tat. Dieser guten Taten wegen ist Nikolaus auch nicht vergessen.
Was die Wahl der Geschichten betrifft, so erweist sich von den alten

Legenden die vom Getreidekauf als günstig. Es scheint mir aber auch legitim, das Verständnis für die Gestalt des hl. Nikolaus zu vertiefen, indem ich *diese* Legende durch *eigene* Legendenbildung unterfange. Durch selbsterfundene Nikolausgeschichten, die die Situation unserer heutigen Kinder direkt treffen, mit deren Gestalten sie sich identifizieren können, suche ich die theologische Aussage des Textes (siehe oben angeführten Liedtext) noch mehr zu verdeutlichen.

Drei Nikolausgeschichten

Die Geschichte vom kranken Anton

Die Geschichte wird mittels Stabpuppen erzählt. Die Personen der Geschichte sind Anton und Nikolaus. Anton wird als Junge, der krank zu Hause liegt, vorgestellt. Nikolaus besucht ihn.

Das ist Anton.
Anton ist 6 Jahre alt.
Er spielt gerne auf der Straße mit seinen Freunden.
Besonders gerne spielt er Fußball.
Aber heute ist Anton zu Hause.
Er muß im Bett liegenbleiben.
Anton ist krank.
Er hat Fieber.
Ganz allein liegt er zu Hause.

Mutter ist nämlich in der Arbeit.
Seinen Vater kennt der Anton nicht.
Alle paar Stunden kommt die Nachbarin.
Sie guckt nach, wie es Anton geht.
Anton findet es im Bett schon gar nicht schön.
Niemand ist da, mit dem man sich unterhalten kann,
mit dem man spielen kann.
Anton beginnt zu weinen.
Ach, wenn die Mutter nur bald zurückkäme.

In diesem Augenblick kommt Nikolaus des Weges.
Nikolaus kennt Anton.
Nikolaus hat Anton schon öfters beim Fußballspielen zugesehen.
Jetzt macht Nikolaus einen Spaziergang.
Er will etwas frische Luft einatmen.
Er will sich erholen.
Nikolaus kommt an dem Haus vorbei, in dem Anton wohnt.
Nikolaus hört den Jungen weinen.
Er sagt: Das ist ja Anton.
Was ist mit Anton los?
Ich will nachsehen.
Nikolaus läutet.
Er betritt das Haus.
Ja tatsächlich, Anton liegt im Bett.
Nikolaus spricht:
Anton, wie geht es dir?

Nikolaus streicht über Antons Kopf.
Du hast ja einen ganz heißen Kopf.
Du hast ja Fieber.
Nikolaus schüttelt dem Anton das Kissen, die Bettdecke.
Aus der Tasche holt er einen schönen, roten Apfel. Er schält ihn ab, schneidet ihn in Stücke, legt ihn auf einen Teller und sagt:
Laß ihn dir gut schmecken.
Jetzt hält er Anton die Hand.
Das ist schön.
Jetzt fühlt sich Anton nicht mehr so allein.
Anton freut sich.

Alle fassen sich an den Händen, um zu erspüren, wie schön es ist, wenn man sich an der Hand hält. Der Inhalt der Geschichte wird dabei, von den Kindern in einer Liedstrophe verdichtet, eingesungen.

Anton friert und ist sehr krank.
St. Niklaus hält ihn bei der Hand.
St. Niklaus ist ein guter Mann.
Er hilft den Kindern, wo er kann.
Tralalalala …

Die Kinder spielen die Erzählung im Rollenspiel nach, sie gestalten sie zeichnerisch.

Die Geschichte vom zerbrochenen Fenster

Die Geschichte ließe sich gut an der Flanelltafel erzählen. Aus Pappkarton ausgeschnittene Figuren, rückseitig mit Haftstreifen versehen (es genügt auch Glaspapier zu diesem Zweck), stellen folgende Personen dar: Anton, Michael, Peter, Claudia, Cornelia, der Herr Petronius und dann St. Nikolaus. Ich stelle die Figuren vor und bringe sie ins Spiel, indem ich sie auf das Flanelltuch hefte.

Das ist Anton.
Hier ist Michael, der eine Straße weiter wohnt.
Das ist Michaels Freund, der Peter.
Zwei Mädchen spielen mit,
Claudia, sie wohnt gegenüber von Anton,
und Cornelia.
Und hier ist ihr schöner, schöner Fußball.
Schade nur, die Kinder haben keinen richtigen Spielplatz.
Sie spielen auf der Straße.
Das ist sehr gefährlich *(Klären!)*
Heute spielen sie im kleinen Hof hinter Peters Haus.
Auch das ist nicht ungefährlich! *(Klären!)*
Ja und jetzt passiert ein Unglück.
Michael schießt den Ball aus Versehen in das Fenster des Petronius.
Es klirrt.
Die Fensterscheibe ist zerbrochen.
Der Ball ist verschwunden.

Die Kinder stehen starr vor Schreck.
Was werden sie jetzt tun? *(Die Kinder Möglichkeiten suchen lassen!)*

Schon kommt Herr Petronius wütend aus dem Haus.
»Wo ist der Übeltäter«, ruft er rot vor Zorn.
Michael sagt leise: »Ich war's.«
Petronius packt Michael an den Schultern.
Er schüttelt ihn hin, er schüttelt ihn her.
Er droht dem Jungen, ihn sofort zu seinem Vater zu führen.
Der muß den Schaden bezahlen.
50 Mark, so viel wird das Fenster kosten,
vielleicht auch noch mehr.
Der Michael fängt zu weinen an.
Er jammert.
Er sagt: »Ich hab's doch nicht mit Absicht getan.«
Jetzt zieht Michael seine Geldbörse aus der Hosentasche.
Es ist eine Mark darin.
Er will sie Herrn Petronius geben.
Der lacht nur.
»Was, mit einer Mark soll ich ein neues Fenster bekommen?
Nein, damit ist es nicht abgetan.«

In diesem Augenblick kommt Nikolaus daher.
Er hört Michael weinen.
Er sieht die verstörten Gesichter der Kinder.
Er läßt sich die traurige Geschichte von den Kindern und Herrn Petronius erzählen.
»Ja, es ist schon schlimm, wenn Kinder keinen richtigen Spielplatz haben«, denkt Nikolaus.
»Freilich hätten sie in diesem engen Hof auch nicht Ball spielen sollen.«
Nikolaus versucht, Herrn Petronius zu beruhigen.
Lassen Sie das Fenster wieder neu einglasen.
Die Rechnung schicken Sie mir, ja so spricht Nikolaus.
»Und vielleicht sollten wir uns doch mal überlegen,
ob wir für die Kinder nicht einen Spielplatz bauen können.«

Die Erzieherin faßt den Inhalt der Geschichte in der Liedstrophe zusammen:

Der Michael schießt den Ball, doch Schreck!
Es klirrt das Fenster, es ist weg.
St. Niklaus ist ein guter Mann.
Er hilft den Kindern, wo er kann.
Tralalalala...

Die Kinder übernehmen die Rollen und spielen und malen die Nikolausgeschichte.

Die Geschichte vom Getreideschiff

Die Erzieherin erzählt sie anhand eines mit den Kindern gestalteten Wandbildes. Es stellt eine Stadt am Meer dar. Häuser wurden gemalt, ausgeschnitten und aufgeklebt. Die Wogen des Meeres wurden aufgemalt. Ein Leuchtturm zeigt den Schiffen den Weg in den Hafen. Männer, Frauen,

Kinder stehen am Ufer. Sie halten Ausschau nach einem Schiff. Die Geschichte zu diesem Bild lautet so:

Das ist die Stadt Smyrna.
In der Stadt ist große Not.
Es gibt kein Getreide mehr.
Die Bäcker haben kein Mehl mehr.
Sie können kein Brot backen,
keine Semmeln, keine Brezeln.
Die Mütter können keine Pfannenkuchen, keine Rohr- und Dampfnudeln mehr backen.
In der ganzen Stadt hungern die Menschen.
Den Kindern schmerzt der Bauch vor Hunger.
Manche weinen.
Ja, es ist große Not, großes Jammern in der Stadt.
Da ertönt plötzlich der Ruf:
Ein Schiff, ein Schiff ist in Sicht.
Ein Schiff, das Getreide bringt.
Tatsächlich, das Schiff ist voll beladen mit Getreidesäcken.
Die Menschen aus der Stadt, die Großen, die Kleinen, sie rennen zum Hafen.
Sie halten Ausschau.
Sie warten bis das Schiff in den Hafen läuft.
Jetzt liegt es am Anker.
Doch, oh weh, das Getreide ist teuer.
Wer kann es sich leisten?
Nur ganz wenige haben so viel Geld, um einen Sack zu kaufen.
Viele Menschen müssen zusehen,
wie einige wenige alles Getreide kaufen.
Doch jetzt sehe ich Nikolaus.
Auch er hat gehört, daß ein Schiff im Hafen auf Anker ging,
ein Schiff mit Getreide voll beladen.
Nikolaus sieht die Not der Menschen.
Er selber leidet Hunger.
Er spürt, hier muß ich helfen.
Er nimmt sein goldenes Kreuz,
den schönen goldenen Hirtenstab,
den kostbaren Ring.
Er gibt sie dem Händler auf dem Schiff.
Er kauft Getreide.
Er verteilt es an die Armen der Stadt.
Die atmen auf und sagen:
Nikolaus, wir danken dir.

Auch hier verdichtet die Erzieherin die Erzählung wieder im Lied und läßt die Geschichte im Spiel und Malen zum Ausdruck kommen.
Der Liedtext heißt:

Die Kinder leiden große Not.
Sie hungern sehr und hab'n kein Brot.
St. Niklaus ist ein guter Mann.
Er hilft den Menschen, wo er kann.
Tralalalala...

Die Nikolausfeier

Die einzelnen Gruppen des Kindergartens versammeln sich am Nachmittag oder am Vorabend gemeinsam in einem geeigneten Raum. Die Leiterin stellt den »Nikolaus« vor, z. B. den Pfarrer oder einen Vater. Die Kinder begrüßen ihn mit einem Nikolauslied. Die Kinder dürfen den »Nikolaus« anziehen. Die Kinder spielen nun eines oder mehrere der Rollenspiele. Die Erzieherinnen übernehmen bei ihrer Gruppe die Rolle des Erzählers. Nach dem Spiel geht die Erzieherin auf den christlichen Kern der Nikolausgestalt ein. Er wird in einer 4. Strophe zusammengefaßt:
Nach dieser gemeinsamen Feier zieht jede Gruppe in ihren Gruppenraum, wo inzwischen Kerzen angezündet wurden, Gebäck auf dem Tisch steht. Es kommt zu dem alten traditionellen Nikolausspiel. Der »Heilige« besucht jede Gruppe, wo er mit Spannung erwartet wird. Er kündigt sich durch Klopfen oder Klingeln an. Er begrüßt die Kinder mit einem Spruch:

Grüß Gott, ihr Kinder hier im Haus,
jetzt bin ich da, der Nikolaus.
Ich freue mich, euch hier zu sehn.
Hier kann man nicht vorübergehn.
Ich hab euch auch was mitgebracht,
was Kindern große Freude macht.
Äpfel, Nüsse, Mandelkern
und gar manchen Zuckerstern.

Nikolaus verteilt seine Mitbringsel. Er setzt sich noch einige Zeit an den Tisch. Dann geht er in die nächste Gruppe.

IV Advent und Weihnachten

Claus Bussmann

Worum geht es eigentlich bei Weihnachten?

Wer mit Kindern Weihnachten feiern will, muß sich selbst immer wieder fragen, worum es eigentlich geht. Die folgenden exegetischen und liturgiegeschichtlichen Überlegungen wollen diese Fragen klären helfen. Dabei geht es um grundsätzliche Informationen für den Erzieher, woraus dann religionspädagogische Konsequenzen resultieren können.

Weihnachten ist unvermeidlich. Aber doch nur dann, wenn man den 25. Dezember mit Weihnachten gleichsetzt. Für uns ist diese Gleichsetzung eine Banalität; so sehr, daß auch kein antikirchlicher und unchristlicher Zeitgenosse auf die Idee käme, man dürfe doch den Begriff Weihnachten nur in der Kirche gebrauchen. Hat aber die selbstverständliche Gleichsetzung vom 25. Dezember und Weihnachten einen festen Grund?
In den letzten Jahren war oft davon die Rede, Weihnachten sei zu einem Fest der Geschäftemacherei »entartet«. Dieser Gedanke soll hier nicht weiter erörtert werden, er hat aber erkennen lassen, daß zumindest der Anspruch erhoben wird, Weihnachten sei mehr als ein Datum. Es gibt noch andere Aussagen, die einen solchen Anspruch erkennen lassen. Sätze wie: »Weihnachten ist das Fest der Geburt Jesu Christi«, oder »Weihnachten ist das Fest der Liebe und des Friedens«, deuten darauf hin, daß für Christen eine ganze Reihe von Gedanken anklingt, wenn es um Weihnachten geht. Jedenfalls kann man das alles dem 25. Dezember nicht auf Anhieb ansehen. Worum geht es also, wenn wir Weihnachten feiern?
Auf diese Frage soll im folgenden eine Antwort versucht werden. Sie stützt sich auf eine Auslegung der beiden ersten Kapitel des Matthäus-Evangeliums und eine Betrachtung der Geschichte des Weihnachtsfestes in der frühen Kirche.

1. Die »Vorgeschichte« Jesu nach Matthäus[1]

Nach allem, was wir wissen, haben die christlichen Gemeinden des 1. und 2. Jahrhunderts nicht Weihnachten gefeiert (siehe unter Punkt 2). Ganz bestimmt nicht so, wie wir heute Weihnachten feiern, aber wohl auch nicht als Geburtstag Jesu. Noch im 3. Jahrhundert war das Geburtsdatum Jesu strittig, genannt wurden der 20. Mai (in Ägypten), der 28. März (in Rom); der 25. Dezember kann zum ersten Mal im Jahre 336 als Feiertag der Geburt Jesu nachgewiesen werden.

Für die »Vorgeschichten« des Matthäus-Evangeliums (Stammbaum Jesu, Geburt Jesu, Huldigung der Magier – die sog. Heiligen drei Könige, Flucht nach Ägypten, Kindermord in Bethlehem, Rückkehr aus Ägypten) ist diese Erkenntnis insofern wichtig, als damit klar wird, daß Matthäus kein »Weihnachts-Evangelium« geschrieben hat. Der Zusammenhang, aus dem heraus die Texte verstanden werden wollen, ist zunächst nicht unser Weihnachtsfest, sondern das Matthäus-Evangelium als Ganzes. Warum? Weil der Verfasser des Matthäus-Evangeliums (den wir hier der Einfachheit halber Matthäus nennen) dafür verantwortlich ist, daß seine Evangelienschrift nicht erst, wie das Markus-Evangelium, mit der Taufe Jesu durch Johannes beginnt, sondern einen »Vorspann« bekam, die »Vorgeschichte«, die die bereits genannten Einzelgeschichten enthält.
Der Eindruck, der jetzt entstanden sein könnte, daß Matthäus die Einzelgeschichten verfaßt hätte, wird allerdings bei näherem Hinsehen nicht bestätigt.[2] Kapitel 2 enthält Geschichten, die schon vor Matthäus existierten, die er also nur noch bearbeiten konnte. Aus Kapitel 1 haben sowohl der Stammbaum, wie auch die geistgewirkte Empfängnis und die Geburt Jesu in Bethlehem eine Parallele im Lukas-Evangelium; dennoch scheint die Bearbeitung durch Matthäus im 1. Kapitel stärker zu sein als im 2. Die Auslegung muß nun fragen, welche Aussagen sich aus den Einzelgeschichten, der matthäischen Bearbeitung, ihrer Zusammenstellung und ihrer Zuordnung zum ganzen Evangelium erkennen lassen. Der Schwerpunkt der Untersuchung wird dabei auf Kapitel 2 liegen, weil besonders die Huldigung der Magier in Liturgie und Katechese eine wichtige Rolle spielt.

Der Stammbaum (1,1–17)

Telefonbücher enthalten – so ein bekannter Witz – »viele Namen, aber wenig Handlung«. – Einen solchen Eindruck macht auch der Stammbaum Jesu. Kinder bezeichnen ihn spontan als langweilig. Das besagt aber noch nichts darüber, ob er nicht doch etwas zu sagen hat. Ahnenforschung war auch in Deutschland einmal sehr gefragt: Es geht um die Abstammung. Wenn man zeigen kann, daß jemand von guten Eltern stammt (früher: von guten Vätern), dann ist das für seine Beurteilung von Vorteil. Wenn man nun sogar zeigen kann, daß Jesus aus dem Geschlecht Davids stammt, dann ist damit im jüdischen Verständnis eine erste wichtige Voraussetzung seiner Messianität erfüllt. Der Stammbaum zeigt auf, daß Jesus ein Sohn Davids ist.
Die Linie geht aber noch weiter. Er ist auch ein Sohn Abrahams. Damit wird gesagt, daß in ihm nicht nur die Verheißung an David für Israel (2 Sam 7,14–16: Ewiger Bestand von Davids Thron = Herrschaft), sondern auch die Verheißung an Abraham für die Völker (Gen 12,3: In dir werden sich Segen wünschen alle Völker der Erde) erfüllt wird. Ganz verhalten klingen Themen an, die im weiteren Verlauf des Matthäus-Evangeliums entfaltet werden.
Schließlich macht der Stammbaum noch eine dritte Aussage. Sehen wir uns

den Vers 16 näher an: »Jacob zeugte Josef, den Mann Marias; aus ihr wurde Jesus gezeugt, der der Messias heißt.« Warum lautet der Vers nicht, wie es dem Schema des ganzen Stammbaumes entsprechen würde: Josef zeugte Jesus aus der Maria? Im Vers 5 hieß es: Salma zeugte Boas aus der Rahab, in Vers 6: David zeugte Salomo aus der Frau des Uria. In einem so schematischen Aufbau kann eine Abweichung nicht zufällig sein. Nun weiß man, daß in der biblischen Sprache das Passiv (hier: wurde gezeugt) oft verhüllend ein Handeln Gottes meint. Dazu kommt, daß der anschließende Abschnitt von der Geburt Jesu deutlich betont, daß Josef nicht der Vater Jesu ist. Das heißt: In dieser Abänderung des »Zeugungsschemas« in Vers 16 wird bereits die dritte Aussage greifbar, die Matthäus machen will: Jesus ist nicht nur der Sohn Abrahams und der Sohn Davids, er ist der Sohn Gottes.

Die Geburt Jesu (1,18–25)

Man kann diesen Abschnitt als erweiterte Fußnote zum Stammbaum bezeichnen. Was in Vers 16 durch eine kleine Abänderung des »Zeugungsschemas« angedeutet wurde, ist hier breiter entfaltet. Ohne daß der Begriff »Sohn Gottes« genannt wird, ist von der Gottessohnschaft Jesu die Rede. Einmal geschieht das durch den Hinweis, daß die Empfängnis Jesu vom Heiligen Geist bewirkt ist. Sodann durch die Erklärung des Namens Jesus: »Er wird sein Volk von ihren Sünden erretten.« Wo Errettung von Sünden geschieht, ist Gott am Werk. Schließlich durch das sogenannte Reflexionszitat: Ausdrücklich ist in Vers 22 vom Wort des Herrn (also Gottes) die Rede, nicht, wie meistens, vom Wort des Propheten; dem entspricht, daß der Begriff »Sohn« gebraucht wird, während im 2. Kapitel, wenn vom Verhältnis des Josef zu Jesus gesprochen wird, der Begriff »Kind« begegnet; Immanuel = »Gott ist mit uns« unterstreicht, wie sehr Matthäus daran liegt, von Jesus als dem Sohn Gottes zu reden. Man kann vermuten, daß Matthäus den Begriff Sohn Gottes nur deshalb nicht schon hier verwendet, weil Gott selbst in der Taufszene Jesus als seinen Sohn proklamieren wird (3,17).

Huldigung der Magier – Flucht – Kindermord – Rückkehr (2,1–23)

Das 2. Kapitel, das hier als eine Einheit verstanden wird, bietet uns lebendige, dramatische Geschichten. Sie erzählen vom Schicksal des Messiaskindes. Diese Geschichten sind bekannt und spielen in der Liturgie von Weihnachten, in der Katechese und in der bildenden Kunst eine große Rolle. Es verwundert daher nicht, daß sie oft als Bericht über die ersten Lebenstage bzw. Jahre Jesu verstanden wurden. Doch das ist ein Mißverständnis. Der Evangelist will vielmehr die Bedeutsamkeit Jesu aufzeigen, wer er ist und welchen Anspruch er erhebt. Dabei bedient er sich eines Mittels, das im jüdischen Raum zur Zeit Jesu sehr beliebt war: der Kindheitslegende. Alles, was einen bedeutenden Erwachsenen (z. B. Mose)

auszeichnet, kommt schon in seiner Kindheit zum Vorschein. Wenn wir diesen Gedanken als Schlüssel für das 2. Kapitel des Matthäus-Evangeliums benutzen, läßt sich eine widerspruchslose Erklärung erreichen; sie geht davon aus, daß Matthäus eine Geschichte vorgefunden hat, die in Anlehnung an die jüdische Erzählung von der Verfolgung des Mose durch den Pharao gebildet und mit der Magiererzählung verbunden worden war; an einigen Stellen hat Matthäus diesen Komplex mit eigenen Akzenten versehen.
Die Huldigung der Magier, Heiden vom jüdischen Standpunkt aus, führt den Gedanken der Abrahamsohnschaft weiter. Der Zug der Heiden zum Sion=Jerusalem wird auch in Israel erwartet (Jes 2); hier ist er abgewandelt: Nicht der politische Führer eines morbiden Jerusalem (alle erschrecken mit dem König), sondern das Kind trägt den Segen Gottes. – Der Geburtsort Bethlehem liegt in der Linie der Davidssohnschaft, das alttestamentliche Zitat untermauert die These, daß Jesus der erwartete Messias ist. – Der sich abzeichnende Konflikt zwischen dem neugeborenen Jesus und dem Jerusalemer König Herodes nimmt das spätere Schicksal des erwachsenen Jesus schon vorweg: Er stößt auf Ablehnung bei seinem Volk. Man darf wohl sagen, daß sich in der Hervorhebung der Annahme Jesu durch die Heiden eine vielleicht leidvolle Erfahrung der stärker am Judentum orientierten Kirche des Matthäus-Evangeliums niedergeschlagen hat.
Auch das Thema der Gottessohnschaft Jesu wird im 2. Kapitel wieder angesprochen. Einmal durch die Notiz, daß die Magier »sich zu Boden warfen und ihm huldigten«, sodann durch den Abschluß der Fluchterzählung, des Reflexionszitates, das wieder, wie Vers 22, als Wort des Herrn (Gottes) eingeführt wird: Aus Ägypten rief ich meinen Sohn. Die schriftstellerische Genauigkeit des Matthäus wird hier deutlich: Er benutzt nicht, wie sonst häufig, den griechischen Text des AT als Quelle (»aus Ägypten rief ich seine Kinder«), sondern den hebräischen, weil dort der Singular gebraucht wird.
Beachtung verdient schließlich die Parallele Jesus – Mose. So wie Mose ist Jesus bereits als Kind in Lebensgefahr und wird wunderbar errettet; so wie Mose wird er von dem eigenen Volk abgelehnt und erweist sich dennoch als der Befreier.
Sind das alles weihnachtliche Gedanken? Vielleicht auf den ersten Blick nicht, weil ihnen die anheimelnde und stimmungsvolle Note fehlt. Wenn aber Weinnachten wirklich das Geburtsfest Jesu sein soll, dann muß von der Bedeutung Jesu geredet werden, von seinem befreienden Auftreten unter den Juden, von der befreienden Kraft seiner Botschaft unter den Heiden, von dem Ver-söhnungsangebot Gottes, das uns in Jesus begegnet.

2. Die frühe Geschichte des Weihnachtsfestes
Das Weihnachtsfest im Römischen Reich

Die christlichen Gemeinden in der Zeit von 100–300 n. Chr. haben die »Vorgeschichte« des Matthäusevangeliums gekannt, geschätzt und sicher auch vorgelesen, aber nicht an Weihnachten; denn – das wurde bereits gesagt – das Weihnachtsfest wurde in den ersten drei Jahrhunderten noch nicht gefeiert. Unbestrittener Höhepunkt des Kirchenjahres war Ostern.

Welche Wurzeln hat das Weihnachtsfest? An dieser Stelle ist eine Erläuterung notwendig. Strenggenommen muß man nämlich im 4. Jahrhundert von zwei Weihnachtsfesten sprechen: dem 25. Dezember im Westen des Römischen Reiches und dem 6. Januar im Osten. Es gibt nun die Meinung, das Weihnachtsfest am 25. Dezember sei durch Berechnung des Geburtstages Jesu entstanden. Doch läßt sich diese Meinung nicht gut aus den Quellen erhärten. Einsichtiger ist die Entstehung des Weihnachtsfestes aus der römischen Umwelt der Kirche. Am 25. Dezember wurde nämlich in Rom, am 6. Januar in Ägypten das Fest der Wintersonnenwende gefeiert. Die Einführung des Weihnachtsfestes kann nun gut damit zusammenhängen, daß im Jahre 275 der römische Kaiser Aurelian das Wintersonnenwendfest als »Geburtsfest der unbesiegbaren Sonne, des unbesiegbaren Sonnengottes« (Natalis Solis Invicti) zum Reichsfeiertag erklärte. Damit wurde der Sonne ein Platz eingeräumt, der ihr nach Meinung der Christen nicht zusteht. Sie setzten dagegen die Feier der Geburt Jesu Christi (Natalis Christi), der wahren Sonne. Dadurch wurde zu einer Zeit, als die heidnische Religion noch Staatsreligion war, der Prozeß der inneren Überwindung des heidnischen Glaubens durch das Christentum beschleunigt.

Natalis heißt nun nicht einfach Geburtstag, sondern auch öffentliche Verherrlichung, Erscheinung, hilfreiches Eingreifen. Insofern sind also das Weihnachtsfest der Westkirche am 25. Dezember und das Erscheinungsfest der Ostkirche am 6. Januar (Epiphanie = Erscheinung ist noch heute der liturgische Name des 6. Januar auch in der Westkirche) inhaltlich deckungsgleich. Nicht der römische Kaiser, nicht die wiedererstarkende Sonne, sondern Christus vermag die Menschen zu heilen und ihnen zu helfen, er kann die Erwartungen der Menschen erfüllen.

Bei der Ausprägung des Festes konnten sich die Christen allerdings auf Gedanken stützen, die im NT grundgelegt sind und schon vor der betreffenden Zeit in der liturgischen Tradition eingebürgert waren. So wußten die Christen schon immer, daß in Christus die Verheißung von der »Sonne des Heiles«, oder »Sonne der Gerechtigkeit« (Mal 4,2) erfüllt ist; ferner, daß durch das Kommen Christi in diese Welt (ganz unabhängig vom Datum) die Herrlichkeit Gottes sichtbar geworden ist (Joh 1,14); sodann kannte man die Feier der Taufe Jesu am 6. Januar, die besonders in Syrien und Ägypten großartig gestaltet wurde. Strenggenommen ist also das Datum »25. Dezember« erst durch äußere Umstände »Weihnachten« geworden, während die tragenden Gedanken, daß nämlich Jesus Christus durch sein Kommen Licht in diese Welt gebracht hat, daß er der unbesiegbare Herr dieser Welt ist, daß man durch ausgedehnte Feiern mit Freudengesängen und Lichterglanz sein Kommen begehen müsse, seit je im christlichen Raum bekannt waren. Zur Illustration diene ein Auszug aus einer Weihnachtspre-

digt des Mailänder Bischofs Ambrosius (339–397): »Nicht übel nennt das Volk diesen heiligen Tag der Geburt des Herrn die neue Sonne und behauptet das so bestimmt, daß auch Juden und Heiden sich in diesem Ausdruck zusammenfinden. Wir wollen das gerne festhalten, weil mit dem Aufgang des Heilandes nicht nur das Heil der Menschheit, sondern auch die Helligkeit der Sonne sich erneuert... Denn wenn die Sonne beim Leiden Christi sich verfinstert, so muß sie heller als sonst leuchten bei seiner Geburt.«[3]
Es ist nach dem bisher Gesagten kaum verwunderlich, wenn in den Rahmen der christlichen Weihnachtsfeier auch Gebräuche der nach und nach überwundenen heidnischen Feiern übernommen wurden. Diese Gebräuche und Riten wurden durch ihre Übernahme in die christliche Feier gleichsam »getauft«: Feuer anzünden, Schmücken der Häuser mit Kränzen u. a. Diese Beobachtung gilt ebenfalls, wenn man die Ausgestaltung des Weihnachtsfestes im germanischen Raum betrachtet.

Das Weihnachtsfest im germanischen Raum

Weder die Auslegung der »Vorgeschichte« des Matthäusevangeliums noch die Betrachtung der Entstehung des Weihnachtsfestes im Römischen Reich machen begreiflich, wie es zum heutigen Verständnis des Weihnachtsfestes als dem – zumindest gefühlsmäßig – wichtigsten christlichen Fest gekommen ist. Die Wurzeln dieser Verschiebung liegen in der Übernahme des christlichen Glaubens durch die germanischen Völker. Dem wachsenden theologischen Interesse am menschgewordenen Christus gegenüber dem erhöhten im frühen Mittelalter entsprach eine wachsende Bedeutung des Weihnachtsfestes gegenüber Ostern. Dazu kam, daß das christliche Weihnachtsfest im germanischen Raum das heidnische Hauptfest der Wintersonnenwende (Jul) verdrängte, dessen Bräuche jedoch in großen Teilen übernahm. Ferner entstanden aus der Weihnachtsliturgie die Weihnachtsspiele (Krippenspiele, Sternsingen), die den gefühlsmäßigen Vorrang des Weihnachtsfestes unterstützten. Auch im germanischen Raum kann man zu Recht davon sprechen, daß heidnische Bräuche und Zeichen (Tannenbaum, Adventskranz) »getauft« wurden. Dabei haben sich die christlichen Gedanken von der Überwindung des Dunkels durch das Kommen Christi und die schon vorher bekannten heidnischen Bräuche so ineinander geschoben, daß sie für uns kaum mehr auseinanderzuhalten sind.

3. Weihnachten von der Mitte her verstehen

Die eingangs zitierten Klagerufe, die von Weihnachten als dem Fest der »Geschäftemacherei« sprechen und – das ist ja die logische Folge – einen radikalen Neuansatz fordern, nehmen sich im Vergleich mit der tatsächlichen Geschichte des Weihnachtsfestes eher naiv aus. Alle Stationen, die wir beobachten konnten, hatten einen gemeinsamen Grundzug: Der neue

Gedanke wird mit den alten Worten ausgesprochen, das neue Fest nimmt die alten Gebräuche auf. Im Beispiel: Israel erwartet als Retter den Sohn Davids, die Christen bekennen Jesus als den Sohn Davids; die Römer sehnen die Wiedergeburt der Sonne herbei, die Christen preisen Christus als die unbesiegbare Sonne. Anders augedrückt: Im jüdischen Raum wird Christus mit den Mitteln der jüdischen Denk- und Ausdrucksweise verkündigt; die Mose- und Pharaogeschichte dient als Vorbild für die Darstellung der Auseinandersetzung zwischen Jesus und Herodes; die jüdische Erwartung vom Zug der Heiden zum Berge Sion lebt im Zug der Magier wieder auf und läßt den »neugeborenen König der Juden« als das Ziel der christlichen Missionstätigkeit erscheinen. Auf der anderen Seite geht die Christusbotschaft auch in den römischen Kulturkreis ein; sie fegt den heidnischen Glauben an den Sieg der Sonne nicht hinweg, sondern veredelt ihn; die Hoffnung auf die lebensschaffende Kraft der Sonne, wie sie sich in dem Satz äußert: »Die Sonne ist Gott = unbesiegbar«, wird aufgegriffen und vertieft. »Christus ist die wahre Sonne« stellt die Beziehung zum bisherigen Glauben der Römer her und überwindet ihn gleichzeitig.
Wenn es richtig ist, daß in Fest und Feier die religiöse Erwartung der Menschen sich in besonderer Dichte niederschlägt, dann kommt es darauf an, in der Feier der christlichen Weihnacht aufzuzeigen, daß »Jesus, der der Christus heißt« die Hoffnungen der Menschen von heute nicht enttäuscht. Die Untersuchung der biblischen Texte des Matthäusevangeliums und der frühen Geschichte des Weihnachtsfestes hat gezeigt, daß dieses Ziel nur erreicht werden kann, wenn man sich auf die Hoffnungen und Erwartungen der Menschen von heute einläßt; dazu gehört, daß man auch die oberflächlichen, hilflosen und vielleicht sogar plumpen Aktionen im »Weihnachtsgebrassel« daraufhin befragt, was dahintersteckt.

Anmerkungen

1 Zu den lukanischen »Kindheitsgeschichten« vgl. den nachfolgenden Beitrag von W. Paschen aus ›Welt des Kindes‹, Heft 6/1972.

2 Ausführliche Informationen und Hinweise auf weitere Literatur bei A. Vögtle, Messias und Gottessohn, Düsseldorf 1971.

3 Zitiert nach O. Cullmann, Der Ursprung des Weihnachtsfestes, Stuttgart 2. Aufl. 1960, 38f.

Wilfried Paschen

Zur Auslegung der »Kindheitsgeschichte« Jesu nach Lukas

Die sogenannten Kindheitsgeschichten Jesu bei Matthäus (Kap. 1–2) und besonders bei Lukas (Kap. 1–2) tragen idyllische Züge. Wir lernen mühelos ihre schönsten Stücke in frühen Kinderjahren; sie gehen uns ein wie die Märchen und Fabeln, und manchem werden sie selbst zum Märchen, das er wissensstolz oder auch schweren Herzens abtut, wenn der Ernst des Lebens gekommen ist. Aber werden wir ihnen damit gerecht? Was sind das für Erzählungen, und was steckt eigentlich in ihnen? Zu den Themen, die eine breitere Aufmerksamkeit auf sich ziehen, sollen im folgenden einige Erwägungen vorgelegt werden.

Diese sind der philologisch-historischen Exegese ebenso verpflichtet wie sie die Problematik menschlichen Verstehens zu berücksichtigen versuchen, die seit einiger Zeit mit dem Fachbegriff »Hermeneutik« bezeichnet wird. Der Autor teilt die Glaubensüberzeugungen der katholischen Lehre und ist bemüht, die Grenze von fachlicher Information und Glaubensaussage deutlich erkennbar zu halten. Auf eine Erörterung der fast unübersehbaren exegetischen Literatur zum Thema ist bewußt verzichtet. Wer eine gründliche Orientierung sucht, der sei verwiesen auf Heinz Schürmann, Das Lukasevangelium, in: Herders Theologischer Kommentar zum Neuen Testament, Band III/1, Freiburg 1968.

Die Engel – eine biblische Vorstellung und die Dimension ihrer Realität

Im Lukasevangelium (1,26–38) finden wir die Erzählung vom Engel Gabriel, der Maria die Geburt Jesu ankündigt. Der Text stellt den Leser vor drei Fragen, die kurz behandelt werden sollen: Wie steht es um die Existenz von Engeln? Was bedeutet die Erzählung? Was ist damals eigentlich geschehen?

Eine große Zahl von Zeitgenossen wird die Verkündigungsszene schon darum für freie Dichtung halten, weil in ihr ein Engel auftritt. Demgegenüber ist festzustellen, daß die Existenz von Geistmächten vor allem in späten Schriften des Alten Testaments vorausgesetzt wird. Freilich kann man einwenden: Das Hiob-Buch, in dessen Prolog die himmlische Ratsversammlung und als ihr Mitglied der Satan auftritt, ist sicher Dichtung. Ähnlich muß man das Buch Tobit mit der Gestalt des Raphael als erbauliche Erzählung ansprechen. Die dichterische Verwendung des Engelmotivs, so ist zu erwidern, besagt von sich aus noch nichts gegen deren Existenz. Ebenso gilt das von Gabriel, der im Daniel-Buch (Dan 8,15ff.; 9,21f.) die Rolle eines

Auslegers spielt und Daniel seine Visionen zu deuten hat. Der Engel übernimmt hier Aufgaben, wie sie sonst Gottesmännern, Sehern oder Traumdeutern, zukommt. Die Anschauung, die hier zutage tritt, läßt sich so ausdrücken: Wo Gott in ungewöhnlicher Weise eingreift, bedient er sich der Hilfe von Geistmächten, die nach Art von Throndienern in seiner Herrlichkeit weilen und seiner Befehle immer gewärtig sind.
Die alte Jahwereligion sah im Wettlauf und ebenso in den großen Heilstaten und Strafgerichten der Geschichte Israels Gott selbst unmittelbar am Werk. Die Existenz von Geistern und Dämonen wurde, wie bei den Nachbarvölkern so auch in Israel angenommen, aber bei der allgewaltigen Stellung Jahwes waren sie weder zu fürchten noch konnten sie helfen. Im Judentum der letzten vorchristlichen Jahrhunderte wurde der volkstümliche Dämonenglaube in der Jahwereligion mehr und mehr eingegliedert. Die bösen Geister, die Unheil und Schuld zu den Menschen bringen, betrachtete man nun als ein gottfeindliches geordnetes Heer unter seinem Anführer. Ihm hatte man verschiedene Namen beigelegt: Mastema, Belial oder Satan (»Widersacher«, »Ankläger«), aus dessen griechischer Übersetzung (diabolos = »Verleumder«, »falscher Ankläger«) unser Wort Teufel stammt. Auf dieser Entwicklungsstufe erscheinen der Teufel und sein Anhang als die Gegenspieler der himmlischen Heerscharen, deren Fürsten den Hofstaat Gottes bilden. Die »Heerscharen« und huldigenden Mächte vor Gottes Majestät stellen schon in früheren Texten des Alten Testaments den glanzvollen Rahmen dar, in dem sich Jahwes unnahbare Lichtherrlichkeit abhebt. Besonders in der Berufungsvision des Isaias (Is 6,2) werden die Seraphe als huldigende Mächte genannt. Das Neue an der späteren Engelauffassung aber ist unverkennbar: Während in älterer Zeit Jahwe in der Regel selbst unmittelbar in den irdischen Geschicken handelt und beispielsweise als »Jahwe-Bote« selbst erscheint, treten nunmehr die Engel ein als das, was ihr Name sagt: als Boten im Auftrage Jahwes, die schützend eingreifen und Weisungen an Menschen ausrichten.
Wie sind diese Anschauungen über Engel zu beurteilen, die sich im Alten Bunde herausgebildet haben und in den neutestamentlichen Schriften zum festen Bestand gehören? Niemand nimmt an, daß im Himmel hebräisch oder griechisch gesprochen wird und Wesen in Gottes Herrlichkeit sich gegenseitig Michael oder Gabriel, thrónoi oder kyriótetes (vgl. Kol 1,16) rufen. Aber nicht nur die Namen, auch die Züge, mit denen die Geistmächte gezeichnet werden, lassen sich aus den kulturellen Verhältnissen des Judentums in den letzten vorchristlichen Jahrhunderten erklären. Die Forschung hat versucht, Vorbilder dieser Engelanschauungen in benachbarten Kulturen bis hin nach Persien aufzuweisen. Im einzelnen mögen diese Versuche umstritten sein, besonders dann, wenn jemand behauptet, die ganze jüdische Engellehre aus einer einzigen Quelle herleiten zu können. Eher wird man annehmen, daß altisraelitisches Gedankengut durch verschiedene Anregungen von außen bereichert worden ist. Im ganzen aber wird man die jüdische Lehre von

Engeln und bösen Geistern betrachten müssen als eine Weise, vom Unweltlichen weltlich zu sprechen.
Wir dürfen also mit Recht Worte wie Gabriel und Michael, Cherubim und Seraphim verwenden. Wir handeln dann ähnlich, wie wenn wir die Begriffe »Milchstraße« oder »Renaissance« aus räumlichem oder zeitlichem Abstand bilden. Wir sind hier wie dort überzeugt, daß hinter dem bildhaften Wort eine Sache steckt, die einen Namen verdient.

Die Verkündigungsszene

Das Gespräch des Engels Gabriel mit Maria (Lk 1,26–38) ist einmal von Menschenhand niedergeschrieben worden. Woher hat der Schreiber seine Kenntnis genommen? Er mußte sein Thema formulieren und darstellen. Wie hat er diese Aufgabe angepackt und gelöst? Der Schreiber teilt die oben skizzierte verbreitete Auffassung des zeitgenössischen Judentums, nach der Gott seine himmlischen Throndiener zu Boten bestellt (vgl. Lk 1,19), wenn er in ungewöhnlicher Weise eingreifen will. In der Verkündigungsszene begegnen wir nun einem solchen Gottesboten bei der Erfüllung seines Auftrages.
Die sogenannten Kindheitsgeschichten Jesu, so zeigt die exegetische Forschung, tragen viele Kennzeichen später Entstehung; sie lassen sich weder mit den alten Jesus-Überlieferungen der Evangelien vergleichen noch sehen sie aus wie eine Sammlung von Zeugenberichten; ihre Verfasser schreiben mit überlegener Kenntnis der inneren Zusammenhänge, wie sie ähnlich dem Dichter gegenüber seinem frei geschaffenen Stoff vorbehalten ist. Diese Resultate sind längst über den Kreis der Fachleute hinaus bekannt geworden. Dadurch ist bei manchen der allgemeine Eindruck entstanden, daß die Kindheitsgeschichten als Zeugnisse dessen, wie es eigentlich gewesen ist, nicht zählen. Dieser Eindruck ist aber falsch, weil er zu oberflächlich ist. Freilich wird man sich bestimmter Erscheinungen des urkirchlichen Lebens erinnern müssen, die weithin vergessen sind, aber einen Schlüssel zum Verständnis anbieten. Das Stichwort einer solchen Lösung ist in den Worten Gabriels an Maria enthalten.
Der Engel erklärt nämlich der Jungfrau Maria die wunderbare Geburt mit den Worten: »Heiliger Geist wird über dich kommen und Kraft des Höchsten dich überschatten...« (Lk 1,35). In der Vorgeschichte des Matthäus erfahren wir ebenfalls, daß ein Engel des Herrn die wunderbare Empfängnis Jesu mitteilt, und zwar »im Traum«, wie es in der matthäischen Vorgeschichte regelmäßig heißt; doch hier ist Josef der Empfänger der Botschaft. Wir lesen Mt 1,20, daß der Gottesbote ihm im Traum erschien, als er schon den Verdacht des Ehebruchs gegen Maria hegte. »Fürchte nicht, deine Frau Maria heimzuholen, denn das in ihr Gezeugte ist aus Heiligem Geist«, so lautet die aufklärende Kunde. Der Ausdruck »Heiliger Geist« bezeichnet

hier wie oft im Neuen Testament die wunderbar wirkende Macht Gottes, die in den Menschen und durch sie die göttlichen Heilspläne ausführt. In dieser Macht Gottes erkennen wir mit dem Glauben der Kirche das Handeln der dritten Person der Dreieinigkeit, die von ihr den Namen hat.

Vor allem Lukas hat in seiner »Kindheitsgeschichte« und dann geradezu als beherrschenden Faktor in der Apostelgeschichte den »Heiligen Geist« hervorgehoben. Der Heilige Geist treibt das Wachsen der jungen Gemeinde voran, indem er die missionarischen Impulse der Apostel und ihrer Mitarbeiter auslöst. Lukas kennt aber auch – man denke an das Pfingstereignis – die eigentümliche Wirkung, die der Heilige Geist hervorruft: das »Sprachenreden«, wie man wörtlich übersetzt. Gemeint sind Zustände der Verzückung, von der einzelne oder auch Gruppen von Christen ergriffen werden. Aus einigen Bemerkungen, die der Apostel Paulus in seinen Briefen macht, wissen wir, daß das »Sprachenreden« eine von verschiedenen Formen der Geistbegabung war (vgl. 1 Kor 12). Zusammenfassend nennen wir die geistbegabten Gemeindemitglieder Charismatiker. Bemerkenswert ist die Sorge, die Paulus im 1. Korintherbrief ausspricht (1 Kor 14). Der Apostel betrachtet zwar das Sprachenreden als erfreuliches Zeichen des wirkenden Geistes. Aber, so sagt er, es dient nur dem Aufbau des eigenen christlichen Lebens. Besser ist es, als Prophet zu wirken; denn mit dieser Gabe kann der Charismatiker den inneren Aufbau der Kirche fördern. Offenbar weist Paulus dem Geistbegabten einen Einfluß auf die Art der Wirksamkeit zu. »Bemüht euch mit Eifer um die größeren Geistesgaben«, so schreibt er (1 Kor 12,31).

Die charismatischen Erscheinungen der Urkirche sind vergangen. So rechnet man meist kaum damit, daß die Bibel vom Wirken urkirchlicher Geistbegabter etwas überliefert hat. Hier liegt aber wahrscheinlich der Schlüssel, der die so schwierigen »Kindheitsgeschichten« zugänglich macht. Man kann dann ihre späte Entstehung, ihre dichterischen Züge und ihre überlegene Sicht der Ereignisse, aber auch die unverkennbaren sachlichen Abweichungen zwischen Matthäus und Lukas erklären. Schließlich ist den Evangelisten zuzutrauen, daß sie nur in ihren Augen zuständige Personen zu Wort kommen lassen.

Die »Kindheitsgeschichten« gehen nach diesem Erklärungsversuch auf geistbegabte Rede zurück, die in den Anfängen dem Aufbau der Kirche gedient hat. Die Erklärung wird niemand stoßen, der dem Wirken des Gottesgeistes Realität zuspricht. Wer freilich keinen Eingriff Gottes in unsere Erfahrungswelt anerkennt, kann nur menschliche Darstellung in den Texten finden. Die wissenschaftliche Frage, der sich dieser Lösungsversuch stellen muß, heißt: Ist es wahrscheinlich, daß urkirchliche Geistrede sich in der Art, wie hier angenommen wird, mit dem Leben Jesu beschäftigt hat? Und ist es wahrscheinlich, daß solche Geistrede von den Evangelisten verarbeitet worden ist? Wie ein Bibelwissenschaftler diese Fragen beantwortet, das hängt nicht von seiner gläubigen oder religiös freien Einstellung ab;

hier spielt seine historisch-kritische Beurteilung der Nachrichten über die urkirchlichen Geistbegabten die entscheidende Rolle. Auf einem anderen Blatt steht die Frage: War diese Geistbegabung eine rein menschliche Erscheinung oder spricht durch sie Gott? Diese Frage entscheidet nicht Gelehrsamkeit, sondern der Glaube.
Wenden wir nun die Beobachtungen auf die Verkündigungsszene an. Was ist geschehen? Ein geistbegabter Redner hat die Frage beantwortet, die wiederholt schon im neutestamentlichen Schrifttum belegt ist und die seither bis heute abgewandelt immer neu gestellt worden ist: »Für wen haltet ihr mich?« (Mk 8,29), »Wer ist doch dieser, daß ihm Wind und Meer gehorchen?« (Mk 4,41). Auf die Frage nach Christus hat der Geistbegabte – so die Vermutung – mit der Erzählung von der Verkündigung eine Antwort gegeben, die Jesus von den Erwartungen Israels her zu verstehen lehrt. Die ganze Szene und die Worte, mit denen sie dargestellt wird, sind aus der Bibel des Alten Bundes herausmodelliert. Aber diese Dichtung aus Anspielungen und Hinweisen ist kein bloß ästhetischer Versuch, und das Ergebnis ist nicht als Idyll gemeint. Daher sollte man das Wort »Kindheitsgeschichte« für Lk 1; 2 und ebenso für Matth 1; 2 nur in Anführung ververwenden und den zutreffenderen Begriff »Vorgeschichte« oder auch »Prolog« einsetzen. Der Sinn dieser Vorgeschichten und ihrer Einzelstücke ist es, eine Christologie in Erzählform zu geben, die Jesus Christus als Höhepunkt des göttlichen Wirkens zum Heil Israels aufzeigt.
In der Kraft des Gottesgeistes, der über ihn kommt, läßt der biblische Erzähler der Verkündigungsszene einen Blick tun in die innerlichen und hintergründigen Ereignisse der Menschwerdung. Insbesondere eröffnet er einen Blick in die Welt der Geistmächte. Sie sind beteiligt am Werk der großen Stunde. Was die Jungfrau Maria durch sie in der Verborgenheit des Herzens erfahren hat, als sie um Verständnis für die unergründlichen Vorgänge rang, das tritt hier in das helle Licht.

Die Jungfrauengeburt

»Geboren aus Maria der Jungfrau.« An diesem Glaubenssatz stoßen sich heute manche, auch glaubenswillige Christen. Seine biblischen Quellen sind wiederum die Kindheitsgeschichten Jesu nach Matthäus (1,18–25) und Lukas (1,26–38) – und nur diese. So kann der Einwand erhoben werden: Die ältere Jesus-Überlieferung, die Johannesschriften und Paulus wissen nichts von der Jungfrauengeburt, ein klarer Beweis für nachträgliche, wunderbare Ausschmückung der Person Jesu. Bei nichtkatholischen Theologen kann man öfters lesen, die Ausführungen über die Jungfrauengeburt seien nicht biologisch zu verstehen und gehörten nicht zum unveräußerlichen Grundbestand der Christusverkündigung. Erst in heidenchristlichen Gemeinden habe man das mythische Motiv der Jungfrauengeburt auf Jesus angewandt. Auf diese Weise wird der eigentümlich jüdische Rahmen und Gehalt der lukanischen Kindheitsgeschichte mißachtet. Der jüdische Hintergrund muß also beleuchtet werden, wenn wir fragen, was sie über den Ursprung des Erdenlebens Jesu mitzuteilen hat.

Die Kindheitsgeschichte des Lukas stellt zwei Menschen einander gegenüber: Johannes den Täufer und Jesus. Vergleichen wir, was über beide, über die Ankündigung und die ungewöhnlichen Umstände ihrer Geburt gesagt wird, so können wir eine ganze Liste paralleler Züge aufstellen. Dabei tritt ein Gedanke immer wieder hervor: Die Ereignisse bei Jesus überbieten das, was beim Täufer geschieht. Die Überbietung gipfelt im Wunder der Empfängnis. Der Täufer steht noch in einer Reihe mit großen Namen des Alten Bundes. Ähnlich wie Isaak, Samson oder Samuel wird er einem alten, kinderlosen Ehepaar von Gott verheißen und geschenkt. Mit Jesus indessen trägt sich etwas unerhört Neues zu. Auch seine Geburt kündigt Gott durch einen himmlischen Boten an; aber er greift in bisher unbekannter Weise ein. Johannes wird im Mutterschoß vom Heiligen Geist erfüllt (vgl. Lk 1,15); der Jungfrau Maria aber kündigt der Engel eine Empfängnis besonderer Art an: »Heiliger Geist wird über dich kommen und Kraft des Höchsten dich überschatten« (Lk 1,35).

Johannes und seine Sendung waren groß – Jesus und seine Sendung sind größer. Das ist der grundlegende Gedankengang der lukanischen Vorgeschichte. Welche Kreise der Urkirche werden so gedacht haben? Eine Menge von Beobachtungen läßt die Antwort zu: Hier in der lukanischen Vorgeschichte kommen christlich gewordene Täuferjünger zu Wort. Dazu ein Beispiel. Unverkennbar jüdisches Milieu spricht aus den psalmenartigen Gesängen, die in der lukanischen Kindheitsgeschichte enthalten sind. Der Gesang des Zacharias, das Magnificat und der Gesang des greisen Simeon sind vor allem ihrem Inhalt nach einzig innerhalb des Neuen Testaments. Vergleichbare jüdische Preislieder kennen wir unter anderem aus der Hymnenrolle, die vor zwei Jahrzehnten am Toten Meer im Nachlaß einer jüdischen Sondergruppe gefunden worden ist. Eigentümlich an den Gesängen in Lk 1–2 ist nun dies: Von der Christus-Verkündigung lassen sie keine Spur erkennen; wohl aber bezeugt der Gesang des Zacharias eine hohe Verehrung des Täufers Johannes. Mit gutem Grund kann man aus dieser und weiteren Beobachtungen den Schluß ziehen: Lukas hat in seiner Kindheitsgeschichte eine Quelle verarbeitet, die aus christlich gewordenen Täuferkreisen stammt. Getreu seinen Grundsätzen (vgl. Lk 1,2f.) hat Lukas seine Quelle sorgfältig genau wiedergegeben, so daß ihr besonderes jüdisches Kolorit leicht erkennbar ist.

Das ureigen jüdische Gepräge der lukanischen Kindheitsgeschichte zeigt sich in der Fülle alttestamentlicher Anspielungen und Zitate. Sie sollen darlegen: Mit der Geburt des Johannes und Jesu werden die Erwartungen und Verheißungen der Heiligen Schrift erfüllt. Dieses Verfahren, Bibeltexte auszuwerten, ist aus der jüdischen Theologie unter dem Namen Midrasch bekannt. Die Midrasch-Erzählung hat der Verfasser der »Kindheitsgeschichte« zum Vorbild genommen, um Person und Sendung des Mannes zu zeichnen, in dem die Geschichte Israels gipfelt und endet.

Wie verstehen wir nun die Mitteilung über die Jungfrauengeburt auf diesem jüdischen Hintergrund? Für das mythische Motiv wunderbarer Zeugung und Geburt fehlt hier jedes Verständnis. Jeder Mensch, auch der Messias, stammt nach jüdischer Auffassung von menschlichen Eltern. Es gibt nur eine Ausnahme: Der erste Mensch war von Gott geschaffen. Als im Anfang Gott dem Erdgebilde Lebensodem einblies, da war »der Geist Gottes«, seine lebenschaffende Macht, wirksam und machte den Menschen zum lebenden Wesen. Diese jüdische Auffassung muß man heranziehen, um die Geburtsgeschichte Jesu zu verstehen. Nicht, daß Jesus von einer Jungfrau geboren wurde, ist der entscheidende Gedanke, sondern daß die lebenschaffende Macht Gottes in der Jungfrau das Messiaskind bildet. Es wäre völlig verfehlt, wollte man im Heiligen Geist eine Art Vater erblicken. Er wirkt vielmehr noch einmal lebenschaffend, wie er am Anfang des Menschengeschlechts lebenschaffend gewirkt hat. Durch die Mutter aber bleibt Jesus der einen Menschheit verbunden. So steht Jesus dem ersten Menschen und der alten Menschheit gegenüber; er ist deren Vollendung und er ist Neuschöpfung zugleich.

Nicht nur die Person, auch die Sendung Jesu ist ganz und gar durch das Wirken des Heiligen Geistes bestimmt. Johannes der Täufer wurde erst im Mutterschoß vom Heiligen Geist erfüllt (vgl. Lk 1,15): Jesus hat in ihm den Ursprung seines Erdendaseins. Immer mehr hat sich seit Isaias (vgl. Is 11,2) die Überzeugung gefestigt, daß der Messias vom Geist Jahwes erfüllt sein werde. Die lebenschaffende Macht Gottes bringt nicht nur die Werke der Schöpfung hervor; sie befähigt auch den Menschen zu ungewöhnlichen Leistungen und führt durch ihn die Pläne Gottes in der Geschichte zum Ziel. Von manchen Großen der Geschichte Israels heißt es in diesem Sinne, der Geist Jahwes sei über sie gekommen. Sie alle, so erwartete das Judentum, werde der Messias überbieten. Ja, der Täufer verkündete, der »kommende Stärkere« werde »mit Heiligem Geist taufen« (vgl. Mk 1,8); er werde also die Weissagungen eines Ezechiel (vgl. Ez 39,29) und Joel (vgl. Joel 3,2) erfüllen; er werde dem Volk neues Leben schaffen, neues Leben offen für Gott.

Hermine König

Uns leuchtet ein helles Licht – Bausteine für die Gestaltung der Adventszeit

(Didaktische und methodische Überlegungen für die Gestaltung der Advents- und Weihnachtszeit im Kindergarten. Geplanter Zeitraum: 5–6 Wochen.)

Vorbemerkung

Alle Jahre wieder steht die Kindergärtnerin vor der Aufgabe, mit ihrer Kindergruppe Weihnachten zu feiern. Doch mit Weihnachten haben die Kinder bereits ihre Erfahrungen gemacht, allerdings recht unterschiedliche. Alle wissen, daß Weihnachten etwas mit Schenken zu tun hat. Der Konsumdruck auf die Kinder ist stark und droht sie zu erdrücken. Jedoch bringen nur wenige »Jesus – den Mann aus Nazareth« mit diesem Gabenfest in Verbindung. Wohl ist den meisten das »Stichwort Christkind« bekannt, aber welche diffusen Vorstellungen verbinden sie damit.
So sieht die Bestandsaufnahme auf den ersten Blick wenig ermutigend aus. Dennoch sollte die Erzieherin nicht verkennen, daß bei den Eltern viel guter Wille vorhanden ist, und daß in den säkularen Feiern der Familie die Hoffnung auf das Helle, das Gute, das Heil sichtbar wird.
Vielleicht mag es einleuchten, daß es aus diesen Überlegungen heraus eine unlösbare Aufgabe für den Kindergarten ist, die Kinder unabhängig vom adventlichen und weihnachtlichen Geschehen innerhalb der Familie in das Geheimnis der Weihnachtsbotschaft einzuführen. Der Kindergarten ist nur ein Teil des religiösen Sozialisationsraums, der primäre ist die Familie. Deshalb sollte die Erzieherin auf die Mitarbeit der Eltern nicht verzichten. Dabei geht es nicht darum »Eltern mit Aufgaben zu belasten, sondern darum, ihnen zu helfen, die Aufgabe, die sie auf sich genommen haben, so zu sehen und wahrzunehmen, daß sie bewältigt und als Bereicherung erfahren werden kann«.[1] In die folgenden Vorschläge ist die Mitarbeit der Eltern deshalb bewußt eingeplant. Die Vorschläge sind als Bausteine geplant, die nach der Situation des jeweiligen Kindergartens ergänzt, verändert oder ausgetauscht werden können.
Dabei sollte die Erzieherin im Auge behalten, daß alle Elemente dieser religionspädagogischen Einheit auf die Weihnachtsvorbereitung zielen, ohne methodische Langeweile aufkommen zu lassen und didaktisch dem Kind theologische Überfrachtung zuzumuten. »Der Glaube lernt in Zeit. Auch mit dem Christentum didaktisch frontierte Kinder müssen im Lauf der Zeit und nach Maßstab des Verstehenkönnens lernen dürfen«.[2] Was G. Biemer für den Primarbereich fordert, gilt erst recht für den Elementarbereich: der Mut zum Fragment. Es ist nach Ansicht Biemers »nicht möglich und notwendig, bei der ... Erschließung der Geburt Jesu bereits seine Gottesherrschaft, sein

Christussein zu vermitteln. Es besteht die Gefahr, daß den Kindern Einsichten oder zumindest Begriffe vermittelt werden, die der Erwachsenenwelt angehören und die für Kinder nichts anderes sein können als tote Steine, mit denen sie mehr oder weniger gut spielen«.[3]
So stellt sich auch bei allen biblischen Erzählungen, die dem Kind im Vorschulalter dargeboten werden, die Frage: Wie kann dem Kind die Tiefendimension der Perikopen erschlossen werden? Wo und wie erfaßt es den *Anspruch* dieser Texte? »Das kleine Kind vermag das Kerygma der Bibel nicht in allen seinen Dimensionen zu erfassen. Es ist z. B. unfähig, die geforderte personale Entscheidung zu treffen, es wird dem *Anspruch* der Texte nicht gerecht. Doch die Texte entbieten auch *Zuspruch*. Vielleicht kann das Kind diesen *Zuspruch* vernehmen. Hat es nicht damit eine entscheidende Dimension der Frohen Botschaft ergriffen?«[4] Worin kann z. B. der *Zuspruch* der für diese Einheit geplanten Perikope vom blinden Bartimäus bestehen?
Auf der Altersstufe der Vorschulkinder spielt die Angst häufig eine große Rolle, die Angst vor dem Feuer, dem Hund, dem Gewitter, dem Verlust der Mutter usw. Diese oft übermächtige Angst läßt das Kind ständig nach Geborgenheit fragen. Das ist die menschliche Frage nach bedingungsloser Geborgenheit und Liebe überhaupt. So scheinen gerade die Perikopen, die aus der nachösterlichen Erfahrung heraus »Der Herr überwindet die Lebensgefahren, die tödliche Angst« die Hilfe Jesu verdeutlichen, wichtig für das Kind. Von daher erklärt sich auch, weshalb das Kind zunächst vom erwachsenen Jesus erfahren soll und nicht zuerst vom Kind in der Krippe. Worte und Tun Jesu werden dem Kind den Sinn der Geburtserzählung erschließen und es in die hoffnungsvolle Fröhlichkeit zu Weihnachten mit hineinnehmen können.
Aus diesen religionspädagogischen Vorüberlegungen heraus ist das Thema der folgenden Einheit so gestellt, daß unter dem anthropologischen Aspekt der kindlichen Erfahrungen von Dunkelheit und Angst die Kinder von Jesus hören, wie er einem in Dunkelheit und Not lebenden Menschen das Licht bringt. Von hierher wird an die Weihnachtsgeschichte herangeführt und an das »Erinnerungsfest« der Geburt dieses Jesus, der das Heil im umfassendsten Sinn für die Menschen will und die Nähe und den Zuspruch Gottes sichtbar macht.

Religionspädagogische Zielvorstellungen

Die Kinder sollen:
ihre Erfahrungen von Dunkelheit und Licht, Angst und Geborgenheit durchspielen und ausdrücken;
von Jesus hören, der dem blinden Bartimäus das Licht und dadurch »neues Leben« schenkt;
die »Weihnachtsgeschichte« kennenlernen;

erkennen, daß Jesu Geburt ein solcher Grund der Freude für die Menschen ist, daß sie in Erinnerung und Hoffnung immer wieder fröhlich und dankbar feiern dürfen.

Baustein 1: Dunkelheit und Angst

Ziele:[5]
a) die Kinder sollen ihre Erfahrungen von Dunkelheit ausdrücken.
b) Die Kinder sollen erkennen,
daß Dunkelheit und Alleinsein Angst auslösen können,
daß andere ähnliche oder gleiche Ängste haben,
daß Angst nicht einfach auszulöschen ist,
wie man Angst aushalten kann,
wie man einzelne Ängste überwinden kann.

1. Erfahrungsbereich Dunkelheit

Die winterliche Dämmerstunde am Morgen gibt naturgemäß Gelegenheit, die Kinder Dunkelheit in einer breiten Wahrnehmungsskala erleben zu lassen: Stillewerden ... lauschen ... Geräusche wahrnehmen ... den Raum als bergende Hülle empfinden ... sich wohlfühlen ... aber auch sich verloren fühlen ... frieren ... das andere Kind neben sich als tröstliche Nähe empfinden ... das Bedürfnis spüren zusammenzurücken usw.
Je nach Situation Ausdrucksmöglichkeiten dieser Erfahrungen suchen: in Mimik, Gestik, Bewegungsfiguren, im Suchen von Klangreihen, rhythmischem Zeichnen, in Berührungen und Worten. Erleben, wie Kerzenlicht die Dunkelheit erhellt, die ausstrahlende Geborgenheit empfinden, die Wärme spüren, den Raum beobachten, die Gesichter der anderen Kinder neu sehen, das Licht des Adventskranzes betrachten, (der immer größeren Schein verbreitet, bis er eingeht in das strahlende Licht am Weihnachtsbaum, der mitten im dunklen Winter neues Frühjahrslicht verspricht und hoffen läßt).

2. Texterschließung: Der Nachtvogel[6]
Textvortrag

Es wird vorgeschlagen, die Erzählung nicht vorzulesen, sondern in Sinnabschnitten zu erzählen (siehe Pausenzeichen/im Text). Die Pausen aktivieren das Kind und ermöglichen ihm spontane Äußerungen zu der Handlung. Dadurch wird es in die Erzählung miteinbezogen. Es kann sein eigenes Erleben einbringen (Identifikation) und seine Vorschläge zur Konfliktlösung machen. Es kann seine eigenen phantasievollen Deutungen bringen, und es lernt, sich in die Situation eines anderen hineinzuversetzen.

Ein Junge hatte immer große Angst, wenn er nachts allein in der Wohnung sein mußte. Seine Eltern gingen oft am Abend fort.

Dann konnte der Junge vor Angst nicht einschlafen. / Er hörte etwas rauschen, und das war, als ob jemand im Zimmer atmete.
Er hörte ein Rascheln und ein Knacken, und das war, als ob sich etwas unter seinem Bett bewegte.
Aber viel schlimmer war der Nachtvogel./
Der Junge sah ihn immer ganz still draußen auf der Fensterbank sitzen, und wenn unten ein Auto vorüberfuhr, schlug der Vogel mit den Flügeln, und der Junge sah den riesigen Schatten von den Flügeln an der Zimmerdecke./
Der Junge erzählte seinen Eltern von der Angst. Aber sie sagten nur: »Stell dich doch nicht an! Du bildest dir das alles nur ein.«/
Und sie gingen immer wieder am Abend fort, weil sie den Vogel nicht sehen konnten, weil sie das alles nicht glaubten.
Einmal war der Junge wieder allein, und es schellte an der Wohnungstür./
Der Junge wurde steif vor Angst.
Wieder schellte es.
Es schellte und schellte.
Dann war es still, lange Zeit war es ganz still./
Dann kratzte etwas an der Hauswand. Das war der Vogel! Jetzt kletterte er mit seinen Krallen an der Mauer hoch. Jetzt war er an der Fensterbank. Und jetzt schlug er mit seinem Schnabel an die Scheibe! Einmal, zweimal, immer wieder, immer lauter, und gleich würde das Glas zerbrechen, gleich würde der Vogel ins Zimmer springen!/
Der Junge packte die Blumenvase vom Tisch neben dem Bett. Er schleuderte sie zum Fenster.
Das Glas zersplitterte. Wind fuhr ins Zimmer, daß der Vorhang hoch an die Wand schlug, und der Vogel war fort./
Auf der Straße unten hörte der Junge seine Eltern rufen.
Er rannte auf den Flur, er fand im Dunkeln sofort den Lichtschalter und den Knopf vom Türöffner. Er riß die Wohnungstür auf und lief den Eltern entgegen.
Er lachte, so froh war er, daß sie da waren./
Aber sie schimpften. Ihre schönen Ausgehkleider waren naß vom Blumenwasser.
»Was soll denn das wieder heißen?« fragte der Vater. »Jetzt ist die Scheibe kaputt!«
»Und mein Mantel! Sieh dir das an!« rief die Mutter.
»Der Nachtvogel war am Fenster«, sagte der Junge. »Der Nachtvogel hat mit seinem Schnabel ans Fenster gepickt.«
»Unsinn!« sagte der Vater. »Wir hatten den Schlüssel vergessen, und du hast das Schellen nicht gehört. Darum haben wir mit einer Stange vom Bauplatz an dein Fenster geklopft.«
»Es war der Nachtvogel, wirklich!« sagte der Junge. »Der Nachtvogel war es!«
Aber die Eltern verstanden das nicht. / Sie gingen immer wieder am Abend fort und ließen den Jungen allein.
Er hatte immer noch Angst, er hörte immer noch das Rauschen und Rascheln und Knacken. Aber das war nicht so schlimm./
Denn der Nachtvogel kam nie mehr wieder, den hatte er vertrieben. Er selbst hatte ihn vertrieben, er ganz allein.

Anschließendes Gespräch

Thema: »Als Ihr einmal solche Angst hattet, da habt Ihr bestimmt auch versucht, den ›Angstvogel‹ zu vertreiben.«
... allein auf der Straße ... beim Verlaufen ... in der Dunkelheit, abends allein im Bett ... usw.
Konfliktlösungen suchen: jemanden ansprechen, Licht anzünden ... Puppe

und Teddybär mit ins Bett nehmen ... die Mutter rufen ... zu den Geschwistern oder Eltern ins Bett kriechen ... (warum? ... die Nähe des anderen suchen) ... beten ... usw.

Wichtig ist die Erfahrung: Ein großer Teil der dunklen Angst kann bewältigt werden, besonders durch die Hoffnung auf Geborgenheit und Hilfe.

Versuchen, ein Gebet zu formulieren (damit die Erlebnisse auf die Liebe Gottes hin ausgesprochen werden können. Dazu bedarf es für das Kind des Zeugnisses durch den Erzieher.).

Es können auch den Kindern Gebete vorgesprochen werden wie:

Lieber Gott, die Nacht ist dunkel und groß.
Die Mutter schläft.
Ich bin allein.
Hörst du mich, Gott, wenn ich rufe?[7]

Bildnerisches Gestalten

Verschiedene technische Möglichkeiten bieten sich an, den »Nachtvogel« zu gestalten, Malen auf großer Pappe, Papierreißen, gemeinsame Bildcollage.

Baustein 2: Blindsein und sehend werden[8]

Ziele:
a) Die Kinder sollen:
vom Leid des Blindseins hören;
erkennen, daß Blinde trotzdem das Leben bejahen;
daß blinde Menschen unser Leben bereichern können und wir das ihrige.
b) Die Kinder sollen:
hören, wie Jesus Licht in das Leben des blinden Bartimäus bringt;
das Tun Jesu als seinen Zuspruch an die Menschen kennenlernen.

1. Erfahrungsbereich Blindsein

Die Kinder sollen an sich selbst erfahren, wie anders es ist, wenn man nicht sehen kann: sich mit verbundenen Augen orientieren ... Geräusche wahrnehmen ... durch den Raum gehen, die Türen suchen ... das Fenster öffnen ... zu anderen Kindern hinfinden ... essen und trinken ... warm und kalt empfinden usw.

Die Eindrücke verbalisieren: nichts sehen können, nichts finden können ... Unsicherheit und Hilflosigkeit empfinden ... sich mehr auf das Tasten, Schmecken, Riechen verlassen müssen usw....

Über Probleme blinder Menschen sprechen: was sie alles nicht sehen, nicht erleben, nicht tun können, was sie dafür besser können.

Je nach Situation der Gruppe wäre es gut, Kontakt mit blinden Menschen aufzunehmen. Gespräch der Kinder mit einem blinden Menschen im Kin-

dergarten; mögliche Schwerpunkte: warum er das Leben schön finden kann (er ist nicht allein ... er hat Hilfe ...); seine besonderen Fähigkeiten (tasten, spüren, riechen, schmecken, stille sein, nach innen hören); ... wie er arbeiten kann, wie er sich orientieren kann, wie er lesen kann, Blindenschrift zeigen; ... was er sich von anderen Menschen erhofft (Hilfe in gefährlicher Situation, Gesellschaft usw.). Die Kinder fördern, Initiativen zu entwickeln, von Blinden zu lernen, z. B. die Stille, nach Möglichkeit meditative Übungen anschließen.
Solche Aktionen müssen gut vorbereitet und mit den Blinden genau abgesprochen werden, was der Erzieher erwartet.

2. Texterschließung: Jesus heilt den blinden Bartimäus[9]

Einführung (durch den Erzieher)

»Als Jesus lebte, ist er immer wieder zu seinen Mitmenschen gegangen, um mit ihnen zu sprechen, mit ihnen Feste zu feiern, um bei ihnen zu sein, wenn sie traurig waren, um ihnen zu helfen. Viele kamen auch von selbst zu ihm. Manche waren neugierig, manche wollten hören, was er ihnen von Gott erzählte. Manche waren krank, verachtet und ausgestoßen. Sie hofften, daß Jesus ihnen helfen würde.

Textvortrag[10]

Jesus geht nach Jerusalem.
Er geht durch Jericho.
Viele Menschen laufen ihm nach.
Da sitzt da einer am Wege.
Das ist Bartimäus,
der Sohn des Timäus,
der bettelt da,
der ist blind.
Der wartet auf Jesus.
Der möchte sehen.
Es ist ein Jammer mit ihm. –/
Und Jesus kommt.
Das hört Bartimäus.
Da ruft er laut:
Erbarme dich./
Doch die Leute, die kommen,
die schelten ihn:
Still, du Bettler, sei still.
Er aber schreit noch viel lauter als vorher:
Jesus, erbarme dich. –/
Und Jesus hört ihn.
Jesus bleibt stehen
und sagt:
Ruft ihn doch her.
Da rufen sie ihn:
Steh auf.
Komm her
und tröste dich.
Er ruft dich./
Da wirft der Bettler den Mantel weg,
springt auf
und tappt daher./
Und Jesus fragt:
Was willst du von mir?
Da sagt er:
Ich möchte sehen.
Lieber Herr, ich möchte sehen./
Und Jesus sagt:
Du kannst es. –
Du glaubst es doch.
Gehe hin, Bartimäus.
Du bist gerettet:/
Da kann er sehen. –
Da sieht er Jesus.
Da sieht er Gott.
Da geht er mit Jesus
und bleibt bei ihm.

Von der Aussageabsicht des Textes her (siehe Anmerkung) ist die Erzählweise für die Kinder zu gestalten. Es hat sich in der praktischen Arbeit bewährt, den Kindern nach der ersten Erzählung die Möglichkeit zu geben, sich den Text »innerlich zu vergegenwärtigen«:
Die Kinder schließen die Augen, nachdem sie eine äußere Haltung eingenommen haben, die ihnen ein inneres Hören ermöglicht. Diese Bereitschaft zur Stille muß von der Erzieherin vorbereitet werden. Nun spricht die Kindergärtnerin fortlaufend einige Textstellen, nach denen sie eine Pause einlegt (vgl. vorgeschlagene Pausenzeichen). Wichtig ist zu beachten, wieviel man den Kindern zumuten kann.

Darstellung im Spiel

Die Kinder bilden einen Kreis. »Das szenische Spiel will das Kind in die Bewegung der biblischen Sprache hineinnehmen. Es spielt und wird gespielt. So ereignet sich intensives Verstehen. Die Akteure identifizieren sich mit der biblischen Gestalt und partizipieren an deren Erfahrungen mit sich, mit der Welt, mit Gott«.[11] Damit die ganze Gruppe der Kinder einbezogen wird, empfiehlt sich das Kreisspiel, wodurch auch der Aktionsraum intimer wird. Die biblische Perikope kann gleichzeitig interpretierend gespielt werden, indem einzelne Szenen von immer wieder anderen Kindern dargestellt, variiert und ergänzt werden.
Eine zusammenfassende Deutung bietet das Lied von Wolfgang Longhardt.[12] Es drückt die Dankbarkeit für die Gabe des Lichts kindgemäß aus und den Wunsch Jesu an die Menschen, diese Hoffnung auf Hilfe weiterzusagen. Die Strophen können von den Kindern noch ergänzt werden.

Text und Melodie: W. Longardt

2. Tragt zu den Kranken ein Licht, sagt ihnen: »Fürchtet euch nicht. Gott hat euch lieb ...«
3. Tragt zu den Kindern ein Licht, sagt ihnen: »Fürchtet euch nicht. Gott hat euch lieb ...«
4. Tragt zu den Alten ein Licht, sagt ihnen: »Fürchtet euch nicht. Gott hat euch lieb ...«

Gestalten eines gemeinsamen Bildfries

Möglich ist z. B. ein Transparent am Fenster oder eine Klebearbeit aus textilen Resten auf Kartonunterlage. Gerade das bildnerische Nachgestalten ermöglicht dem Kind, seine ganz persönlichen Empfindungen und Deutungen auszusagen: Meditation im Bild.

Baustein 3: Uns leuchtet ein helles Licht

Ziel:
Die Kinder sollen erfahren,
daß mit Jesus Licht in unsere Welt gekommen ist;
daß wir aus dieser großen Freude heraus seine Geburt feiern.

Erschließung der Weihnachtsgeschichte nach Lukas
Einführung

1. Gruppengespräch zum Thema »Wie es bei einem Geburtstagsfest zugeht«: einladen ... Festessen vorbereiten ... Tisch schmücken ... Blumen – Lichter ... Geschenke basteln und aussuchen ... fröhliche Spiele überlegen und spielen ... erzählen und singen ... usw.
2. Weihnachten ist auch ein solches Geburtstagsfest – Jesu Geburtstagsfest. Seinen genauen Geburtstag kennen wir gar nicht. Sein Geburtsfest ist von seinen Freunden auch nicht immer gefeiert worden. Die allerersten Christen haben noch nichts davon erzählt, wie Jesus geboren ist. Erst viele Jahre später haben Leute gefragt: Wie ist das eigentlich gewesen? Maria war seine Mutter, das wissen wir. Aber von seiner Geburt wissen wir nicht viel. Das muß doch etwas Besonderes gewesen sein. Soviel ist geschehen durch Jesus in der Welt. Durch ihn ist es hell geworden in der Welt.[13] Weil er gut war. Weil er Gutes getan hat. Hat man das bei seiner Geburt nicht schon gemerkt? Immer wieder dachten sie darüber nach.
Eines Tages kamen einige Christen zu einem Mann, der hieß Lukas. Lukas liebte Jesus, und Lukas war ein Erzähler. Lukas hatte Jesus nie gesehen. Es war schon viele Jahre her all das mit Jesus. Aber er hatte die Jesusgeschichten gehört von den anderen Freunden, die Jesus noch gekannt hatten. Und Lukas, der Erzähler, schrieb das alles von Jesus auf. Er wollte den Leuten klarmachen, daß Jesus von Gott gekommen ist und die Menschen sehr liebt. Lukas hat nachgedacht. Und dann las er in den alten Schriftrollen. Dort stand, wo der Heiland geboren werden sollte: in Bethlehem. Und da hat Lukas den Christen, den Freunden von Jesus, eine Geschichte von der Geburt Jesu aufgeschrieben. Dies ist die Geschichte:
(Der Einführungstext enthält Formulierungen von D. Steinwede. Es wird der Versuch gemacht, schon Vorschulkindern eine Ahnung von der Entstehung der Weihnachtsgeschichte zu vermitteln).
Es ist gut, den Kindern Gelegenheit zu geben sich zu äußern und eventuelle Fragen zu stellen, bevor ihnen die eigentliche Weihnachtsgeschichte erzählt wird.

Textdarbietung (nach Lukas)[14]

Die Menschen warteten schon lange auf einen Retter, einen Heiland, der die kranke Welt gesund macht. Und sie meinten damals:
Der Retter wird bestimmt in Bethlehem geboren, wo auch der große König David herkam.
Als der König David noch lebte, hat er so gut für die Menschen gesorgt. Der neue Heiland wird bestimmt aus derselben Stadt kommen, aus Bethlehem, und er kommt bestimmt auch wie ein König, damit alle es merken.
So meinten die Menschen.
Und da war Maria, eine junge Frau. Sie wohnte mit ihrem Mann Joseph in Nazareth.
Einmal war sie allein. Es war still. Da sagte Gott zu ihr:
Ich grüße dich, Maria,
Ich bin bei dir.
Und du bekommst ein Kind, einen Sohn!
Da wußte Sie: Er ist von Gott, der Retter für die Welt, der Heiland.
Er soll Jesus heißen, d.h. Gott will euch helfen!
Er wird der Herr sein. Alle sollen auf ihn hören.
Allen wird er helfen. Und das wird nie aufhören!
Und Maria sagte: Ja, so soll es sein!
Da mußte Maria mit Josef, ihrem Mann, nach Bethlehem. Ganz viele andere Leute mußten auch dahin – zu einer Volkszählung. Augustus, der Kaiser von Rom, wollte es so.
Als Maria und Josef da waren, bekam Maria ihr Kind. Aber nirgendwo war Platz für sie. Da wickelte sie ihr Kind in Windeln und legte es in eine Futterkrippe.
Und niemand achtete darauf – niemand. Denn alle meinten ja:
Wenn der Heiland der Welt kommt, dann kommt er wie ein König.
So achtete niemand auf das Kind in der Futterkrippe. –
Aber auf dem Feld – in der Nähe, waren Hirten – arme Leute, über die man schlecht sprach. Sie wachten im Dunkel.
Da wurde es auf einmal hell in ihnen. Denn Gott sprach:
Freut euch! Habt keine Angst!
Ihr Menschen alle, freut euch!
Euch ist heute der Heiland geboren, der Herr,
Der Retter für alle Menschen – in Bethlehem in Davids Stadt.
Ihr könnt euch überzeugen. Das ist das Zeichen:
Ihr werdet es finden – ein Kind in Windeln in einer Futterkrippe.
Da erkannten sie:
So groß ist Gott. So hat er es heute gezeigt.
Alle sollen »Ja« zu ihm sagen.
Und jetzt soll auf Erden Friede anfangen, wo die Menschen dies Geschenk Gottes annehmen und weitergeben!
Da sagten die Hirten:
Der Heiland der Welt? Ein Kind in einer Krippe?
Ausgerechnet für uns? Und für alle Menschen?
Wir gehen hin!
Und sie liefen hin, und sie fanden Maria und Josef und das Kind in der Krippe.
Und sie erzählten freudestrahlend – überall:
Der Retter – von Gott – ein Kind in Bethlehem
sogar für uns und für alle, damit Friede wird! Freut euch!

Anschließendes Gespräch mit den Kindern[15]

Nur einige wenige Textstellen sollten für die Kinder bedeutsam werden: Das Kind ist von Gott, der Retter für die Welt, der Heiland. Er soll Jesus heißen, d. h. Gott will euch helfen! Alle sollen auf ihn hören. Allen wird er helfen. Und das wird nie aufhören. – Da waren Hirten – arme Leute, von den anderen verstoßen. In ihnen wird es hell. Sie hören die Botschaft von Gott. Freut euch! Euch ist der Heiland geboren, der Retter für alle Menschen. Alle sollen Ja zu ihm sagen. Es soll gut werden auf der Erde, wo die Menschen dies Geschenk Gottes annehmen. Freut euch!

Liederarbeitung

Text und Noten des Liedes »Uns wird erzählt von Jesus Christ...« siehe Beitrag von H. Große-Jäger, Weihnachtslieder im Kindergarten (S. 176).

Vorbereitung auf Weihnachten

Durch den Vergleich mit erlebten Geburtstagsfesten kann mit den Kindern konkret überlegt werden, wie Weihnachten – das Geburtsfest Jesu – vorzubereiten und zu feiern ist. Dabei sollten die Eltern mitmachen dürfen.

Gespräch: Kinder/Erzieher/Eltern

mein Geburtstagsfest	*Weihnachten – das Geburtsfest Jesu*
Einladung: Eltern, Großeltern, Geschwister, Paten, Freunde	Großeltern, Verwandte, Freunde, Initiativen entwickeln durch Vergleich z. B. mit den Hirten (alleinstehende Kinder, Freunde, die krank sind, besuchen... Es ist wichtig, daß weihnachtliches Handeln daraus resultiert, das sind keine Aktionen für einen Tag, sondern in die Zukunft hinein. Dabei ist darauf zu achten, daß die Kinder Möglichkeiten finden, die für sie realisierbar sind).
Der Mutter beim Backen helfen	Der Mutter beim Backen helfen
Tisch und Zimmer mit Blumen und Kerzen schmücken	Tisch und Zimmer schmücken, besonders den Weihnachtsbaum (Bedeutung des Lichtes)
Geschenke aussuchen und basteln durch die Gratulanten	Geschenke aussuchen und basteln Überlegung »Im anderen Jesus beschenken – wer kann das alles sein?« Initiativen über den Familienraum hinaus ermöglichen: Kinder im Waisenhaus / Hilfe für bedrängte Kinder in aller Welt / den blinden Menschen eine Freude machen / Großeltern, die allein wohnen, häufiger besuchen usw.

Überlegen, wie das Fest zu gestalten ist: Singen, erzählen, vorlesen, spielen usw.

Überlegen, wie das Fest zu gestalten ist: Singen, erzählen, vorlesen, spielen usw.

Wortgottesdienst

Da er sich aus der jeweiligen Arbeit der letzten Wochen ergibt, sind nur die Elemente vorauszuplanen. Für die Kinder ist es am besten, wenn möglichst viel spontan gestaltet werden kann:
Bilder, die die Kinder malten, können den Raum schmücken oder auch von den Kindern interpretierend genutzt werden.
Lieder, z. B. Uns wird erzählt und Tragt in die Welt nun ein Licht (letzteres könnte Thema des Wortgottesdienstes sein);
Licht, das von einer Kerze ausgehend mehr und mehr den ganzen Raum erhellt. *Gespräch* über Jesus, der es hell machen will in unserem Leben;
Meditative Musik;
Gebete, möglichst kurze frei gesprochene Texte durch einen Erwachsenen, worauf die Kinder z. B. mit einem Kehrvers singend antworten können, wie »Gott hat euch lieb, Groß und Klein, seht auf des Lichtes Schein« (s. S. 164).

Elternmitarbeit

1. Möglichkeiten des Gesprächs
Vor Beginn der Arbeit mit den Kindern werden die Eltern zu einem Gesprächsabend gebeten. Gesprächspunkte können sein: Warum wird Weihnachten gefeiert. Kurze exegetische Ausführungen, z. B. durch einen Theologen. (Dazu geben folgende Beiträge in diesem Buch Material: W. Paschen: Zur Auslegung der Kindheitsgeschichte nach Lukas; C. Bussmann: Worum geht es bei Weihnachten.)
Notwendigkeit der Zusammenarbeit zwischen Kindergarten und Elternhaus. Möglichkeiten der Zusammenarbeit (hier die Eltern Vorschläge machen lassen).
2. Mitarbeit der Eltern in der Kindergartengruppe z. B. beim Basteln, Backen, Durchführen von möglichen Aktionen. Hier sollte man überlegen, wie Erwachsene und Kinder miteinander Zuwendung, Verstehen, Hilfe, Vertrauen und Geborgenheit nicht als einmalige Besinnung zu Weihnachten verstehen, sondern gemeinsam Wege des weihnachtlichen Handelns suchen.
3. Ersingen von Liedern mit den Eltern, literarische Texte mit den Eltern aussuchen.
4. Wortgottesdienst
Die Eltern werden über das Vorhaben der gemeinsamen Stunde unterrichtet und um aktives Mittun gebeten. Die Einzelheiten ergeben sich aus der gemeinsamen Arbeit während dieser Wochen.

Anmerkungen

1 D. Emeis, Zielgruppe Eltern, Freiburg 1974, S. 38.
2 G. Biemer, Religionsunterricht im 1. Schuljahr, in W. G. Esser, Zum Religionsunterricht morgen Bd. III, München 1972, S. 103.
3 a.a.O., S. 104.
4 J. F. Spiegel, Das Kind und die Bibel, Bergen-Enkheim, S. 86.
5 Bei diesen Vorschlägen wird darauf verzichtet, die Lernziele im sprachl., sozialen, bildnerischen u. musikalischen Bereich mitzubenennen.
6 U. Wölfel, Der Nachtvogel, entnommen aus U. Wölfel, Die grauen und die grünen Felder, Anrich Verlag, Mülheim a. d. Ruhr.
7 Entnommen aus M. Leist, Gebetbuch für Kinder und ihre Eltern. Herder Verlag, Freiburg.
8 Als Alternativvorschlag sei erwähnt: Die Heilung des Blindgeborenen in: K. H. König, Der biblische Wandfries für Kinder, »Welt des Kindes« 4/1972, S. 165f.
9 Zur Vorbereitung auf diesen »Baustein« sind folgende Publikationen hilfreich, die dem Erzieher helfen, sich die Aussageabsichten des biblischen Textes zu verdeutlichen: W. Trutwin. Erinnerung und Hoffnung. Eine Einführung in die Welt der Bibel, Patmos Verlag. Düsseldorf 1971, Kapitel: Die Wunder Jesu, S. 310; K. Frör, Wege zur Schriftauslegung, Düsseldorf, Patmos Verlag, 1965[5], Chr. Kaiser Verlag, München 1961; Bartels/Steinwede/Ziegler, Werkbuch Biblische Geschichte II, Verlag J. Pfeiffer, München 1971.
10 Entnommen aus: D. Steinwede, Zu erzählen Deine Herrlichkeit, Vandenhoeck & Ruprecht Göttingen/Pfeiffer, München.
11 J. F. Spiegel, a. a. O., S. 113.
12 Entnommen aus: was und wie, Arbeitshilfen zur religiösen Erziehung der 4- bis 7jährigen, Heft 4/1973, Gütersloh, S. 171.
13 Um der Gefahr des nur hypothetischen »Sagens« zu entgehen, auf die biblischen Beispiele eingehen, die das erfahrbar machen.
14 Entnommen aus: H. Janssen/F. J. Ortkemper, Heute Weihnachten feiern?, Butzon & Bercker, Kevelaer 1975; es ist ein Versuch einer Arbeitsgruppe aus Recklinghausen.
15 Hilfen zur exegetischen Klärung: W. Trutwin, s. oben, Kapitel: Vom Ursprung Jesu – Die beiden Kindheitserzählungen. Bartels/Steinwede/Ziegler, Werkbuch biblische Geschichte, s. oben, Kapitel: Der Retter ist da. E. Gruber, Mensch geworden, Überlegungen zu den biblischen Weihnachtserzählungen, Don Bosco Verlag, München 1971[2].

Karl Heinz König

Auf dem Weg zur Krippe

Didaktische und methodische Überlegungen zur Gestaltung von Adventskalender und Krippe im Kindergarten

Adventskalender, Krippe und Krippenspiel haben nur religionspädagogischen Wert, wenn sie Kinder sinngemäß in das Weihnachtsgeschehen einführen. Jedes Jahr bietet neue Möglichkeiten, die Kreise des Verstehens zu weiten, wie die Jahresringe eines Baumes. Somit wird eine Planung notwendig, die mehrere Jahre umspannt.

Didaktischer Standpunkt

Nicht nur methodische Phantasie kann langfristige Planung bewältigen, sondern vielmehr der didaktische Standpunkt. Will man emotional die

Gemüter stimmen, will man nur Brauchtum pflegen, will man biblisch Advent und Weihnachten gestalten oder will man im Vorfeld des Glaubens im Sinne und Auftrage Christi dem Kinde helfen, seine Umwelt zu bewältigen? Wenn auch bei Kindern alle vier Aspekte angesprochen werden müssen, so sollte doch der Hauptakzent auf den beiden letztgenannten liegen. Hierfür als Beispiel zwei Themengruppen:

Themengruppe I

Neben der üblichen alttestamentlichen Hinführung zur Weihnacht bietet die Kindheitsgeschichte des Lukas genügende Motive, die sich als Themen lohnen, um schließlich Zugänge zum Weihnachtsevangelium zu öffnen:
1. »... in der Herberge war kein Platz für sie ...«
2. »... wickelte ihn in Windeln und legte ihn in eine Futterkrippe.«
3. Verkündigung an die Hirten
»... *in der Herberge war kein Platz für sie* ...« ist in Erzählung, Bild und Spiel als reale Herbergssuche genügend strapaziert worden, als schöne Betrachtung ohne persönlichen Anspruch. Die Johannesparallele bietet einen neuen Ansatz: »Er kam in sein Eigentum, die Seinen nahmen ihn nicht auf.« Bibelgeschichtlich ist die Abweisung durch die Israeliten gemeint, das läßt sich veranschaulichen durch die Notwendigkeit der Flucht nach Ägypten, in der Starrhalsigkeit der etablierten Pharisäer und schließlich im Kreuzestod Jesu. Andererseits gilt diese Aussage bis auf den heutigen Tag: Wie viele Herzen sind heute noch mitten unter uns verschlossen?
»... *wickelte ihn in Windeln* ...« – auch Vorschulkindern wird die Menschwerdung deutlicher im Vergleich mit der eigenen Anschauung eines Säuglings. Er, ein Mensch wie wir, unter Schmerzen geboren, ist hilfsbedürftig wie jedes andere Kind, hat nicht einmal ein Zuhause, ist unterwegs in einer »Futterkrippe« geboren. (Vergleich mit heutigen Flüchtlingskindern erarbeiten.)
Die »*Verkündigung an die Hirten*«, an die unterste Schicht, an Verachtete und Entrechtete, die nicht einmal würdig waren, vor Gericht auszusagen, ist sogar Programmpunkt Jesu. Die andere Dimension des »Reiches Gottes« wird sichtbar: »Nicht die Gesunden bedürfen des Arztes.« »Zu den Sündern bin ich gekommen.«

Themengruppe II

Der Vorschlag ist den lesenswerten »Arbeitshilfen zur religiösen Erziehung und Glaubensunterweisung in Kindergärten und Vorschulklassen« des Deutschen Katecheten-Vereins, München, entnommen:
1. Das Leid in der Welt
2. Wer kann hier helfen?
3. Dein Reich komme

4. Es kommt der Herr der Herrlichkeit

»Das Leid in der Welt« ist auch dem Vorschulkind schon erfahrbar, auch wenn es seine Tiefe und Tragweite noch nicht ganz ausloten kann.

»In jeder Ausgabe der Tageszeitung finden sich Bilder von Straßenverkehrsunfällen, von Bränden, Schiffs- und Flugzeugkatastrophen, von Krieg und Mord und Raub, von Erdbeben- und Flutkatastrophen, von Hunger und Elend, von Krankheit und Armut. Dazu kämen Erzählungen der Kindergärtnerin zu diesem Thema. Selbstverständlich sollten nicht unverbindliche und für Kinder unverständliche Bilder und Berichte aus dem ›Fernen Osten‹ herangezogen werden; die Kinder sollen auch selbst von Leid und Sorge, von Tränen und Not in ihrem Erfahrungsbereich erzählen: Wie bitter es ist, wenn man als unsympathisch gilt und nicht mitspielen darf; wenn man als asozial gilt und nicht gern gesehen wird; wenn man dümmer ist als andere und gemieden wird; wenn man krank ist und unter dem Allein-Sein leidet; wenn man beengt oder unter verständnislosen Mit-Mietern wohnt, die sich über jedes laute Geräusch der Kinder aufregen; wenn sich die Eltern oder die Geschwister streiten; man sollte überlegen, wie es Alten, Kranken, Einsamen zumute ist.«[1]

Und »wer kann hier helfen?« Bevor von Christus die Rede ist, befragt man ganz realistisch sich selbst, die Kindergartengruppe oder Klasse, die Familie, die Gemeinde u. a. In der Liebe am Nächsten kommt uns das Reich Gottes nahe, so wie Gott uns durch Christus gezeigt hat, wie wir leben sollen. »Wir überlegen, wie und wo wir unserer ›Güte hellen Schein weit in die dunkle Welt hineintragen‹ können. Wir überlegen, was wir vom Reiche Gottes gehört haben: Es wird keine Tränen mehr geben. Es wird Friede sein. Es wird Vertragen und Freundschaft sein. Es wird Güte und Freundlichkeit sein. Keiner wird Not leiden . . ., verstoßenen Kindern gut sein, gemiedene Kinder mitspielen lassen, ängstlichen Kindern beistehen, hungernden Kindern durch eine der zahlreichen Hungeraktionen helfen.«[2]

Methodische Hilfsmittel

Ist der Standpunkt klar, so sind die didaktischen Ziele formulierbar. Sie sind Richtschnur, nach der Advent und Weihnachten gestaltet werden. Adventskalender, Krippe und Krippenspiel sind dann mehr methodische Hilfsmittel, das Ziel zu erreichen.

Es dürfte nicht immer ganz einfach sein, industriell hergestelltes Material, Adventskalender oder Krippe, richtig einzuordnen. Um so leichter aber wird es, eigenes Material mit den Kindern selbst herzustellen, abgesehen davon, daß mit der manuellen bildnerischen Tätigkeit der größere pädagogische Effekt erzielt wird.

Ein Adventskalender findet wortgemäß den Abschluß seines Spannungsbogens im Weihnachtsfest; das große Tor wird geöffnet, die Krippe erscheint. Die Christgeburt hat aber ebenso ihr Nachspiel wie ihr Vorspiel. So sollte der

Bogen den ganzen Weihnachtsfestkreis umspannen. In der Fastenzeit könnte man ihn wieder aufnehmen, um den ganzen Osterfestkreis miteinzuholen. Nur spricht man dann besser von Weihnachts- und Osterkalender. Beide lassen sich gleich gestalten, Bilder, plastische Figuren, Lied und Spiel sind Ostern wie Weihnachten einsetzbar.

Zusammenarbeit mit den Eltern

Inhalt und Form müssen rechtzeitig auch mit den Eltern der Kinder besprochen werden, um ihr Verständnis zu wecken, um die Kinder nicht in unnötigen Zwiespalt zu bringen. Gerade den Eltern müßte klarwerden, daß die Weihnachtsbotschaft, wie jede andere biblische Erzählung auch, einen Bildvordergrund und einen Verkündigungshintergrund hat. Vorschulkinder können zwar noch nicht ganz den Bezug zwischen beiden Ebenen erkennen, jedoch haben sie ein feines Gespür für Tiefe. Sie sind führbar. Der erfahrene Pädagoge wird wissen, was dem Kinde auf seiner Altersstufe zumutbar ist. Er wird wissen, wie er das Kind im Laufe der Jahre von Stufe zu Stufe zu Erkenntnissen führen kann.

Drei Grundregeln

Als goldene Grundregel gilt hier: Es darf nichts gesagt und getan werden, was irgendwann widerrufen werden müßte. Das kleine Kind hat Anspruch auf Wahrhaftigkeit.
Methodisch läßt sich eine weitere Grundregel aufstellen: Je mehr Sinne beteiligt sind, um so tiefer lassen sich Inhalte erfassen. Das gilt für das Gesehene, Gehörte, Gesprochene oder Gesungene, für das mit Händen Hergestellte und das mit dem ganzen Körper Gespielte.
Die dritte Grundregel wäre didaktischer Art: Nur das, was das Kind persönlich angeht, hat Bildungswert. So auch ist das Weihnachtsevangelium gemeint, keine schöne rührselige Geschichte, sondern als Botschaft, die den Menschen auf jeder Altersstufe jederzeit aktiv miteinbezieht, Konfrontation des Lebens Christi mit meinem Leben hier und heute.

Praktische Anregungen

1. Um das praktisch zu belegen, möchte ich an das Modell des Katecheten-Vereins anknüpfen: Kinder malen Bilder aus ihrer Lebens- und Erfahrungswelt oder suchen dementsprechende Fotos aus Illustrierten und Zeitungen. Die Erzieherin schneidet sie auf gleiches Format und steckt sie in numerierte Umschläge, die wiederum von Kindern verziert werden. Diese werden zusammengeheftet oder auf ein Band gereiht, selbstverständlich nach einer thematischen Leitlinie.
   Weniger eine »gute Tat« sollte dargestellt werden, sondern vielmehr der

Tatort, der zum Sprechen Anreiz bietet, zu dem sich auch Bilder der Tages- und Wochenpresse zuordnen lassen.[3]

2. Zu jedem Thema der Themengruppe II ließe sich ein Plakat gestalten. In das Zentrum käme das bildhaft gestaltete Bibelmotiv, umgeben von zeitbezogenen Pressefotos. Eine Kindergruppe hatte das Thema I durch einen fest geschlossenen bunten Häuserkreis gelöst, Maria und Josef einerseits und die Hirten andererseits standen außerhalb. Fast täglich bringen Zeitungen Motive ausgestoßener, zugeknöpfter oder verschlossener Menschen, Bilder, die sich hier zuordnen lassen.
3. Das Gegenstück zu den Themenplakaten wäre das selbst angelegte Bilderbuch. Wenigstens jedes Kapitelblatt wird selbst gemalt, evtl. gefolgt von gesammelten Zeitungsbildern oder gar eigenen Darstellungen. Günstige Gesprächsmomente ergeben sich durch den Vergleich von den in verschiedenen Gruppen angefertigten Gemeinschaftsarbeiten.
4. Ehe die Kinder in der Lage sind, die Weihnachtsgeschichte mit unserer Umwelt zu konfrontieren, sollte man einen Bildfries nur mit der biblischen Geschichte anlegen. An langen Fensterfronten eignet sich besonders buntes Transparentpapier, von den Kindern geschnitten und bemalt und von der Erzieherin zum Bildteppich angeordnet bzw. aufgeklebt. Jede Woche lassen sich zwei oder drei Motive gestalten. Alle Kinder sind

Adventskalender als »Burg Gottes« mit alttestamentlichen Wochenbildern (Das Opfer des Isaak, Moses, König David, Johannes d. Täufer). Als Tor ist ein sozialkritisches Zeitungsbild mit farbigen Krippenfiguren übermalt. Gemeinschaftsarbeit 8jähriger Kinder.

Krippe aus farbigem Plastilin geformt. Einzelarbeit eines 5jährigen Jungen.

Der Engel weckt Josef im Traum, Pinselmalerei mit Wasserfarben. Einzelarbeit eines 8jährigen Mädchens aus dem von einer Klasse gestalteten Bilderbuch: »Kinder erzählen die Weihnacht« (Kaufmann-Verlag, Lahr).

beteiligt, und die bildhafte Gestaltung begleitet das ständige Fragen, Überlegen und Antworten.

5. Ähnliches läßt sich plastisch mit Figuren aus Knetmaterial, Papier oder Draht als Krippe bauen, die am Kirchenjahr orientiert (oder auch nicht) ständig die Szene wechselt.
6. Spielfreudige Kinder kommen dann vielleicht auf die Idee, das ganze stegreifhaft zu spielen. Wenn der Erzieher getreu seinem didaktischen Konzept das Heft in der Hand behält, so kann er im Rollenspiel das Geschehen vertiefend interpretieren. Im Jahr darauf ließe sich eine zeitnahe Interpretation eines biblischen Details im Rollenspiel erarbeiten.
7. Zur Konfrontation von Bibel und Gegenwart eignet sich auch die Herstellung eines Advents- und Weihnachtsquartetts. Drei Gegenwartsbilder, selbst gemalt oder der Bildpresse entnommen, umkreisen das biblische Motiv. (Alle vier Bilder haben zur leichteren Koordination den gleichen Farbrand.)
8. Im Bildteil auf S.173 wird die Idee von 8jährigen Kindern wiedergegeben, die als Adventskalender eine »Gottesburg« anfertigten. Sie war Kirchenliedern entlehnt: »Macht hoch die Tür, die Tor macht weit...«, »Von 12 Perlen sind die Tore...«, »Der Wächter sehr hoch auf der Zinne...« u. a. Vorwiegend alttestamentliche Motive (Abraham und Isaak, Moses, David, Johannes der Täufer) bildeten die Wochenthemen, denen je ein Bild gewidmet wurde. Als Weihnachtstor gestalteten sie ein krippenhaft übermaltes Gegenwartsbild der Armut.
9. Die gleiche Idee läßt sich variieren, indem man aus Pappstreifen eine große runde Burgmauer schneidet und klebt und sie von Tag zu Tag bemalt oder mit Bildern beklebt bis zum Weihnachtstor hin und darüber hinaus bis etwa Lichtmeß. In der Burg selbst könnten dann plastische Krippenfiguren aufgestellt werden, biblisch oder zeitbezogen.

Krippe und Kreuz

Wichtig scheint mir, daß die Krippe möglichst bald mit dem Kreuz, die Freude mit dem dazugehörigen Leid konfrontiert wird, damit die Kinder eindeutig im Christuskind den erkennen, der für uns am Kreuz gestorben ist, den erkennen, der zwischen diesen beiden Endpunkten durch seine Botschaft und sein Leben Gott geoffenbart hat. Auch Vorschulkinder können erfassen: Es genügt nicht, die »Frohe Botschaft« nur zu hören, froh wird sie letztlich erst durch die handfeste Antwort eines jeden einzelnen, durch die Nachfolge Christi. Hören und Antworten aber wollen geübt sein.

Anmerkungen

1 Arbeitshilfen zur religiösen Erziehung... Deutscher Katecheten-Verein, München 1970, S. 37.
2 ebenda S. 41–42.
3 ebenda, S. 37–45.

Hermann Große-Jäger

Weihnachtslieder im Kindergarten

Im Kindergarten, in der Schule und in vielen Familien ist die Advents- und Weihnachtszeit ohne zeitentsprechende Lieder nicht denkbar. Das Singen gerade zu dieser Fest- und Jahreszeit hat insbesondere in den deutschsprachigen Ländern eine jahrhundertelange Tradition. In einer unübersehbaren Zahl von Weihnachtsliedern findet man vorherrschende theologische Lehrmeinungen früherer Epochen vermischt mit einer meist von bäuerlichen Lebensanschauungen beeinflußten Volksfrömmigkeit. Viele Lieder des 19. Jahrhunderts spiegeln das Brauchtum des aufkommenden bürgerlichen Weihnachtsfestes wider: Tannenbaum, Geschenke des *Christkinds,* Weihnachtsstille im winterlichen Wald, Besuch unsichtbarer Engel beim Familienfest in der warmen Stube. Eine Vielzahl von Aussagen und Motiven fließt in das Weihnachtssingen ein, deren Vielschichtigkeit man z. B. in den Rundfunkprogrammen am Heiligen Abend besonders gut beobachten kann. Wie kann man da unter pädagogischen Gesichtspunkten auswählen?
Es ist sehr hilfreich, Advents- und Weihnachtslieder zu unterscheiden nach Kirchenliedern und religiösen Volksliedern. Die einen sind für den Gottesdienst, die anderen für das Singen in der Familie und bei außergottesdienstlichen Zusammenkünften geschaffen.
Liturgische Weihnachtslieder sind vereinzelt seit dem 13./14. Jahrhundert bekannt. Seit dem 16. Jahrhundert gehören sie zu den wichtigsten Elementen des muttersprachlichen Gottesdienstes der reformatorischen Kirchen, seit dem 17. Jahrhundert sind sie mehr und mehr auch während des Gottesdienstes katholischer Gemeinden üblich. In ihnen wird versucht, die Botschaft von der Erscheinung Gottes in Jesus von Nazareth in einer Weise auszusagen, die den Texten des Alten und Neuen Testaments möglichst nahekommt. Darüber hinaus bedienen sie sich Wortfügungen und einer Bildsprache, die man in den Hymnen, Sequenzen und Gesängen der lateinischen römischen Liturgie seit dem Mittelalter kennt.

– Komm, du Heiland aller Welt (108)[1]. Es ist eine der zahlreichen Übersetzungen des Hymnus »Veni redempto gentium« des Ambrosius von Mailand (4. Jh.). In den evangelischen Kirchen wurde durch Jahrhunderte die Übersetzung Luthers gesungen: Nun komm, der Heiden Heiland. Zentrales Wortbild: Jesus ist das neue Licht.[2]

– Lobt Gott, ihr Christen allzugleich (134). Zentrale Aussage im Anschluß an die Schrift (Paulus-Briefe): Gottes Sohn »entäußert sich all seiner Gewalt, wird niedrig« und nimmt Knechtsgestalt an.

– Es kam ein Engel hell und klar (138). Übertragung des Lukas-Textes von der Verkündigung an die Hirten (Lk 2,8–20) in gereimte Strophenform durch Martin Luther. Er benutzte die Melodie eines Liedes, das zu seiner Zeit weit bekannt war (»Aus fremden Landen komm ich her«).

– Gelobet seist du Jesus Christ, daß du Mensch geboren bist (130). Dieses Lied zeigt in hervorragender Weise eine verdichtete Textgestaltung, die der Betrachtung der Glaubensaussage von der Ankunft Gottes unter uns dienen will. Martin Luther fand die erste Strophe vor. Die sechs Strophen, die er hinzufügte, lenken unseren Blick abwechselnd auf die ewige Wirklichkeit Gottes, der in Jesus Christus offenbar wird (»das ewige Licht«, »des ewgen Vaters einig Kind«) und der Wirklichkeit des menschlichen Lebens, der Jesus gleich geworden ist. Die folgende Textanordnung möge das anzeigen:

Gott	*wir*
2. Des ewgen Vaters einig Kind	→ jetzt man in der Krippe findt, in unser armes Fleisch und Blut verkleidet sich das ewge Gut.
3. Den aller Weltkreis nie beschloß	→ der liegt in Marien Schoß; er ist ein Kindlein worden klein, der alle Ding erhält allein.
4. Das ewig Licht geht da herein	→ gibt der Welt ein neuen Schein; es leucht wohl mitten in der Nacht und uns zu Lichtes Kindern macht.
5. Der Sohn des Vaters, Gott von Art,	→ ein Gast in der Welt hie ward und führt uns aus dem Jammertal, macht uns zu Erben in seinem Saal.
6. Er ist auf Erden kommen arm,	→ daß er unser sich erbarm und in dem Himmel mache reich und seinen lieben Engeln gleich.

Die siebte Strophe faßt die Betrachtung in Anlehnung an das Johannes-Evangelium (»So sehr hat Gott die Welt geliebt, daß er seinen eingebornen Sohn gab«) zusammen: Das hat er alles uns getan, sein groß Lieb zu zeigen an!

Die Beispiele machen deutlich, was liturgisches Singen will: Das Lied ist ein Mittel der Betrachtung heilsbedeutsamer Inhalte durch die Gemeinde. Durch die unverwechselbare Melodiegestalt kann das glaubende Erkennen, das sich auf den Text bezieht, mit dem Gemüt eine Einheit eingehen. »Wer singt, *betet doppelt*«, sagt Augustinus. Die Melodie vertieft die Textbetrachtung, weil sie die emotionale Beteiligung verstärkt.

Die Grenze zwischen den Kirchenliedern für den gottesdienstlichen Gebrauch und religiösen Volksliedern ist fließend. Das zeigt z. B. die Geschichte des Liedes *Stille Nacht.* Es wurde 1818 für den Volksgesang bei der lateinisch zelebrierten Messe geschaffen. Seit einem Jahrhundert ist es das meistgesungene deutsche Weihnachtslied. Durch die liturgische Bewegung in den ersten Jahrzehnten dieses Jahrhunderts wuchs in der Liturgiereform das Verständnis und die vorherrschende Meinung, daß der Text den Ansprüchen eines liturgischen Liedes nicht entspricht. Im neuen, offiziellen Gesangbuch »Gotteslob« ist der Text jedoch wieder gedruckt, offenbar, weil man aus pastoralen Gründen gerade zu Weihnachten die Abgrenzung des Kirchenliedgutes zu volkstümlichen Liedern sehr beweglich halten möchte. Denn nicht nur die Textaussage muß »stimmen«. Es ist wichtig, daß der Mensch sich im Gottesdienst beheimatet fühlt. Und dazu sind bekannte Lieder ein wichtiges Mittel. Ob und wie es gebraucht wird, hängt davon ab, wie weit man in der jeweils konkreten Situation einer Gemeinde subjektiven, meist gefühlsbetonten Äußerungen Raum geben will.

Trotz ungenauer Abgrenzung zum Kirchenlied lassen sich doch einige Eigentümlichkeiten der weihnachtlichen Volkslieder nennen. Wenn in Kirchenliedern der Blick auf den Kern der adventlich-weihnachtlichen Heilsaussage geöffnet werden soll, so ist es für die Volkslieder bezeichnend, daß sie einen Einzelaspekt in den Mittelpunkt stellen. Dieser Einzelaspekt bekommt seine Färbung durch ein Lebensgefühl, das durch die Landschaft, die Berufs- und Sozialschicht, das Brauchtum, vor allem durch bevorzugte Formen der Volksfrömmigkeit bestimmt ist, – viel mehr, als das bei Kirchenliedern der Fall ist oder sein sollte. Typische Perspektiven weihnachtlicher Volkslieder sind: Hirtenleben / ein Kind in der Krippe / Engel (»Vom Himmel hoch, o Englein kommt«; »Engel haben Himmelslieder auf den Feldern angestimmt«) / Ausdruck von Freude und Aufforderung zum Singen (»Singen wir mit Fröhlichkeit«; »Singt und klingt«). Die einzelnen Motive finden sich nicht nur voneinander getrennt in verschiedenen Liedern; vielmehr werden sie in den meisten Volksliedern miteinander verknüpft. Natürlich sind auch (Glaubens-)Aussagen über die Bedeutung Jesu für die Menschen hineinverwoben (»Christus, der Herr, ist heute geboren«; »zu Trost uns armen Leuten«; »sonst wärn wir ja all verloren«). Diese machen aber nicht die Hauptaussage des Textes aus. Vielmehr ist der Glaube, daß Gott in Jesus offenbar wird, den die Kirchenlieder gerade zur Sprache bringen wollen, hier stillschweigend vorausgesetzt, so daß man bei vertrauten – nicht biblischen – Einzelheiten wie Stall, Tiere im Stall, Sterne in kalter Nacht, Herbergssuche mit dramatischer Abweisung, Kleidung für das frierende Kind, Schönheit des kleinen Kindes und Engelerscheinung anteilnehmend und ausschmückend verweilen kann. Nicht selten wird angenommen, aus Gründen der Anschaulichkeit seien solche Liedtexte besonders Kindern zugänglich. Das ist auch offenbar der Fall. Die pädagogische Frage ist aber, ob Kinder auf diese Weise den Kern der Weihnachtsbotschaft erfahren können. Die Antwort läßt sich nicht pauschal geben.

Bei der Betrachtung weihnachtlicher Volkslieder wollen wir uns beschränken auf die Themen *Hirtenleben* und *ein Kind* in der Krippe. Die *Hirtenlieder* bilden in den Weihnachtsliedersammlungen die größte Gruppe. Wer sie singt, versetzt sich in die Situation von Hirten oder hört Hirten zu, die erzählen, »was mir dort auf der Heide für Wunderding passiert«. Meistens wird breit und immer neu nachempfindend ausgesagt, wie Menschen zumute ist, die »inmitten der Nacht« eine Engelsbotschaft hören und »eilen, ohne Verweilen, dem Krippelein zu«. Landläufig gehören zur Krippe der Stall und zum Stall Tiere. Sehr oft finden die Hirten (in den Liedern) das Kind »zwischen Ochs und Eselein«. Sie bringen Nahrung und Wolle herbei, »mit den Fellen zu hüllen das Kind«. Dann fordern sie auf, mit Pfeifen und Dudelsack Musik zu machen. Die Hirtenlieder sind das Zeugnis eines einfachen Glaubens, der unreflektiert biblische Texte ganz wörtlich nimmt, sie mit unbiblischen Einzelheiten ausschmückt und das als einmalig verstandene Geschehen in die heimatliche Landschaft und die eigenen Lebensbedingungen versetzt. Sie sind die sprachlich-musikalische Entsprechung zu den figürlichen Krippendarstellungen, die in ähnlicher Weise Details erzählend veranschaulichen.

Ein anderes Motiv der meisten Volkslieder zur Weihnachtszeit ist das *Mitfühlen mit einem armen Kind,* denn es ist »in kalter Nacht« und »in einem zerrissenen Stall« geboren, wie der Bibeltext ausschmückend erweitert wird. Zum Mitfühlen mit einem Kind, dem man »keine andere Herberg« anbieten kann, kommt das Bewundern: »Ein schönes Kind liegt dort in der Krippe bei Esel und Rind«. Mitfühlen und Bewundern bewirken eine stark gefühlsbetonte Zuneigung zum Jesuskind. Da ist auch die Aufforderung verständlich, die Ruhe des Kindes nicht zu stören: »Geht nur fein sacht, auf daß ihr dem Kindlein kein Unruh nicht macht«; »Still, still, weil's Kindlein schlafen will«. Seit dem 14. Jahrhundert gibt es das »Kindelwiegen«, das in Klöstern und Kathedralen mit lateinischem Gesang (Resonet in laudibus) begleitet wurde, sonst mit dem bekannten »Josef, lieber Josef mein, hilf mir wiegen mein Kindelein«. Man geht also mit dem Kind Jesus um wie mit jedem andern Kind. Von hierher wird es erklärlich, daß die volkstümlichen Weihnachtslieder vornehmlich das Gefühl ansprechen, weil die Betrachtung eines hilflosen Kindes jedem zu Gemüte geht. Die pädagogische Schwierigkeit bei der Erziehung zu einem personalen Glauben ist dadurch gegeben, daß Jesus heute nicht in der Daseinsweise eines Kindes lebt. Die Lieder versetzen die biblische Erzählung naiv ins Heute, während wir bei einer verantworteten Glaubenshilfe die Geschichtlichkeit des Jesus von Nazareth deutlich machen müssen. »Die historische Kindheit Jesu ist ein für allemal vorbei. Jesus lebt nicht als Kind, sondern als der Verherrlichte.«[3]

Welche Weihnachtslieder kann man angesichts dieses Befundes heute mit Kindern singen? Ich meine, man darf nicht puritanisch sein und jede Zeile ablehnen, die nicht ohne Weiteres im Verstehenshorizont der Kinder liegt und allen exegetischen Ansprüchen gerecht wird. Manche Wirklichkeit, die den Kindern ferner liegt, kann mit Hilfe der ungewöhnlichen Sprach- und Musikgestalt eines Liedes nachempfunden und zum Gewinn werden. Überdies ist nicht jede Formulierung innerhalb eines Textganzen für den Sänger und Hörer von gleichem Gewicht. Je mehr man singt, um so mehr ergänzen Aussagen des einen Liedes die in einem anderen Lied verkürzt formulierten Inhalte. Man wird kein Lied finden, das allen religions- und musikpädagogischen Erwartungen in jeder Hinsicht entspricht. Die wichtigste Erkenntnis, die man mit Blick auf die Weihnachtslieder gewinnt, ist diese: Die weihnachtliche Botschaft kann nicht zuerst und primär durch Lieder weitergegeben werden; sie muß aus*gesagt* werden. Entscheidend bleibt das persönliche Wort, die Verdeutlichung der Glaubensinhalte durch Erzählung und Gespräch, welche sich an den Aussageabsichten der Schrift orientieren.

Wenn da die Akzente richtig gesetzt werden, dann können auf diesem Hintergrund auch volkstümliche Weihnachtslieder sinnvoll sein. Dann sind Lieder eine wichtige Vertiefung des Gehörten, weil sie seelische Schichten erreichen, die Worte zumeist nicht ansprechen. Das erste ist die Vermittlung des Glaubens durch das Wort; Lieder sind die betrachtende Antwort darauf. Wenn also hier wenige Lieder beispielhaft genannt werden, dann ist ihre Verwendung dann gerechtfertigt, wenn zuvor den Kindern verdeutlicht wurde, daß mit der Geburt Jesu das Leben eines Menschen begonnen hat, der durch sein Reden und Handeln und durch seine Hingabe die Liebe Gottes gezeigt hat und den Gott – weil er sich ganz auf den Vater ausgerichtet und verlassen hat – vom Tod erweckt hat. Wenn dieser zentrale Inhalt des christlichen Glaubens anfanghaft ergriffen ist, dann relativieren sich die Einzelheiten in den Liedtexten, die für sich allein genommen mißverständlich und irreführend sein können.

(1) Beim Lied *Kommet, ihr Hirten* kann man die übliche zweite Strophe entbehren.

Lied aus Böhmen

Die Melodie läßt drei Teile erkennen. (Vergleiche dazu die Bezeichnungen im Notenbild!) Die Melodienperiode A von vier Takten Länge wird wiederholt. Der Melodieteil B ist nur zwei Takte lang und wird ebenfalls wiederholt. Teil C ist gleich den Takten 3 und 4 in A und bildet das Schlußmotiv. Durch die Wiederholung von Melodiestellen ist es bedingt, daß sich eine Melodie leicht einprägt. Deshalb ist es – wenn man sich durch den Melodieaufbau leiten läßt – nicht notwendig, die Melodie einzuüben.

Vorschlag zur Vermittlung und Gestaltung des Liedes:
(a) Zunächst wird Teil B als Ruf eingeführt:

1. Christus, der Herr ist heute geboren,
den Gott zum Heiland euch hat erkoren.
2. Nun soll es werden Friede auf Erden,
den Menschen allen ein Wohlgefallen.

Beide Rufe können in eine Erzählung von der Verkündigung an die Hirten eingefügt werden. Das kann losgelöst vom Liedganzen geschehen. Dazu Begleitung auf Stabspielen, Gitarre, gezupften Streichinstrumenten:

(b) Im nächsten Schritt (am nächsten Tag) erfolgt die Darbietung und Vermittlung des ganzen Liedes: Der Erwachsene singt die Teile A, die Kinder die schon gekonnten Teile B; Teil C kann bald von allen gesungen werden, weil die Kinder das Melodiemotiv ja schon vorher als Teil von A (unbewußt) aufgenommen haben.

Begleitung durch Stabspiele, Gitarre, gezupfte Streichinstrumente:

(2) Das Lied *Inmitten der Nacht* hat im Original fünf Strophen. Hier werden Strophe 1 und 2 vorgeschlagen; die Texte der Strophen 3 und 4 erscheinen nach unserem Sprachgefühl übertrieben. Anstelle der Strophe 5 habe ich eine neue angefügt, hier als Strophe 3.

Lied aus Oberschlesien

Auch diese Melodie lebt von Wiederholungen; deshalb hat man sie bald im Ohr. (Zu den Bezeichnungen der Melodieteile siehe das Notenbild.) Ein Motiv a von zwei Takten Länge wird wiederholt. Es folgt ein gleichlanges Motiv b, das ebenfalls wiederholt wird; durch Anhängung von a wird der Melodiebogen abgeschlossen. Motiv c klingt wie ein Echo. Das Lied schließt mit Motiv d, das jedoch dem Anfangsmotiv a fast gleich ist. Mit anderen Worten: Im Grunde muß man nur die Motive a und b hörend aufnehmen. Alles andere geht daraus hervor.

Begleitung:

(3) Das folgende Lied *Uns wird erzählt von Jesus Christ* ist in katechetischer Absicht entstanden. Der Text bezeichnet die Situation der Kinder exakt als Hörende, denen heute von Jesus Christus erzählt wird. Damit ist die Schwierigkeit der Gleichsetzung von Damals und Heute, die uns bei den Volksliedern zu schaffen macht, beseitigt. Man identifiziert sich nicht mit biblischen Personen, sondern besingt das, was man selbst erfährt. Die Genauigkeit der Aussage wird erkauft durch ein Weniger an Anschaulichkeit. – Die musikalische Verwirklichung ist leicht, da jede Zeile vor- und nachgesungen werden kann. (Dazu habe ich den Melodieteil II des Originals verändert.) Den Strophen 1, 3, 4 und 5 des Originals habe ich die Strophe 2 hinzugefügt.

2. Uns wird erzählt von Jesus Christ,
   daß er von Hirten gefunden ist.
3. Uns wird erzählt von Jesus Christ,
   daß er ganz arm geworden ist.
4. Uns wird erzählt von Jesus Christ,
   daß er uns Bruder worden ist.
5. Uns wird erzählt von Jesus Christ,
   daß er die Liebe Gottes ist.

(Text und Melodie: Kurt Rommel, aus: 111 Kinderlieder zur Bibel, hrsg. von Gerd Watkinson. Verlag E. Kaufmann, Lahr/Christophorus-Verlag, Freiburg)

Anmerkungen

1 Die Zahlen in Klammern bezeichnen die Nummer im »Gotteslob«, dem gemeinsamen katholischen Gesangbuch für den deutschen Sprachraum.
2 Siehe dazu die Ausführungen von Claus Bussmann über die Geschichte des Weihnachtsfestes im Römischen Reich: Worum geht es eigentlich bei Weihnachten? in diesem Buch.
3 Siehe meine Ausführungen in »Welt des Kindes« 1974, Seite 300ff.: Das Unbehagen zur Weihnachtszeit.

Knut Philipps

Die Weihnachtskrippe

»Weihnachtskrippe«

Scherenschnitt, weißes Papier auf schwarzem Grund; für jedes Kind: 1 Schere, 1 Bogen weißen Zeichenkarton (DIN A 5), Bleistift; für jede Gruppe: 1 Bogen schwarzes Tonpapier (DIN A 2), 1 Tube Klebstoff.

Der Erfahrungs- und Lernprozeß gliedert sich in drei Phasen.

Einführungsphase:

Die Einführung der Aufgabe *Weihnachtskrippe* kann auf vielfältige Weise geschehen. Im folgenden sollen nur einige dieser Möglichkeiten vorgestellt werden, aus denen der Erzieher die für seine Gruppe und seine besondere Situation geeignetste auswählen kann:

a) Ausgehend vom Text der Weihnachtsgeschichte, der vorgelesen oder erzählt wird, findet mit den Kindern ein Gespräch statt. Hierbei werden einerseits Vorstellungen und bereits vorhandenes Wissen der Kinder eingebracht, andererseits erklärt der Erzieher Neues und Unbekanntes und bereichert so den Vorstellungsbestand der Kinder.

b) Denkbar wäre auch zur Motivation das genaue Betrachten und die Besprechung eines Bildes mit der Weihnachtskrippe. Dies kann mittels einer guten Reproduktion (Diapositiv, Kunstkalender in großem Format), besser aber noch vor einem Original bei einem Besuch im nahen Museum oder vor der Altartafel einer Kirche geschehen (vgl. den Beitrag »Christ ist geboren« von R. Friedländer in diesem Buch). Für das Betrachten mit Vier- bis Sechsjährigen besonders geeignet ist hier jede der Darstellungen der *Geburt Christi* oder der *Anbetung der Könige* aus dem frühen Mittelalter bis zur Renaissance: z. B. Meister von Wittingau (1390), Meister Bertram (1380), Meister Francke (1425), Konrad Witz (1445), Hans Multscher (1437), Stephan Lochner (1440), Albrecht Dürer (1503/1504), Matthias Grünewald (1523), Lukas Cranach (1510), Ulrich Apt (1510), Hans Baldung Grien (1520). Hier wurden nur einige deutsche Maler genannt, von denen man in Kirchen und Museen solche Tafeln und Bilder finden kann.

c) Anlaß für das eigene bildnerische Gestalten einer Weihnachtskrippe kann ebenso ein Kindergottesdienst wie die Aufführung eines Krippenspiels sein. Das Kind setzt sich dann mit dem im Gottesdienst oder im Spiel Erfahrenen noch einmal bildhaft auseinander. Damit visualisiert es nicht nur Erfahrenes oder Erkanntes, sondern diese bildhafte Aneignung ist ein eigenständiger Erkenntnisprozeß: »Die künstlerische Aneignung der Wirklichkeit ist eine spezifische und nicht ersetzbare Form der Erkenntnis, die nicht in Widerspruch zur Wissenschaft steht. Kunst und Wissenschaft können nur in ihrer gegenseitigen Ergänzung die gesamte Realität abbilden.« (H. Freiberg und H. Korte in »Tendenzen«, Heft Juli–Okt. 76, München 1976, S. 86.)

Durchführungsphase:

Da die Weihnachtskrippe als Gemeinschaftsarbeit geplant ist, muß innerhalb der Gruppe zunächst geklärt werden, aus welchen Einzelbeiträgen sie sich zusammensetzen soll, oder wer diese liefert. Die Kinder zählen z. B. auf: *das Jesuskind, Maria, Josef, die Krippe, der Stall, der Weihnachtsstern, viele Sterne, der Verkündigungsengel, Engel, die Hirten, Tiere, die hl. drei Könige usw.* Jedes der Kinder wählt aus der Fülle der Vorschläge eine Figur oder einen Gegenstand aus, den es gerne zur Gemeinschaftsarbeit beitragen möchte. Dieser wird dann mit dem Bleistift auf einem DIN A 5 großen weißen Stück Zeichenkarton nur im Umriß vorgezeichnet und anschließend ausgeschnitten. Dabei ist darauf zu achten, daß nicht zu kleinteilige Formen vorgezeichnet werden, die das Kind später kaum ausschneiden kann, oder daß durch ungünstige Überschneidungen Unklarheiten in bezug auf die Form entstehen, die ja nur als Silhouette erscheint (vgl. Abb.)

Alle ausgeschnittenen Einzelformen werden zunächst von den Kindern auf einen schwarzen Bogen Tonpapier (DIN A 2) aufgelegt und durch Hin- und Herschieben die endgültige Verteilung der Formen auf der Fläche gefunden. Dann erst werden sie aufgeklebt.

Zum *Schluß* kann die fertige Arbeit als weihnachtlicher Schmuck neben Adventskranz und selbstgebastelten Sternen im Kindergarten oder auch beim Gottesdienst aufgehängt werden. Zu Gesprächen und Fragen setzen sich die Kinder vor ihrem Bild noch einmal mit dem Bildinhalt und der bildnerischen Problemstellung der Aufgabe auseinander. Denkbar wäre auch ein abschließender Bildvergleich zwischen der eingangs gezeigten Bildtafel eines Malers und der jetzt vorliegenden Kinderarbeit. Hierbei könnte z. B. von der Gruppe untersucht werden: Was hat der Maler ganz anders gemacht als wir? Was haben wir vielleicht vergessen? Warum ist die Bildwirkung so unterschiedlich? Was gefällt besonders? Was hätten wir besser machen können? Was gefällt uns an unserem Bild besser?

Zielvorstellungen:

a) Das Kind soll sich im *Medium der Bildsprache* in einer Gruppe mit der Weihnachtsgeschichte auseinandersetzen.

b) Die Kinder sollen sich mit Hilfe ihrer Gestaltung (Gemeinschaftsarbeit der Weihnachtskrippe) anderen mitteilen und mit anderen über diese

Gestaltung sprechen (Gestaltungsfähigkeit, Kommunikationsfähigkeit, Verbalisationsfähigkeit).

c) Die Kinder sollen die von ihnen als Beitrag zur Gemeinschaftsarbeit gewählte Person (oder den gewählten Gegenstand) entsprechend ihrer Vorstellung präzisieren und für Deutlichkeit, Klarheit, Erkennbarkeit aller Personen und Gegenstände und ihrer Formen und Beziehungen zueinander sorgen. (Artikulation und Prägnanz der Bildzeichen)

d) Die Kinder sollen die mit der Aufgabe verbundenen technischen Probleme (ausschneiden, kleben) bewältigen.

e) Die Kinder sollen Freude am Gestaltungsprozeß und gelungenen Werk haben.

»Einer der hl. drei Könige«

Malerei mit Wachsfarbe auf rotem Tonpapier (DIN A 3)

Einführungsphase: Diese Aufgabe steht ebenso wie die vorausgehende im Zusammenhang mit der Weihnachtsgeschichte. Hier wird aus dem Ereignis, dem Besuch der *hl. drei Könige* an der Krippe, die Darstellung eines dieser Könige in den Mittelpunkt der bildnerischen Arbeit gerückt.

Die Einführung kann, wie schon in der vorangehenden Aufgabe ausführlicher beschrieben, durch a) Vorlesen oder Erzählen des Textes, b) Gespräche mit den Kindern über den Text, c) Bildbetrachtung, d) Gottesdienst und Krippenspiel erfolgen. Darüber hinaus sollte eine eingehende Beschreibung oder Bildbetrachtung der *drei Könige* erfolgen, um die gestalterische Phantasie zu bereichern. Das steht keinem religionspädagogischen Konzept entgegen. Das Kind in dieser Phase bemüht sich schon, seine Vorstellungen mit Worten zu bezeichnen.

Durchführungsphase: Mit weißem Wachsstift, der sich später leicht übermalen läßt, wird zunächst der König formatfüllend vorgezeichnet. Hierbei wird häufig der untere Bildrand als Bodenlinie benutzt. Anschließend wird die Figur mit selbstgewählten Farben deckend ausgemalt.

Die Farbgebung von Vier- und Fünfjährigen ist nicht auf die Realität bezogen, vielmehr werden die Farben häufig noch entsprechend der Vorliebe, die Kinder für bestimmte Farben zeigen, nach ihrer Farbintensität oder auch einfach entsprechend dem Anforderungscharakter, den ein mit vielen Farben gefüllter Kasten Wachsstifte hat, gebraucht. So ist es verständlich und *richtig,* das ein König z. B. ein grünes Gesicht, hellblaue Ohren, blaue Beine und Arme hat.

Das rote Tonpapier als Bildgrund bietet dem Kind eine Abwechslung im Vergleich zu dem sonst üblichen Malgrund und stellt zugleich eine intensive Beziehung oder Spannung zwischen aufgemalten Farben und diesem grellfarbigen Bildträger her. Kinder malen sehr gerne auf farbigem Papier, wobei Vier- bis Sechsjährige leuchtende Bildgründe bevorzugen.

Die einzelnen Könige lassen sich zum Schluß wieder in Dreiergruppen

zusammenstellen. Alle Arbeiten sollten im Kindergarten ausgestellt und für das Betrachten und das Darüber-Sprechen den Kindern zugänglich sein.

Zielvorstellungen:

a) Präzisieren der Vorstellung von einem der hl. drei Könige, Artikulation des Bildzeichens;

b) Zuordnen der Figur zum Grund, Füllen des Formats, Proportion;

c) Farbprobleme: Farbwahl, Unterscheiden von Farben, u. U. Differenzieren, Mischen;
d) Die Kinder sollen sich mit Hilfe ihrer Gestaltung, d. h. mit dem Medium der Bildsprache, anderen mitteilen und mit anderen über ihre Gestaltung sprechen (Gestaltungsfähigkeit, Kommunikationsfähigkeit, Verbalisationsfähigkeit);
e) Optimale Gestaltung durch Fertigstellen der Bilder;
f) Freude am Gestaltungsprozeß und am gelungenen Werk.

Renate Friedländer

Bildbetrachtung zu Weihnachten mit Kindern

Die folgenden Bildbetrachtungen möchten zeigen, daß Kunstwerke dem Erzieher für die Advents- und Weihnachtszeit eine wertvolle Hilfe anbieten, um das Kind zu einem tieferen Verständnis des Festes führen zu können. Mit Kindergarten- und Grundschulkindern wurden über viele Jahre die hier beschriebenen Gemälde, u. a. aus dem Wallraf-Richartz-Museum und Museum Ludwig, Köln, betrachtet. Die Farbenfreudigkeit, lebendige Erzählweise und Reichtum an Details der mittelalterlichen Malerei entspricht in besonderem Maße der Mentalität des Kindes. Die symbolhafte Bildersprache des Mittelalters, die damals von allen Gläubigen verstanden wurde, müssen wir allerdings wieder *lesen* lernen, um die tiefere Bedeutung dieser alten Gemälde zu erfassen. Dies wollen wir anhand von diesen Weihnachtsbildern versuchen.

Impulse zur Bildbetrachtung

Zuerst eine Bitte: Bevor Sie die folgenden Erläuterungen zu einzelnen Bildern lesen, schauen Sie sich erst einmal jede Abbildung ganz unbefangen einige Zeit selbst an. Notieren Sie sich die Dinge, die Sie in den Bildern entdecken, was Ihnen besonders auffällt. Zum Beispiel könnten Sie sich folgende Fragen stellen:
Welche Figuren sind dargestellt? Durch welche Haltung, Gestik, Handlung usw. sind sie charakterisiert? Was sind die Beziehungen der Figuren zueinander?
Was steht im Mittelpunkt des Bildes? Wie lenkt der Maler unsere Aufmerksamkeit darauf?
Welche Farben beherrschen das Bild? Sind sie leuchtend oder trüb, hell oder dunkel?

Wie behandelt der Maler den Hintergrund? Welche Rolle spielt er im Bild? Wie unterscheiden sich Bilder desselben Themas aus verschiedenen Zeiten? Welche Motive tauchen wieder auf?

Es mögen Ihnen noch viele andere Fragen einfallen, manches mag noch unverständlich sein. Zuerst aber ist es wichtig, den eigenen Augen zu trauen. Sie lassen uns weit mehr entdecken, als wir ahnen.

Die Entwicklung des Weihnachtsbildes

Die Geschichte des Weihnachtsbildes ist sehr alt. Die frühesten bekannten Darstellungen zeigen nicht die Geburt Christi, sondern die Anbetung des Kindes durch die Drei Weisen aus dem Morgenland. Dies wurde als das Fest der Erscheinung des Herrn vor den Heiden (Epiphanias) bereits seit dem 2. Jahrhundert in der östlichen Kirche gefeiert. Die Geburt Jesu aber trat als eigenes Fest erst um die Mitte des 4. Jahrhunderts in Rom auf. Das Evangelium bildet die Grundlage für Darstellungen der Geburt Christi (Lukas 2,1–20) und der Anbetung der Weisen (Matthäus 2,1–12). Die sparsamen Berichte der Evangelisten wurden mit der Zeit durch immer mehr Legenden bereichert, die besonders die mittelalterlichen Gemälde zu üppigen Kompositionen erweiterten.

Geburt Christi, um 1380

Westfälischer Meister, Altar aus Osnabrück um 1380, Detail des linken Flügels (WRM 351).
Maria wird hier als Wöchnerin gezeigt, sie liegt in einem Bett, mit dem gewickelten Kind im Arm. Sie trägt ein zeitloses blaues Kleid (die Farbe des Himmels) unter einem rötlichen Mantel (Rot = die Farbe der Liebe und der Passion Christi).
Christus wird als Wickelkind dargestellt – fast *mumienartig*. Maria und Christus haben einen mit Mustern verzierten *Heiligenschein* (Nimbus). Der Heiligenschein ist uns ein bekanntes Symbol. Der Nimbus des Kindes enthält fast immer ein Kreuzzeichen als Hinweis auf sein kommendes Leiden.
Ochs und Esel im Hintergrund sind dennoch eng mit Maria und dem Kind verbunden. Sie futtern Heu aus einer viereckigen, geflochtenen Krippe. Die Tiere werden im Lukasevangelium nicht erwähnt, erscheinen aber bereits in den allerfrühesten Weihnachtsbildern. Ihre Bedeutung geht zurück auf Gottes Klage über die Uneinsichtigkeit seines Volkes bei dem Propheten Jesaja (1,3): »Das Rind kennt seinen Besitzer und der Esel die Krippe seines Herrn, Israel erkennt nicht, mein Volk hat keine Einsicht«. Die Tiere erinnern den Betrachter an die ungläubigen Juden zur Zeit Jesu.
Ein offener Stall umrahmt diese Szene, ein grobes Holzgerüst, mit einem strohbedeckten, doch *zerfallenden* Dach. Der zerfallende Stall ist nicht nur

Geburt Christi, Westfälischer Meister, Altar aus Osnabrück um 1380

Zeichen der Armut, sondern deutet auf das Ende des Alten Bundes hin, der durch Jesu Tod im Neuen Bund aufgehoben wird. Seltsam ist die Verbindung von dem Bett und dem Stall. Die liegende Maria in einer Höhle ist ein Motiv aus östlichen (byzantinischen) Weihnachtsbildern. Der offene Stall entspricht westlichen (römischen) Vorstellungen. *Joseph* sitzt, nachdenklich auf einen Stock gestützt, etwas abseits, durch einen Pfosten des Stalls von der Hauptszene getrennt. Er wird als besorgter, von Zweifeln beschwerter Mann dargestellt (Matthäus 2,19–25). Vielleicht ist hier auch ein Hinweis auf die Träume, durch die er die Anweisungen Gottes erfährt.
Der goldene Hintergrund, aus echtem Blattgold, weist auf das verborgene Königtum Christi hin. *Gold* ist die Farbe des Heiligen, Zeichen des Lichtes, das es leuchtend widerspiegelt; es ist Symbol des Ewigen, da es selbst im Verlauf der Zeit unverändert bleibt.
Raumtiefe konnte der Maler noch nicht darstellen, trotz seiner einfachen Modellierung einzelner Gegenstände mit hellen und dunkleren Farbtönen.

Die Regeln der Perspektive kannte er noch nicht, alles wirkt etwas schief. Der Goldgrund schließt das Bild nach hinten wie ein kostbarer Vorhang ab. Dieses Weihnachtsbild, schlicht und doch sprechend, ist typisch für die Zeit vor etwa 600 Jahren, in der es entstanden ist.

Geburt Christi, um 1500

Nach Hieronymus Bosch, um 1450–1516 (WRM 474)
Hieronymus Bosch wurde um 1450 geboren und starb 1516 in 's-Herzogenbusch. Sein Vater war Maler gewesen. Man weiß nichts über Boschs Ausbildung. 1486/87 wurde er als Mitglied der Brüderschaft Unserer Lieben Frauen in Herzogenbusch genannt. Er malte religiöse Bilder mit einem starken Element des Phantastischen (Höllendarstellungen, Versuchungen, Jüngstes Gericht sind bekannte Themen). Unser Bild der Geburt Christi ist wahrscheinlich nicht von ihm, sondern von einem unbekannten Nachfolger.
Wie anders ist das Bild der Geburt Christi, das uns hier etwa ein Jahrhundert später begegnet! Der Maler stellt das Geschehen in seine eigene Zeit und heimatliche Umwelt. Die Armut und Einfachheit der Menschen wird betont. Die Farben sind gedämpft. Die Szene wird in unsere unmittelbare Nähe gerückt. Wir stehen selbst an der Krippe. Nur die Oberkörper der Figuren und Köpfe der Tiere sind zu sehen. Obwohl die wirkliche Umwelt mit großer Genauigkeit wiedergegeben ist und der Gebrauch von Gold als Zeichen des göttlichen Bereiches völlig wegfällt, ist das Bild dennoch bis in Einzelheiten von geheimnisvoller Symbolik durchdrungen, die hier schwieriger zu entdecken ist. *Das Kind,* klein und nackt, ist im Mittelpunkt. Alle anderen Figuren sind um es gruppiert. Jesus liegt in einem steinernen Futtertrog – Zeichen des steinernen Grabes, das ihn einmal aufnehmen wird, und zugleich des Altares, auf dem Christus als das *Brot der Welt* im eucharistischen Opfer einmal dargebracht wird. Dies deuten auch die Ährenhalme in der Krippe an.
Maria trägt statt Blau und Rot ein alltägliches, bräunliches Kleid mit weißlichem Umhang. Als Zeichen ihrer hohen Würde ist hinter ihr ein dunkler, doch kostbarer Brokatstoff gespannt. Ein kreisförmiges Muster in dem Tuch erscheint über Marias Kopf wie die Andeutung eines Heiligenscheins. *Joseph,* wieder mit einem nachdenklichen Gesichtsausdruck, ist hier als bartloser, alter Mann in zeitgenössischer Tracht gemalt, womöglich das Porträt eines Menschen jener Zeit.
Die Tiere wärmen das Kind anscheinend mit ihrem Atem. Der Ochse (nach Jesaja 1,3) hat seine Augen fast mahnend auf den Betrachter, auf uns, gerichtet.
Ein Hirte, den Hirtenstab in der Hand, erscheint zwischen Maria und Joseph im Vordergrund. Fröhlich lächelnd vermittelt er uns seine Freude. *Der Hintergrund* ist nun nicht mehr eine goldene Fläche. Unser Blick wird in die

Geburt Christi, um 1500, nach Hieronymus Bosch

Ferne geführt. Links sehen wir in einem *zerfallenen Stall* (Sinnbild des Alten Bundes) zwei Hirten, die an einem offenen Feuer kochen und sich Hände und Füße wärmen. In der Landschaft weiter hinten sind Hirten und Herden. Der Hintergrund rechts, hinter Joseph, zeigt vorne eine Mauer, auf der eine Elster sitzt. Sie weist meist auf etwas Unheilvolles hin, möglicherweise hier Christi Tod. In der Ferne dahinter ist ein Hirte mit seiner Herde. In der Luft über ihm schwebt ein Engel, Zeichen für Gottes Botschaft an die Menschen. Die Dorfkirche am Horizont deutet den beginnenden Neuen Bund an.

Die Anbetung der Hirten, 1622

Gerrit van Honthorst, 1592–1656 (WRM 2122)

Gerrit van Honthorst wurde in Utrecht (Niederlande) geboren. Um 1613 ging er nach Italien. Er kam in Rom unter den Einfluß des Carravaggio, einem bedeutenden Maler von Licht und Schatten. 1620 war Honhorst wieder in Utrecht – 1628 hielt er sich am englischen Hof auf, arbeitete 1637–1652 hauptsächlich in Haag und starb in Utrecht 1656. Seine Bilder stellen viele Nachtszenen dar.

Dieses Gemälde entstand über ein Jahrhundert später als das vorhergehende. Es hat sich wieder ein großer Wandel in der Weihnachtsdarstellung vollzogen. Alles findet in tiefster Dunkelheit statt, aus der die stark beleuchteten Figuren in plastischer Fülle hervortreten. Auch hier taucht eine uns bekannte Symbolik wieder auf, dargestellt allerdings mit neuen Mitteln.

Das Kind liegt im Mittelpunkt. Es strahlt Licht aus. Es ist das Licht der Welt, das alle anderen Menschen erleuchtet. Während die frühe Malerei des Mittelalters dies durch einen Heiligenschein versinnbildet, ist das Kind hier selbst die Lichtquelle im Bild. Trotz der großen Natürlichkeit, mit der Jesus gemalt ist: seine Helligkeit ist unwirklich, symbolisch.

Maria, Christus am nächsten, ist insbesondere von seinem Licht überflutet. Sie ist als lächelnde, junge Mutter gezeigt, die ihr Kind liebevoll versorgt. Es

Die Anbetung der Hirten, 1622, Gerrit van Honthorst

schaut zu ihr auf. Sehr menschlich ist die innige Beziehung zwischen Mutter und Kind geschildert. Marias helle rosa und blaue Kleidung ist im Sinne der roten und blauen Gewänder früherer Bilder gemalt.
Joseph, hier nicht grübelnd, sondern vor Freude strahlend und jünger dargestellt, stützt seine gefalteten Hände auf den Kopf des Ochsen. *Der Ochse* schaut den Betrachter wieder mahnend an – es ist der einzige Blick, der aus dem Bild heraus an uns gerichtet ist. Der Atem des Tieres, der das Kind wärmt, ist hier deutlich sichtbar. *Der Esel* fehlt in diesem Gemälde.
Die drei Hirten sind hier in besonders unterschiedlicher und ausdrucksvoller Weise charakterisiert. Der andächtig kniende Greis, der hinter ihm stehende jüngere Mann, der staunend den Hut vom Kopf zieht, und der lachende, bartlose Hirtenjunge, sich ihm zuwendend und auf seinen Stab stützend, bedeuten drei Menschenalter: Jugend, Mannes- und Greisenalter. Damit versinnbilden sie stellvertretend die gesamte Menschheit.
Das Wappen in der unteren rechten Ecke zeigt eine Weltkugel mit Kreuz, umgeben von Insignien eines kirchlichen Würdenträgers. Es ist vermutlich das Wappen Johann Peter Bequerers (gest. 1721), päpstlicher Legat und Domherr in Köln, der das Bild den Kölner Kartäusern stiftete und bei der Gelegenheit das Wappen aufmalen ließ.

Impulse zur Bildbetrachtung mit Kindern

Es ist ein Ziel dieses Beitrags, den Erziehern Kenntnisse an die Hand zu geben, die sie befähigen, Kindern die tiefere Bedeutung alter Weihnachtsbilder zu vermitteln. Dies wird jeder nach seiner persönlichen Art und dem Alter der Kinder entsprechend tun. Hier sind zusätzlich einige allgemeine, praktische Vorschläge:
1. Es ist wichtig, durch genaues Anschauen die eigene Beobachtungsfähigkeit zu schulen. Hilfe dazu möchten die am Anfang gestellten Fragen geben. Dann sollte sich der Erzieher selbst erst mit dem Symbolismus der alten Malerei auseinandersetzen (s. Literaturhinweise).
2. Der Erzieher muß sich bei der Bildbetrachtung mit Kindern zunächst völlig zurückhalten, die Kinder reden und das Bild für sich entdecken lassen. Nur anhand ihrer Fragen und Beobachtungen, die oft viel schärfer als unsere sind, sollte er seine eigenen Kenntnisse einfließen lassen.
3. Die wenigen, hier gezeigten Beispiele aus der Malerei haben ihnen verwandte Darstellungen in Glasfenstern, Wand- und Buchmalerei, Steinskulpturen und vielen anderen Bereichen. Sie sind auch außerhalb der Großstädte und der Museen zu finden. Manch eine Dorfkirche birgt Kostbarkeiten. Es bleibt der Initiative eines jeden Erziehers überlassen, in der eigenen Umgebung gute, originale Beispiele von Weihnachtsbildern aufzuspüren. Das Original ist einer Reproduktion vorzuziehen. Doch auch ein schönes Buch mit guten Abbildungen oder Diapositive können für eine Bildbetrachtung benutzt werden.

4. Bei der Bildbetrachtung mit Kindern sollen wir es aber nicht einfach damit belassen. Die neu gewonnenen Eindrücke müssen aufgefangen und verarbeitet werden, wenn sie Bestand haben sollen. Die Verarbeitung eines solchen Erlebnisses kann auf vielfache Weise geschehen, vor allem durch das Umsetzen in eine eigenschöpferische Arbeit. Dadurch wird nicht nur das geistig Neue angeeignet, sondern die kreativen Fähigkeiten des Kindes werden geweckt und gefördert, die für das Entfalten seiner Persönlichkeit so wesentlich sind. Nicht nur für seelisch kranke Kinder ist schöpferisches Arbeiten therapeutisch, sondern für alle kann es eine Quelle der Freude und Selbstbestätigung sein.
Die hier abgebildeten Kinderarbeiten wurden nach Betrachtung der drei oben erläuterten Bilder im Wallraf-Richartz-Museum und Museum Ludwig in Kindergarten, Grundschule und Kinderheim geschaffen, von Kindern zwischen 5 und 10 Jahren. Die unterschiedlichen Techniken können bei allen Altersstufen angewendet werden. Sie zeigen die vielfältigen Reaktionen zu den gleichen Bildbetrachtungen.

Weihnachtskarten von 5- bis 6jährigen Kindern des St.-Marien-Kindergartens Untereschbach-Overath. Die Zeichnungen wurden auf Matrizen mit Kugelschreibern gezeichnet. Die Kinder selbst halfen dann bei der Vervielfältigung. Erzieherin: Annemarie Poppek.
Stoffbild, Die Geburt Christi, Gemeinschaftsarbeit, etwa 150×200 cm, 1. Schuljahr, Katholische Grundschule Balsaminenweg, Köln. Die Gesichter wurden aus gelblichem Transparentpapier gefertigt, indem das Transparentpapier zuerst über das Gesicht eines Klassenkameraden gelegt und grob durchgezeichnet wurde, um die Proportionen des Kopfes einigermaßen richtig zu erfassen. Das gleiche machten die Kinder mit der Zeichnung der Hände. Der Rest des Bildes ist aus farbigen Stoffresten und Stroh. Die Stoffreste wurden kaum zurechtgeschnitten, sondern in die gewünschte Form drapiert und mit Uhu geklebt. Lehrerin: Gertrud Gülz (siehe Bild auf S. 196).
Weihnachtsfenster, Gemeinschaftsarbeit von 6- bis 11jährigen im Kindergarten Gertrud-Bäumer-Haus, Michaelshoven, Köln-Rodenkirchen. Bunte Glasstückchen wurden auf eine quadratische Scheibe geklebt und die Fugen

nachher mit gefärbtem Kitt ausgefüllt. Jedes Kind machte ein Fenster. Oben sind zwei Engel und der Stern; in der nächsten Reihe Christus in der Krippe zwischen Maria und Joseph; darunter der Ochs im Stall zwischen zwei Hirten; unten die Heiligen Drei Könige. Erzieherin: Brigitte Dennerlein.

Weihnachtsfenster, Kinder 6–11 Jahre

Durchdrückfolie, das 4. Schuljahr der Evangelischen Grundschule Bensberg wandelte das Weihnachtsbild in eine Reliefdarstellung um. Mit Hilfe von Kugelschreibern u. a. Instrumenten wurde das Bild von hinten auf Kupferfolie durchgedrückt. Lehrerin: Kristhild Janeck.

Geburt Christi, Durchdrückfolie, 4. Schuljahr

Anmerkungen

Klementine Lipfert, Symbolfibel. Eine Hilfe zum Betrachten und Deuten mittelalterlicher Bildwerke, 3. Aufl., Johannes Stauda-Verlag, Kassel 1961.

Günther Ristow, Die Geburt Christi in der frühchristlichen und byzantinischen-ostkirchlichen Kunst, Verlag Aurel Bongers, Recklinghausen 1963.

Günter Aust, Die Geburt Christi, Verlag J. Schwann, Düsseldorf 1953.

Franz Josef Nüß, Die Christgeburt in Werken niederrheinischer Meister, Carl Lange Verlag, Duisburg 1962.

V Ostern – Fest der Lebensfreude

Claus Bussmann

Was bedeutet die Osterbotschaft?

Alle Jahre wieder sind Prediger, Religionslehrer, Eltern und Erzieher vor die Aufgabe gestellt, Kindern zu verdeutlichen, was Ostern bedeutet. Viele von ihnen möchten sich nicht damit begnügen, vom Brauchtum (Ostereier) oder den Symbolen der Liturgie her (Osterfeuer, Osterkerze) einen Zugang zu eröffnen, sondern die Osterbotschaft: ›Jesus ist von den Toten auferstanden‹ erschließen. Doch so einfach sich dieser Satz zunächst anhört, so schwierig ist seine Erklärung. *Zwei Schwierigkeiten* will ich gleich zu Beginn nennen: Die *erste* bezieht sich auf die Frage, was nach dem Tode Jesu passiert ist; hier stehen sich zwei Auffassungen gegenüber; die einen sagen: Er ist leibhaftig aus dem Grab hervorgegangen, so ähnlich wie Lazarus; Begründung: so steht es doch in der Bibel *(naives Nacherzählen);* die anderen sagen: Das sind alles Märchen; Begründung: das geht doch gar nicht, daß ein Toter wieder lebendig wird *(naive Kritik).* Um mit dieser Schwierigkeit fertigzuwerden, müssen wir uns der Mühe unterziehen, etwas genauer die biblischen Texte anzuschauen. Die *zweite* Schwierigkeit bezieht sich auf die Frage: Was bedeutet das eigentlich *›Jesus ist von den Toten auferstanden‹?* Selbst wenn es stimmt, daß damals ein Toter wieder lebendig wurde, so ist damit noch kein einziges Problem, das uns heute bedrängt, gelöst; das individuelle Schicksal eines Mannes namens Jesus von Nazareth mag ja erzählenswert sein, aber was hat das mit unserem Leben zu tun? Hier müssen wir herausarbeiten, was der Satz *›Jesus ist von den Toten auferstanden‹* damals meinte und wie wir ihn unter den Bedingungen von heute richtig auslegen bzw. weitersagen können. Mit den folgenden Überlegungen will ich versuchen, einen Beitrag zur Lösung der Schwierigkeiten zu leisten.

1. Die Texte

Im großen Kapitel über die Auferstehungshoffnung schreibt Paulus: »Ist aber Christus nicht auferweckt worden, so ist unsere Predigt leer, leer auch euer Glaube« (1 Kor 15,14). Man sollte also meinen, daß überall, wo im NT vom Glauben die Rede ist, zunächst von der Auferstehung Jesu gesprochen wird. An sehr vielen Stellen trifft das zu, wir werden gleich einige näher ansehen. Aber überraschenderweise gibt es auch einige Briefe im NT, in denen von der Auferstehung Jesu gar nicht gesprochen wird, obwohl es um

den christlichen Glauben geht: 2. Thessalonicherbrief, Philemonbrief, Titusbrief, Jakobusbrief, 2. Petrusbrief, Judasbrief, alle drei Johannesbriefe. Ferner ist auffällig, daß im Hebräerbrief an der Stelle (6,1f.), wo die Grundlagen des Glaubens genannt werden, zwar von der Umkehr – Buße, vom Glauben an Gott, von der Taufe, von der *Auferstehung der Toten* und dem Gericht die Rede ist, nicht dagegen von der Auferstehung Jesu. Wenn wir aus diesen beiden Beobachtungen einen vorsichtigen Schluß ziehen, dann diesen, daß es offenbar in der frühen Kirche, die sicher bei weitem nicht so einheitlich war wie die heutige, einzelne Gemeinden gab, die das Wichtigste des christlichen Glaubens festhalten konnten, ohne von der Auferstehung Jesu zu sprechen.
Schauen wir uns aber jetzt solche Texte an, die ausdrücklich von der Auferstehung Jesu reden; ich wähle willkürlich einige aus, die nicht so geläufig sind:

– Wir glauben an den, welcher Jesus, unseren Herrn, von den Toten auferweckt hat, welcher hingegeben wurde um unserer Übertretungen willen und auferweckt wurde um unserer Gerechtsprechung willen (Röm 4,24f.).
– Wenn du mit deinem Munde Jesus als den Herrn bekennst und mit deinem Herzen glaubst, daß Gott ihn von den Toten auferweckt hat, wirst du gerettet werden (Röm 10,9).
– Ihn (Christus) will ich erkennen und die Kraft seiner Auferstehung und die Gemeinschaft seiner Leiden, indem ich seinem Tode gleichgestaltet werde, in der Hoffnung, zur Auferstehung von den Toten zu gelangen (Phil 3,10f.).
– Christus Jesus, der den Tod vernichtet, aber Leben und Unvergänglichkeit ans Licht brachte durch die frohe Botschaft (2 Tim 1,10).
– Der Gott des Friedens aber, der den großen Hirten der Schafe aus den Toten heraufgeführt hat durch das Blut eines ewigen Bundes, unseren Herrn Jesus... (Hebr 13,20).
– Gnade euch und Friede von ... Jesus Christus, dem treuen Zeugen, dem Erstgeborenen von den Toten und dem Herrscher über die Könige der Erde (Offb 1,5).
– Der Gott unserer Väter hat Jesus auferweckt (Apg 5,30).
– Der Menschensohn wird..., nachdem er getötet worden ist, nach drei Tagen auferstehen (Mk 9,31).
– Denn sie (Petrus und der Jünger, den Jesus lieb hatte) verstanden die Schrift noch nicht, daß er nämlich von den Toten auferstehen müsse (Joh 20,9).
– Als dessen (des Wassers der Sintflut) Gegenbild rettet euch jetzt die Taufe, die nicht ein Abtun körperlichen Schmutzes ist, sondern die Bitte zu Gott um ein gutes Gewissen kraft der Auferstehung Jesu Christi... (1 Petr 3,21).

Die Texte zeigen, daß in der frühen Kirche sehr unterschiedlich von der Auferstehung Jesu gesprochen wird. Der Begriff ›Auferstehung Jesu Christi‹

kommt überhaupt nur ein einziges Mal im NT vor. Einerseits kann es heißen: Gott hat Jesus auferweckt, andererseits: Christus hat den Tod vernichtet; einerseits: von den Toten auferwecken, andererseits: nach drei Tagen auferstehen. Selbst wenn diese Formulierungen für uns sehr ähnlich klingen, es wird deutlich, daß die frühe Kirche mit einer Vielfalt von Ausdrücken und Bildern bezeichnen konnte, was für uns Auferstehung Jesu heißt.

1.1 Unterschiedliche Typen

Was sind das nun eigentlich für Texte, die im NT von der Auferstehung Jesu sprechen?[1] Neben den eben genannten kurzen Sätzen gibt es ja auch die Ostererzählungen, etwa die vom leeren Grab oder die von den Emmausjüngern. Diese Erzählungen gehören zu den vier Evangelien. Wir wissen aber, daß die Evangelien in der heutigen Fassung später entstanden sind als die Briefe, denen viele der kurzen Sätze entstammen. Fürs erste genügt aber die Feststellung, daß im NT im Grunde zwei Typen an Texten vorkommen, die von der Auferstehung Jesu sprechen: kurze Sätze und Erzählungen.

1.2 Beispiel für einen kurzen Satz

Wenn wir fragen, welcher Text als erster von der Auferstehung Jesu spricht, dann stoßen wir auf 1 Kor 15,4.[2] Die Gründe für das hohe Alter seien kurz genannt: Paulus zitiert hier nach seinen eigenen Worten eine Überlieferung, die er selbst schon übernommen hat (1 Kor 15,3); die Aussage über die Auferstehung Jesu steht in einem größeren Textzusammenhang, wo von Tod, Begräbnis, Auferweckung und Erscheinung Christi die Rede ist; die Texte sind aber nicht frei aus dem Augenblick formuliert, sondern nach festen Formgesetzen geprägt; es ist schon länger an ihnen gefeilt worden. Man kann die formale Eigenart des Textes drucktechnisch hervorheben:

Einleitung (Paulus spricht):
  Denn ich habe euch als das Wichtigste übergeben,
  was ich selbst empfangen habe:
Zitat (die Überlieferung spricht):
  Christus – ist gestorben für unsere Sünden –
  und er – ist begraben worden   gemäß den Schriften
  und er – ist am dritten Tage auferweckt worden –
                                        gemäß den Schriften
  und er – ist dem Kephas (= Petrus) erschienen.

Beim ersten Hinsehen könnte man meinen, daß wir es mit einem Kurzprotokoll von den Ereignissen bei und nach dem Tode Jesu zu tun haben. Aber dieser Eindruck täuscht; daß Jesus gestorben ist, kann man zwar protokollieren; aber daß er »für unsere Sünden« gestorben ist, kann man nicht protokollieren, denn das konnte auch ein Augenzeuge des Todes Jesu nicht sehen; hier wird eine andere Schicht angesprochen, die sich mit der Frage befaßt, was der Tod Jesu bedeutet. Zwar sind der Vorgang, den man sehen kann, und die Bedeutung, die man aussagen kann, nicht zwei voneinander getrennte Dinge, aber man muß sie doch auseinanderhalten; denn das eine spricht die Sinne an, das andere den Sinn. Über den Sinn (oder die Bedeutung) eines Vorgangs aber sprechen nicht Leute, die sich nur für den Ablauf der Ereignisse interessieren, sondern solche, die von dem, was da passiert, betroffen sind. Sie reden daher nicht in der Form eines Protokolls, sondern in der Form eines Bekenntnisses. Der obige Text ist vielleicht das älteste christliche Glaubensbekenntnis. Was wird darin festgehalten? Drei Punkte sollen hervorgehoben werden:

– Alle Aussagen werden von Christus gemacht. Christus, ursprünglich ein Titel (=Messias, zu deutsch der Gesalbte), ist bei Paulus schon zu einem zweiten Namen für Jesus geworden.[3] Die Glaubensformel erinnert also an ihn; sein Leben und Werk, seine Botschaft, daß Gottes Herrschaft anbricht, seine Heilungen, die dieses Anbrechen erkennen lassen, sein Umgang mit den Randsiedlern der Gesellschaft, der ihnen neuen Mut machte, alles das klingt an, wenn der Name Christus verwendet wird. Der Name unterstreicht, daß zwischen dem, was Jesus vor seinem Tod getan hat, und dem, was seine Jünger nach seinem Tode tun, eine Verbindung besteht; es ist nicht etwas gänzlich Neues, was die Gemeinde tut, die nach Jesu Tod bekennt: Gott hat ihn auferweckt.

– Die Auferweckung ist eine Tat Gottes; das wird durch die Leideform (Passiv) ›er wurde auferweckt‹ ausgedrückt und durch die Hinzufügung ›gemäß den Schriften‹. Dieses heißt nämlich nicht, daß eine bestimmte Schriftstelle die Auferweckung Jesu vorhergesagt hätte (eine solche gibt es auch nicht), sondern daß die Auferweckung Jesu die Taten Gottes, von denen die Schrift erzählt, fortsetzt. Es ist also nach der Aussage unseres Bekenntnisses der Wille Gottes, daß die Bewegung, die Jesus ins Leben gerufen hat, nicht aufhört, sondern weiterlebt: als Sammlung derer, die partnerschaftlich leben, ihr Brot teilen und niemanden ausschließen wollen, weil sie auf Gottes Wort hören. Damit wird deutlich, daß es bei der Auferweckung Jesu nicht zuerst um das persönliche Schicksal Jesu geht, sondern um die Fortführung dessen, was mit Jesus begonnen hat; Gott macht keinen Rückzieher bezüglich des Anbruchs seiner Herrschaft. Insofern ist also der Glaube an die Auferweckung Jesu ein Spezialfall des Glaubens an Gott, der »die Toten lebendig macht und das, was nicht ist, ins Dasein ruft« (Röm 4,17).

– Die Auferweckung wird nicht beschrieben; das gilt nicht nur für dieses Glaubensbekenntnis, sondern für alle neutestamentlichen Auferstehungsaussagen. Vielmehr: wie das Begräbnis die Bestätigung und Besiegelung des Todes Jesu ist, so ist – in unserem Text – die Erscheinung vor Petrus die Bestätigung der Auferweckung. Allerdings wird nicht ausgeführt, was da im einzelnen geschehen ist. Sicher kann man zweierlei sagen: (1) Die Erscheinungen haben dem Petrus die Gewißheit gegeben, daß Jesus lebt; daß sein Tod nicht das letzte ist, was von ihm zu sagen ist; (2) gleichzeitig mit

dieser Gewißheit weiß sich Petrus beauftragt, diese seine Gewißheit weiterzuvermitteln, die Botschaft: ›Gott hat Jesus auferweckt‹ weiterzugeben. Das zweite kann man gut an Paulus erkennen: Immer, wo er von seinem sog. Damaskuserlebnis spricht (Gal 1,16; 1 Kor 9,1; 15,8), spricht er auch von seinem Apostelamt, seiner Verkündigungstätigkeit.
Nun müssen wir noch fragen, was denn ein Hörer der ersten Petruspredigt verstand, wenn ihm gesagt wurde, ›Gott hat Jesus auferweckt‹. War das etwas absolut Neues für ihn? Mußte er denken, Jesus sei wieder so da, wie er vor seinem Tode in Galiläa und Jerusalem aufgetreten war? Die Juden zur Zeit Jesu (und also solche hat man sich auch die Hörer der ersten Petruspredigt vorzustellen) kannten die Vorstellung von der Auferweckung der Toten.[4] Dabei dachten sie nicht an einzelne Totenerweckungen, wie sie 1 Kön 17,17–24 und 2 Kön 4, 28–37 erzählt werden, sondern sie erwarteten, daß in der Endzeit, wenn Gott seine Herrschaft über die Erde antritt (davon hat ja auch Jesus gesprochen), alles Leid, alle Krankheit und auch der Tod überwunden werden; dabei war die Hoffnung auf Überwindung des Todes erst spät in die jüdischen Glaubensaussagen aufgenommen worden (Dan 12,2; geschrieben im 2. vorchristlichen Jahrhundert), während die Hoffnung auf Überwindung von Krankheit und Leid schon lange zum Glauben der Juden gehörte (Is 35,5; 61,1). Wenn nun die Christen bekannten: ›Gott hat Jesus auferweckt‹, dann hieß das gleichzeitig: Jetzt hat die Endzeit angefangen; an einem, nämlich Jesus, ist schon geschehen, was für alle erwartet wird; daran ist zu erkennen, daß Gottes Zuwendung stärker ist als die Macht des Todes, die ja scheinbar alle Hoffnung, die Jesus bei seinen Jüngern und Zuhörern geweckt hatte, zunichte gemacht hatte. Zwei jüdische Texte sollen veranschaulichen, wie der frühchristliche Glaubensansatz: ›Gott hat Jesus auferweckt‹ im Judentum lebendige Vorstellungen aufgriff und auf Jesus übertrug:

Achtzehn – Bitten – Gebet, 2. Strophe: Gepriesen bist du, Gott, der du Tote erweckst.
Testament des Juda 25,4:
Die in Trauer starben, stehen in Freude auf;
Die für den Herrn arm geworden sind, werden reich gemacht;
Die für den Herrn gestorben sind, wachen auf zum Leben.

Man kann also sagen, daß die Hoffnung auf Auferweckung etwas durchaus Jüdisches ist; typisch christlich ist, daß Gott die Auferweckung an einem, nämlich Jesus, bereits vollzogen hat.[5]
Das alte Glaubensbekenntnis, das wir ein wenig näher angesehen haben, hat sich in Splittern und Abwandlungen an vielen Stellen des NT erhalten (Gal 1,1; Eph 1,20; Röm 8,11; 2 Kor 5,15; Mt 20,19). Wir können diese Stellen nicht alle anschauen, sondern wollen uns jetzt dem anderen Texttyp, einer Erzählung, zuwenden.

1.3 Beispiel für eine Erzählung

Man könnte an dieser Stelle die Erzählung vom Gang der Frauen zum Grab anschauen; es gibt aber einen Grund, es nicht zu tun: Der eindeutige Höhepunkt dieser Erzählung ist der Satz des Engels: Er ist auferweckt worden, er ist nicht hier (Mk 16,6). Mit anderen Worten: Die ganze Erzählung dient diesem Satz, der ja ein Stück aus dem Glaubensbekenntnis sein könnte, das wir schon angeschaut haben. Das leere Grab ist gar nicht das Wichtigste an dieser Erzählung, es hat nur Hinweischarakter.[6] Wir wählen als Beispiel die Erzählung von den Emmausjüngern (Lk 24,13–35).

Es ist schon gesagt worden, daß die Erzählungen von den Ereignissen nach Jesu Tod später entstanden sind als das alte Glaubensbekenntnis. Dieses erwähnt nur kurz: ›er ist dem Kephas erschienen‹. Das älteste Evangelium, Mk, enthält auch nur einen kurzen Hinweis auf die Erscheinung Jesu in Galiläa, erzählt wird sie nicht.[7] Mt, Lk und Joh haben z. T. sehr unterschiedliche Erscheinungserzählungen überliefert; an die Emmausgeschichte wollen wir jetzt die Frage richten, um was es da eigentlich geht. Die Erzählung hat zwei Höhepunkte: (1) den Schriftbeweis: ›Mußte nicht der Christus dies leiden und so in seine Herrlichkeit eingehen?‹ Es geht darum, den Tod Jesu als im Willen Gottes begründet zu erkennen; damit wird die andere Auffassung, daß der Christus etwa mit militärischen oder politischen Mitteln Israel erlösen würde (vgl. Vers 21, ferner Apg 1,6), zurückgewiesen. Sein Weg zum Kreuz war der von Gott gewollte Weg. (2) Das Erkennen Jesu: Nachdem er mit ihnen gesprochen und das Brot gebrochen hat, merken sie, daß der Jesus, den sie für tot halten, lebt; aber auf eine Weise, die ihn dem menschlichen Zugriff entzieht. Wichtig ist, daß der Jesus, den sie aus seinem Auftreten in Galiläa und Jerusalem kannten, derselbe ist wie der ihnen Erscheinende.

Diese beiden wichtigen Punkte hatten wir auch schon in dem alten Glaubensbekenntnis angetroffen. Aber die Erzählung läßt noch mehr erkennen. Bei genauer Untersuchung stellt sich nämlich heraus, daß (1) die Art des Schriftbeweises ganz die Denkweise des Lukas verrät, also bereits der nachapostolischen Generation angehört; (2) die Darstellung des Mahles mitgeprägt ist von Formulierungen, die dem frühchristlichen Gottesdienst angehören. Das heißt, daß die Erzählung bereits aus dem Glauben der frühen Christen gestaltet ist; sie halten darin fest, wo man es mit dem Auferweckten zu tun bekommt: im Gespräch und beim Mahlhalten. Daß das aber so ist, das hat seinen Ursprung – und die Erzählung fügt das ganz deutlich hinzu – in den Erfahrungen der ersten Zeugen, denen gegenüber sich Jesus als lebendig erwiesen hat: ›Der Herr ist wirklich auferweckt worden und dem Simon (= Petrus) erschienen‹ (Vers 34). Das älteste Glaubensbekenntnis, von dem wir hier ein Stück wiederfinden, ist sehr knapp und hält nur das Entscheidende fest.

1.4 Was ist denn nach dem Tod Jesu passiert?

Darf man überhaupt noch so fragen, nachdem wir gesehen haben, daß die Texte auf diese Frage nicht antworten wollen? Man darf es, nur sollte man sich von der Antwort nicht zu viel erwarten. Ganz sicher kann man sagen, daß sich die Jünger nach Jesu Tod, wohl unter der Leitung des Petrus, wieder versammelt haben; sie haben angefangen zu predigen: ›Gott hat Jesus von den Toten erweckt.‹ Weiter als zum Glauben der ersten Zeugen können wir nicht vorstoßen; man kann zwar mit Recht sagen: Es muß doch etwas geschehen sein, das die Jünger zum Glauben veranlaßt hat, aber weder diese Schlußfolgerung noch auch die nackte Tatsache des leeren Grabes[8] führen zu dem, wohin die Texte führen wollen: zum Glauben an Gott, der Jesus von den Toten auferweckt hat. Dieser Weg führt über das Zeugnis, die Schriftauslegung, die Mahlfeier, kurz: über die Gemeinde der Glaubenden.

2. Versuche der Auslegung[9]

Wenn einigermaßen deutlich geworden ist, was die frühchristlichen Prediger sagen wollten mit dem Bekenntnis: ›Gott hat Jesus auferweckt‹, dann ist damit noch nicht klar, wie wir dieses Bekenntnis heute richtig auslegen; denn viele Voraussetzungen, die damals den Hörern mehr oder weniger selbstverständlich waren, gelten für uns nicht mehr: die Erwartung, daß in Kürze Gott die Herrschaft über die Welt antritt; die Vorstellung, daß Gott jederzeit in den Ablauf der Ereignisse unvermittelt eingreifen kann; der so gut wie unbestrittene Glaube an Gott. Es ist also nicht nur erlaubt, sondern notwendig, das Bekenntnis ›Gott hat Jesus auferweckt‹ für unsere Zeit auszulegen. Ich kann nur noch kurz zwei Versuche vorstellen, die die Diskussion der letzten Jahre befruchtet haben, ohne daß sie allgemeine Anerkennung gefunden hätten:[10]

2.1 »Die Bedeutsamkeit des Kreuzes«

Rudolf Bultmann kämpft gegen die Vorstellung, die Auferstehung Jesu sei ein wahrnehmbares Ereignis, mit dessen Hilfe man etwas beweisen könnte. Wer überhaupt versucht, Glauben mit Tatsachen zu beweisen, ist bereits auf dem Holzweg. Der zentrale Inhalt des Glaubens ist für ihn, daß das Kreuz das befreiende Gericht Gottes über die Welt ist. Dieser Glaube wird ausgedrückt und weitergegeben durch das Bekenntnis ›Gott hat Jesus auferweckt‹. Nicht durch irgendwelche Tatsachenbeweise, sondern nur durch die Predigt kann der heutige Mensch Zugang zu diesem Glauben an die Bedeutsamkeit des Kreuzestodes Jesu bekommen; daher wird Bultmanns Auffassung häufig mit dem Satz skizziert: Jesus ist in das Kerygma (=die Predigt) auferstanden.

2.2 »Die Sache Jesu geht weiter«

Willi Marxsen kommt nach seiner Untersuchung der neutestamentlichen Texte zu dem Ergebnis, daß der Satz ›Gott hat Jesus auferweckt‹ nur *eine* Möglichkeit ist, die Bedeutung Jesu festzuhalten und sein Weiterwirken zu garantieren. Sie ist aus der jüdischen Erwartung der endzeitlichen Auferweckung der Toten gebildet und kann, da diese heute nicht mehr lebendig ist, auch für uns nicht verpflichtend sein. Wichtig ist der gemeinte Inhalt, den Marxsen auf die Formulierung bringt: Die Sache Jesu geht weiter. Das, was Jesus zeit seines Lebens gesagt und getan hat, wird von den Jüngern als endgültiges Angebot Gottes begriffen und trotz der scheinbaren Niederlage Jesu am Kreuz weitergesagt und -getan. Bei der Formulierung ›Die Sache Jesu geht weiter‹ ist aber zu beachten, daß Marxsen mit ihr zunächst nur – allerdings mit Worten von heute – umschreiben wollte, was die Jünger damals meinten, wenn sie sagten ›Gott hat Jesus von den Toten auferweckt‹.

3. Zusammenfassung

Eine ausführliche Diskussion über diese Auslegungsversuche kann hier nicht geführt werden.[10] Festzuhalten ist jedoch: Das NT kann den Glauben an die Auferstehung Jesu in erstaunlich vielfältiger Form ausdrücken. Gemeinsam ist allen Formulierungen, daß sie nicht Beschreibungen irgendwelcher Vorgänge sein wollen, sondern Bekenntnisse; Sätze, die dem Glauben und der Hoffnung Ausdruck verleihen, daß Gott stärker ist als der Ablauf der Zeit. Dieser Glaube äußert sich im NT im Rahmen der jüdischen Erwartung, daß Gott am Ende der Zeit die Toten auferwecken wird. Glaube an die Auferstehung Jesu sagt also ein Doppeltes: Die Überwindung der widergöttlichen und widermenschlichen Mächte, deren stärkste der Tod ist, ist nicht mehr nur Zukunftshoffnung, sondern in die Gegenwart eingebrochen, erfahrbar geworden; und: Grund und Kristallisationspunkt dieser Hoffnung ist Jesus, der dafür steht, daß diese Überwindung weiterwirkt und letztlich durchschlägt. Wohlgemerkt: Auch dieser Satz ist ein Bekenntnissatz. Wenn die Christen Ostern feiern und bekennen: »Jesus ist auferstanden«, dann beziehen sie Stellung gegen Hoffnungslosigkeit und Verzweiflung; sie er- und bekennen Gottes Handeln in der Geschichte und setzen darauf, daß Gott Menschen und Welt zu Frieden, Gemeinschaft und Leben führen will; sie lassen sich von Jesus anstiften für eine solche Welt, wie Gott sie will.

Anmerkungen

1 Ich verwende im folgenden immer diesen Begriff, obwohl er die Reichhaltigkeit der ntl. Aussagen nicht wiedergeben kann.

2 Man könnte auch an 1 Thess 1,10 denken, aber der Streit über das Alter wäre müßig.

3 Für uns ist Jesus Christus ein Doppelname; ursprünglich ist es ein kurzer Bekenntnissatz: Jesus (und kein anderer) ist der Messias.

4 Es gab auch eine Gruppe (die Sadduzäer), die diese Vorstellung ablehnten, sie wurden trotzdem nicht aus der Glaubensgemeinschaft ausgeschlossen.

5 Ausführliche Informationen in leicht verständlicher Form findet man bei U. Wilckens, Auferstehung, Stuttgart 1974 (Gütersloher Taschenbücher 80).

6 Keineswegs kann das leere Grab die Auferstehung beweisen, denn leer ist das Grab auch, wenn der Leichnam gestohlen worden ist, was offenbar in Jerusalem behauptet wurde (vgl. Mt 28,11–15).

7 Mk 16,9–20 sind erst später zum Mk-Evangelium hinzugefügt worden, nachdem die anderen Evangelien schon bekannt waren.

8 Viele Forscher nehmen heute wieder an, daß die älteste Überlieferung um das leere Grab wußte.

9 Ich verweise auf einen neueren Versuch: W. Marxsen, Die Auferstehung Jesu von Nazareth, Gütersloh 1968.

10 Zu den Versuchen der beiden evangelischen Theologen Bultmann und Marxsen, die auch im Raum der evangelischen Theologie nicht unbestritten geblieben sind, vgl. den katholischen Autor J. Kremer, Das älteste Zeugnis von der Auferstehung Christi, Stuttgart ^{2}1967.

Ursula Schweickhardt

Mit Kindern über Ostern reden

Kaum ein Kapitel der religiösen Erziehung scheint sich so schwierig gestalten zu lassen wie Tod und Auferstehung Jesu. Es läßt sich nicht einfach beiseite schieben, denn mit dem jährlichen Osterfest drängt es sich auf: Die Kinder stellen Fragen und (wenigstens in kirchlichen Kindergärten) Träger und Eltern Forderungen. Und die Erzieherin kann sehen, wie sie zurechtkommt. Sicher, auch die Weihnachtszeit hat ihre Schwierigkeit, doch zumindest auf den ersten Blick scheint es da um Kindgemäßeres zu gehen als an Ostern. Aber liegt die Schwierigkeit denn tatsächlich darin, daß Leid, Angst, Gequält-werden, Sterbenmüssen, Auferstehung Dinge sind, die für das Kind in weiter Ferne liegen, die *über seinen Horizont gehen?* Ist es nicht viel eher so, daß wir Erwachsenen selber mit Ostern weniger gut zurechtkommen? Für die Kinder ist der Tod noch nicht absolut und sie rechnen noch mit Wundern. Sie mögen der Erzieherin glauben, wenn sie erzählt, daß einer, der tot war, wieder lebt. Aber wie ist es mit der Erzieherin selbst? Ist die Frage ›Wie soll ich Kindern das Ostergeschehen erklären?‹ nicht im Grunde die Frage: ›Wie soll ich mir die Auferstehung erklären‹? Sind die Fragen der Kinder ›Ist das auch wirklich wahr?‹ und ›Wie ist denn das passiert?‹ etwa nicht unsere Fragen?

Erwachsene und Kinder sitzen hier im gleichen Boot. Wir Erwachsenen sind nicht in der überlegenen Rolle derer, die ihr gesichertes Wissen den Kindern mitteilen wollen und höchstens noch unklar über die Methode sind, die man dabei am besten anwendet. Deswegen soll der folgende Antwortversuch gleichermaßen Anstöße für die praktische Arbeit im Kindergarten wie für die Erzieherin selbst geben.

1. Auferstehungsglauben und Grunderfahrungen

Es gibt im Leben jedes Menschen Grunderfahrungen, die ihn, seinen Charakter, seine Einstellung, ja in gewisser Weise sein Schicksal prägen. So weiß man, daß kleine Kinder, die sich als ungeliebt und ungewollt erfahren, ihr Leben lang mißtrauisch gegenüber Welt und Menschen bleiben. Sie können nicht daran glauben, daß man sie liebt, und oft stoßen sie durch ihr tiefverwurzeltes Mißtrauen Menschen ab, die sich ihnen zuwenden wollen, so daß sich scheinbar ihre Erfahrung ›ich werde nicht geliebt‹ bestätigt. Die Grunderfahrung führt also zu einer Grundentscheidung. Entweder man kann sagen: Ja, ich glaube, daß es Liebe gibt und daß es sinnvoll ist zu lieben. Oder man muß sagen: Liebe gibt es nicht, Geborgenheit ist nur Illusion. Auch im religiösen Bereich führt diese Grunderfahrung zu einer Grundentscheidung. Wie soll ein ungeliebtes Kind je an einen liebenden Gott glauben können? Wer aber als Kind Liebe kennengelernt hat, kann als Erwachsener leichter sagen: Ich glaube, daß die Welt und die Menschen trotz aller Widersprüchlichkeit die Spuren der allumfassenden Liebe Gottes zeigen.

Wir wollen jetzt versuchen, den Satz *Jesus ist auferstanden* ähnlich in einer menschlichen Grunderfahrung zu verankern. Mit anderen Worten: Wir suchen den Ort, in dem jene Hoffnung gründet, die in der Glaubensaussage ›*Jesus ist auferstanden*‹ gipfelt.

Nicht nur die *Liebesfähigkeit,* von der gerade die Rede war, sondern auch die *Lebensfähigkeit* hängt von frühkindlichen Erfahrungen ab. Ein Kind, dessen Drang zu leben (d. h. sich zu bewegen, zu erproben, zu entfalten) gehemmt, dessen Verlangen nach Lust abgetötet wurde, dessen Optimismus und dessen Sehnsüchte tausend kleine Tode sterben mußten, ein solches Kind wird dem Leben gegenüber grundsätzlich mißtrauisch bleiben, keinen Lebensmut haben. Von solchen Grunderfahrungen wird später die Entscheidung in den Grundfragen geprägt sein, ob das Leben stärker ist als der Tod. Ob man darauf vertrauen kann, daß sich das Leben lohnt oder ob Resignation besser ist, weil alles Denken, Planen, Handeln früher oder später doch vergebens ist und vernichtet wird. Das ist nicht einfach die Frage: Geht es nach dem Tod weiter? Es dreht sich hier nicht nur um einen Punkt in der Zukunft, wie es da wohl weitergeht, sondern das ist die Frage für jetzt: Kann ich mich trauen zu leben? Kann ich *mir* trauen, wenn ich leben, mich entwickeln will, wenn ich den Mut aufbringe, Schwierigkeiten, Leiden, Durststrecken in Kauf zu nehmen? Oder bin ich ein bemitleidenswerter Narr, der zum Tod verurteilt ist, ohne es zu merken? Einer der geschäftig hin und her läuft, während er im Grunde ein Leichnam ist? Je nachdem wird aber auch die Antwort auf die religiöse Dimension dieser Frage ausfallen: Wie soll jemand, der von frühster Kindheit an die Welt als lebensfeindlich erlebt hat, sagen können: Ich glaube, daß Jesus den Tod besiegt hat. Umgekehrt wird jemand, dessen Lebensbejahung gefördert wurde, leichter sagen können: Ich glaube, daß Gott mein Leben über den Tod hinaus erhält.

Ein Fazit für die Erziehung im Kindergarten: Wenn man dazu beitragen will, daß das Kind an die Auferstehung glauben kann, dann muß man versuchen, ihm Vertrauen zum Leben zu geben. Man darf nicht denken, die Arbeit sei getan, wenn man vor Ostern eindringlich die Auferstehungsgeschichte erzählt hat. Das klingt jetzt vielleicht sehr theoretisch: Was heißt denn

Vertrauen zum Leben geben? Wie soll man denn das machen? Die Kinder selbst zeigen uns den Weg. Wenn man von einem Kind sagt, es sei lebendig, dann meint man damit nicht, daß sein Herz schlägt, daß es atmet usw. Man drückt vielmehr damit aus, daß es putzmunter, quirlig, aufgeweckt, interessiert, einfallsreich ist. Ein solches Kind hat Vertrauen zum Leben. Indem man diese Lebendigkeit fördert, fördert man sein Vertrauen zum Leben. Konkret heißt das: Die Erzieher müssen das Kind ausprobieren lassen, was es selber kann, sie müssen die Neugierde fördern, es zu Plänen und eigenen Ideen anregen, ihm helfen, sich selbst, seinen Körper, seine Gefühle ernst zu nehmen. Das heißt, die Fähigkeit zum notwendigen Widerstand nicht weniger fördern als zur notwendigen Einordnung, und das heißt auch, seine Lust am Lautsein zu akzeptieren und echtes Stillwerden mit ihm einzuüben, Raum für Aggressivität wie auch für Zärtlichkeit zu geben.

2. Der lebendige Gott

Diese vielfältige Lebendigkeit ist ein Hinweis auf den *lebendigen Gott.* Wenn besonders im Alten Testament Gott häufig so genannt wird, dann ist damit mehr gesagt als: er ist der einzige Gott, die anderen Götter existieren nicht. Vielmehr spiegelt sich darin das jüdische Gottesbild wider, das so verschieden ist von unseren landläufigen: Der Gott des Alten Testamentes ist nicht der entrückt *thronende* Gott (der uns – geben wir's zu – so fern ist, weil er eben eigenartig leblos wirkt), sondern hier wird von Gott in Bildern – oft gewagten Bildern – gesprochen, die ihn auch für uns zum *lebendigen Gott* machen. Da heißt es, daß er lacht (Ps 2.4), daß er wie ein Löwe knurrt und seine Beute festhält (Is 5.29). Es heißt, daß er die gebrochenen Herzen heilt und die schmerzhaften Wunden verbindet (Ps 147.3), daß vor seiner Kälte die Wasser frieren (Ps 147.17). Er hält Israel wie ein Kind an seiner rechten Hand (Is 41.11) und trocknet durch sein Schimpfen die Meere aus (Is 29.2). Es heißt, daß er sein Volk mit ewiger Liebe liebt (Jer 31.3) und hofft, daß dieses treulose Volk eines Tages nicht mehr *mein Baal,* sondern *mein Mann* zu ihm sagen wird (Is 21.8).

Das Alte Testament zeigt die *Lebendigkeit* Gottes mit Vorliebe dadurch auf, daß es ihn als handelnden, dynamischen, machtvoll die Geschicke der Völker bestimmenden Gott darstellt. Uns erschließt sich der lebendige Gott vielleicht eher, wenn wir die Vielfalt der Welt betrachten, die letztlich auf Gott zurückgeht: Wie phantasievoll, ideenreich muß *Er* sein, wieviel Freude am Leben, am Lebendigen muß *Er* haben, wenn *Er* solche Entfaltungsmöglichkeiten in die Natur legt: vom Kolibri bis zum Eisbären, vom Tiefseefisch bis zum Schmetterling. »Denn bei dir ist die Quelle des Lebens«, heißt es in Psalm 36. Ohne ihn gibt es kein Leben und umgekehrt: Leben, alles Leben ist von Gott gewollt.

Auch wenn es ungewohnt klingt, bedeutet das: Je ›*lebendiger*‹ es in einem

Kindergarten zugeht, um so gottgewollter geht es zu. Gott hat Freude am Leben.

3. Jesus Christus, der Sohn des lebendigen Gottes (Mt 16.16) – Jesus Christus, der Erstgeborene von den Toten (Kol 1.18)

Nun ist aber nicht nur das Leben eine Realität, sondern auch der Tod. Nicht nur der Kolibri, sondern auch die Krebsviren. Es wäre unredlich, wollte man diesen Teil der Wirklichkeit von den Kindern fernhalten, abgesehen davon, daß man das gar nicht kann, denn der Tod ist etwas, das 3-, 4jährige erleben und das sie intensiv beschäftigt. Man kann nicht – wenigstens nicht auf Dauer – Vertrauen ins Leben einüben wollen, wenn man sich um eine Antwort drückt, wohin dieses Leben eigentlich führt, ins Leben, das mit tödlicher Sicherheit im Nichts endet? Ja zu einem Leben, das vernichtet wird? Eine Antwort auf diese Frage gibt Jesus in seinem Leben, viel mehr aber noch sind sein Tod und seine Auferstehung Antwort. In seinem Leben hat Jesus einmal eine Auseinandersetzung mit den Sadduzäern um die Frage des Lebens nach dem Tode geführt. Die Sadduzäer – eine jüdische Sekte – glaubten zwar an Gott, nicht aber an ein Weiterleben nach dem Tod. Jesus argumentiert ihnen gegenüber in eindrucksvoller Weise. Er zitiert die Stelle des Alten Testaments, wo sich Jahwe im brennenden Dornbusch dem Moses mit den Worten vorstellt: »Ich bin der Gott Abrahams und der Gott Isaaks und der Gott Jakobs« (Ex 3.6). Abraham, Isaak und Jakob waren zur Zeit des Moses aber schon längst tot. Jesus sagt nun zu den Sadduzäern: »Gott ist doch kein Gott der Toten, sondern der Lebendigen« (Mt 22.33). Was meint er damit? Doch wohl dies: Da Gott Moses für sich gewinnen und ihm einen Auftrag geben will, wäre es wohl eine schlechte Empfehlung, wenn er sagen würde: »Ich bin der Gott von längst in ihren Gräbern vermoderten Leichen.« Moses täte dann recht daran, sich einen Gott zu suchen, der beser für diejenigen sorgt, die sich mit ihm einlassen. Wenn man einen banalen Vergleich bringen wollte: Ein Rechtsanwalt stellt sich einem möglichen Klienten vor: »Ich bin der Rechtsanwalt der Herren Maier, Müller und Lehmann.« Wenn nun diese Herren ihre Fälle hoffnungslos verloren hätten, wird der potentielle Klient zum Rechtsanwalt sagen: ›Nein danke, da schau ich mich lieber anderweitig um‹.

Wenn sich nun Gott dem Moses empfiehlt als Gott Abrahams, Isaaks und Jakobs, so gibt das nur dann einen Sinn, wenn diese nicht im Tod geblieben sind und Gott damit sagen will: wer sich mir anvertraut, der kann sicher sein, daß ich für ihn sorgen werde, daß ich ihn nicht nach einigen Jahren ins Nichts fallen lassen werde. Jesus sagt den Sadduzäern gewissermaßen: Glaubt ihr denn, Gott gibt sich diese Mühe mit den Menschen und mutet ihnen Mühen zu und all das für nichts und wieder nichts?

Tod und Auferstehung Jesu werden in der Theologie auf verschiedene Weise gedeutet. Dabei ist es nicht so, daß es nur eine richtige und zahlreiche falsche

Deutungen gäbe, sondern die Deutungen ergänzen sich, eine hebt mehr diesen Aspekt hervor, eine andere jenen.

Für uns im Kindergarten weniger brauchbar ist die Deutung des Todes Jesu als ein *Sterben für uns*. (Bitte beachten Sie: sie ist weniger brauchbar, nicht: sie ist falsch.) Das ›Er ist für uns gestorben‹ lassen wir nicht zuletzt deshalb in den Hintergrund treten, weil es für Kinder leicht mißverständlich ist. Dieser Satz – und die damit zusammenhängende Theologie vom Opfertod – läßt das Kind einmal danach fragen, was für ein Gott-*Vater* das ist, der den Tod seines Sohnes verlangt, um bereit zu sein, den Menschen zu verzeihen, und diese Frage hilft dem Kind bestimmt nicht dazu, ein durch Vertrauen geprägtes Gottesbild zu gewinnen. Zweitens kann dieser Satz dazu führen, daß das Kind seine Verfehlungen überdimensional empfindet. Es gab ja Gebetbücher, die das noch förderten, wenn etwa formuliert wurde: Mein Heiland, weil ich genascht habe, leidest du am Kreuz Durst. Man kann sich unschwer vorstellen, was das für Schuldgefühle weckt: ›Ich bin schuld, daß dieser gute Jesus sterben mußte.‹ Denn das *für mich gestorben* wird ja nicht nur von Kindern als ein *wegen mir gestorben* verstanden.

Wir wollen den Akzent mehr auf die Auferstehung Jesu und nicht auf seinen Tod legen. Weniger *er ist für uns gestorben*, sondern *er ist für uns auferstanden*. Im Römerbrief entwickelt Paulus einen solchen Gedankengang. Er schließt von der Auferstehung Jesu auf unsere Auferstehung: »Wenn wir aber mit Christus gestorben sind (d. h. in der Taufe), so glauben wir, daß wir zugleich auch leben werden mit ihm« (Röm 6.8). Was also mit Jesus geschehen ist, soll mit uns allen geschehen. Die Auferstehung Jesu ist Verheißung, Versprechen unserer eigenen Auferstehung. Wir sind Kinder Gottes, schreibt Paulus an anderer Stelle. Wenn wir aber seine Kinder sind, fährt er fort, »dann sind wir auch Erben Gottes und Miterben Christi, wenn wir nämlich mit ihm leiden, um mit ihm auch verherrlicht zu werden« (Röm 8.16f.). Es ist ganz wichtig, daß Paulus hier die Hoffnung auf neues, wahres, endgültiges Leben nicht auf die Menschen beschränkt, sondern hofft, »daß auch die Schöpfung selbst befreit wird von der Knechtschaft der Vergänglichkeit zur herrlichen Freiheit der Kinder Gottes« (Röm 8.21).

Ostern ist darum nicht nur das Fest der Auferstehung Jesu, sondern auch das Fest unserer Hoffnung auf Auferstehung und – gerade im Frühling – das Fest der Hoffnung auf den, der »das Antlitz der Erde erneuert« (Ps 104.30). Denn was wäre für uns an der Auferstehung Jesu feiernswert, wenn sich damit die Gewißheit verbinden würde, daß *unser* Tod endgültig ist.

Eine geglückte Hinführung der Kinder zur Feier des Osterfestes verlangt also dreierlei von der Erzieherin:

1. Sie soll sich grundsätzlich und nicht nur ein paar Wochen vor Ostern so verhalten, daß das Vertrauen der Kinder zum Leben wachsen kann.
2. Sie soll die *Lebendigkeit* der Kinder fördern.
3. Sie soll den Kindern Gott als einen *lebendigen* Gott, der Freude am Leben hat, vorstellen.

4. Überlegungen für die Arbeit im Kindergarten

Auf diesem Fundament kann sich dann das Vertrautmachen der Kinder mit Tod und Auferstehung Jesu erst richtig entfalten.
Vielleicht ist hier noch eine Bemerkung notwendig: Es wäre verkehrt, wenn jemand, der nicht an die Auferstehung glauben kann, im Kindergarten trotzdem verpflichtet würde, den Kindern davon zu erzählen. Die Gründe für ein Nicht-glauben-können sind vielfältig, einige wurden zu Beginn angesprochen, und sicher sollte diese Tatsache Grund für einen Erzieher sein, sich selbst Rechenschaft abzulegen. Meiner Ansicht nach sollte ein Erzieher in einem solchen Fall auch von sich aus die Konsequenz ziehen und wenn irgend möglich nicht in einem konfessionellen Kindergarten tätig sein (wobei noch zu unterscheiden wäre zwischen Nicht-glauben-können und bewußter, expliziter Ablehnung des Auferstehungsglaubens). Andererseits richtet eine unbedingte Verpflichtung etwa von seiten des Trägers mehr Schaden an, als sie nützt: Kinder registrieren falsche Töne sehr genau.
Für die Vermittlung der Leidens- und Auferstehungsgeschichte lassen sich nun folgende Überlegungen anstellen:
a) Jesus soll den Kindern insgesamt möglichst *menschlich* dargestellt werden. Je mehr er als außergewöhnliches, überirdisches Wesen, das alles kann usw., geschildert wird, um so weniger leuchtet ein, daß seine Auferstehung garantiert, daß auch unser Tod (der Tod der Großmutter, des Spielkameraden usw.) nicht das letzte Wort ist. Wenn die Kinder Jesus als übermenschlich geschildert bekämen, dann könnten sie irgendwie denken: ›daß dieser Jesus auferstanden ist, ist ja nicht weiter erstaunlich. Aber wie ist das mit normalen Menschen?‹
b) Es muß vermieden werden, Tod und Auferstehung sehr plastisch darzustellen. In diesem Zusammenhang sei darauf hingewiesen, daß die teilweise verbreitete Ansicht, die Leiden Jesu seien die schlimmstmöglichen gewesen, in keiner Weise aus dem Neuen Testament herzuleiten ist. Sein Tod war grausam, gewiß, aber Tausende seiner Zeitgenossen starben wie er (als im Jahre 70 die Römer den jüdischen Aufstand niedergeworfen hatten, waren die Hügel Jerusalems voll von Kreuzen mit erhängten Juden).
Die Erzieherin soll bei der Schilderung von Dingen, die wir nicht wissen oder die die Phantasie des Kindes belasten könnten, vorsichtig sein. Dabei braucht die freie Phantasie des Kindes nicht eingeschränkt zu werden. Es hat einen weniger verbindlichen Charakter, wenn sich das Kind selbst etwas plastisch vorstellt, als wenn die Erzieherin das tut. Bei Tod und Auferstehung Jesu kommt es auf das *daß* und nicht auf das *wie* an. Die Erzieherin sollte Gespräche möglichst so lenken, daß nicht zweit- und drittrangige Fragen, z. B.: Wie ist Jesus durch geschlossene Türen gekommen? (Hier wird Jesus leicht zum Gespenst), in den Vordergrund treten. Deswegen eignet sich auch die Emmaus-Geschichte für Kinder viel besser als alle Erzählungen vom leeren Grab.

c) Jesus soll als jemand geschildert werden, der das Leben, d. h. das Leben auf der Erde liebt. Damit soll auch die Brücke zwischen diesem Leben und dem Leben nach der Auferstehung geschlagen werden: Es darf auf keinen Fall der Eindruck entstehen, als sei das zukünftige Leben völlig verschieden von dem, das die Kinder jetzt erleben. Dieser Eindruck könnte eventuell dann entstehen, wenn man – zu Unrecht – Jesus als jemanden schildert, dem an diesem *irdischen* Leben nichts lag. Wenn Jesus sagt: »Ich bin gekommen, damit sie das Leben haben und es in Fülle haben« (Joh 10.11), so ist beides gemeint: Die Fülle des Lebens hier und seine Erfüllung in der Auferstehung.

Ursula Schweickhardt

Ein Osterprogramm für den Kindergarten

Die im Beitrag »Mit Kindern über Ostern reden« dargelegten Überlegungen ließen uns ein *Osterprogramm* für den Kindergarten entwickeln, in dem wir versuchten, den Kindern Ostern in umfassendem Sinn als *Fest des Lebens* nahezubringen. Das heißt, wir haben uns nicht darauf beschränkt, nur von Tod und Auferstehung Jesu zu sprechen, sondern zunächst wollten wir den Kindern Leben überhaupt bewußter machen. Wir dachten, je besser es gelingt, den Kindern die Augen zu öffnen, wie großartig und vielgestaltig ihr eigenes Leben ist, je mehr sie ein Gespür dafür bekommen, wie komplex die Voraussetzungen und Zusammenhänge sind, um so mehr können sie staunen und sich freuen über die Auferstehung Jesu.

(Hier danke ich Sr. Carlagnese Nanino, Sr. Davidica Kades, Frau Rose Kopf für ihre Mitarbeit.)

Sinneserfahrungen

Wir haben deshalb damit begonnen, die Kinder ihren eigenen Körper und ihre Sinne erfahren zu lassen:

Bewußter hören (z. B. Gehörübungen: verschiedene Geräusche kennenlernen, laute und leise Geräusche, helle und dunkle Töne wahrnehmen, unterscheiden und beschreiben; einem Musikstück zuhören; selber Musik machen).

Bewußter sehen (z. B. sich mit geschlossenen Augen in einem Raum zurechtfinden; Bild- und Naturbeobachtung; mit geschlossenen Augen beschreiben, was man gesehen hat; mit Farben arbeiten.)

Bewußter sprechen (z. B. Sprech-, Sing- und Bewegungsspiele; Gedichte, Verse, Reime, Zungenbrecher).

Erfahrungen des eigenen Körpers durch die Bewegung (z. B. Bewegungsmöglichkeiten von Händen, Armen, Kopf, Beinen und Rumpf erarbeiten; freie Bewegung zu einer Rhythmusschallplatte). Entsprechend können Übungen zum Tasten, Fühlen, Riechen und Schmecken entwickelt werden. All das dient nicht nur dazu, daß die Kinder mehr über sich selbst wissen, sondern mindestens ebenso dem Ziel, mehr mit sich anfangen zu können und erfüllter, intensiver und freudvoller zu leben.
Aus den Erfahrungen, die die Kinder in diesem Teil gewonnen haben, kann man vielleicht folgendes Gebet formulieren: »Gott, ich danke dir, daß ich lebe. Ich kann atmen und sehen, hören und sprechen, lernen und spielen. Gott ich danke dir.«

Lebenserfahrungen

Als nächstes machten wir die Kinder mit den Gesetzmäßigkeiten des Lebens vertraut. Geburt, Wachstum, Reifung, Tod als natürliche Entwicklungsstufen des Menschen (Wandfries mit Bildern von Menschen verschiedener Altersstufen / Gespräche über die einzelnen Lebensabschnitte / Nahrung, Liebe, Wärme, Licht, Luft usw. als Voraussetzungen des Lebens / Gespräch über die eigenen Bedürfnisse / Experimente mit Pflanzen: Was geschieht, wenn sie wenig gegossen werden, im Schatten stehen usw.).

Jesus unser Bruder

Danach entwickelten wir eine Einheit, in der die Kinder erfahren, daß Jesu Leben denselben Gesetzmäßigkeiten unterworfen war wie unseres. Nur so können die Kinder später die Auferstehung Jesu als ein Zeichen und Versprechen Gottes begreifen, das allen Menschen gilt. Die Erzieherin kann beispielsweise erzählen, daß Jesus Hunger hatte (Mt 4.2), daß er sich ängstigte (Lk 22.44), daß er manchmal müde war (Mk 4.38), daß er zornig sein konnte (Joh 2.13–17), daß er in einer Familie aufwuchs (Mt 2), Freunde hatte (Joh 15.9–13) usw. Dabei kommt es nicht darauf an, all das ausführlich darzustellen, sondern die Erzieherin soll es im Gespräch mit den Kindern einfließen lassen.

Tod und Auferstehung Jesu

Nach dieser *Vorarbeit* haben wir für das Thema Tod und Auferstehung Jesu das auf den folgenden Seiten abgedruckte Schema entwickelt.

Vorschlag, wie man die Geschichte vom Prozeß und der Hinrichtung Jesu Kindern erzählen könnte

Als die Führer der Juden merkten, daß viele Leute auf Jesus hörten und ihm folgten, bekamen sie Angst. Sie machten eine Versammlung und überlegten:

Dieser Jesus ist ein Betrüger. Er hält die Gebote nicht und benimmt sich nicht wie ein frommer Mensch sich benehmen muß. Er bringt alles durcheinander. Es ist ganz unmöglich, daß Gott ihn uns geschickt hat. Es ist besser, wenn wir ihn zum Tode verurteilen. Denn wenn das so weitergeht mit Jesus, hört bald keiner mehr auf uns, sondern alle hören auf Jesus. Das kann Gott nicht wollen.
Sie machten einen Steckbrief, in dem stand: Jeder, der weiß, wo Jesus ist, muß es der Polizei sagen. Jesus ist ein gefährlicher Verbrecher.
Ein paar Tage später wird Jesus gefangen. Man stellt ihn vor ein Gericht.
Man fragt ihn: Bist du der Messias, der König, den Gott uns schickt? Jesus antwortet: Ja, ich bin der Messias. Aber ich will nicht herrschen wie ein König, sondern ich will, daß mich die Menschen lieben wie einen Freund. Das will auch Gott.
Die Richter sagen: Du lügst. Du bist ein Betrüger. Wir wissen genau, was Gott will, nicht du. Du mußt sterben.
Und sie verurteilten ihn zum Tode. Jesus muß sterben. Er hat große Angst. Er fühlt sich ganz allein und einsam. Seine Freunde sind fast alle weggelaufen. Ob Gott ihn auch allein läßt?
Die Henker nageln ihn ans Kreuz. Die Leute, die dabei sind, denken: Jetzt ist ganz sicher, daß Jesus nicht der Messias ist. Sonst würde Gott ihm helfen. Jesus ist tatsächlich ein Betrüger.
Jesus will beten. Er möchte Gott sagen, daß er ihm vertraut. Aber das fällt ihm sehr schwer. Dann stirbt er.

Erläuterungen

Der Erzählvorschlag beschränkt sich auf das Wesentliche. So wird Judas überhaupt nicht erwähnt. Erstens, weil wir zu wenig über seine Motive wissen, möglicherweise wird man ihm nicht gerecht, wenn man in ihm nur einen charakterlosen Verräter sieht. Zweitens besteht die Gefahr, in der Gestalt des Judas einen billigen Sündenbock zu finden und zu sagen: »Wenn der nicht gewesen wäre.« Das lenkt aber davon ab, daß Untreue, Verrat, Schwäche allgemeinmenschliche Eigenschaften sind, auch unsere. Aus ähnlichen Gründen wurde auch die Rolle der Juden nicht thematisiert.
Weil für Kinder der Tod Jesu schlimm genug ist, können die Grausamkeiten der Geißelung und des Kreuzwegs für sie leicht zu belastend werden. Deswegen werden sie nicht erwähnt. Das Entscheidende ist, daß die Kinder über Jesu Tod trauern können. Von dieser Trauer würde ablenken, wenn sie eine Wut auf den oder die ›*Verantwortlichen*‹ haben könnten; diese Trauer würde aber auch unmöglich, wenn die Schilderung menschlicher Grausamkeit die Kinder vor Entsetzen lähmen würde.
Ausführliche Überlegungen zum Thema Auferstehung finden sich in diesem Buch im Beitrag von Claus Bussmann: »Was bedeutet die Osterbotschaft« und in meinem vorangegangenen Beitrag »Mit Kindern über Ostern reden«.

Gerade bei kleinen Kindern kommt man leicht in die Gefahr, Auferstehung mittels *leerem Grab* und *Erscheinungen* beweisen zu wollen. Damit verbaut man aber letztlich den Weg für einen tiefen und echten Glauben an die Auferstehung Jesu. Bei der Geschichte vom leeren Grab, aber auch bei manchen Erscheinungsberichten, ist die Gefahr, bei *Äußerlichkeiten* kleben zu bleiben, sehr groß. Da müssen bei Kindern die Fragen kommen: »Wie hat Jesus das gemacht, wie hat er ausgesehen, wie ist er durch verschlossene Türen gegangen, wie war das mit den Wächtern und Engeln?« Das alles sind aber Fragen, die nur der Kopf stellt: »Wie funktioniert das – kann das funktionieren?« Die Auferstehungsgeschichte kommt auf diese Weise oft bedrohlich einer Geschichte von Zauberei und Gespenstern nahe.
Die Emmausgeschichte erscheint mir dagegen viel geeigneter. Hier geht es um andere Kategorien: Die Niedergeschlagenheit der Freunde Jesu, das Getröstetwerden, das Erleben der Gemeinschaft mit Jesu, die jubelnde Freude: Er lebt. Diese Geschichte läßt Kinder die *Gefühle* der Freunde Jesu nachvollziehen. Dadurch bahnt sie den Weg, daß auch die *Erfahrung* dieser Freunde nachvollzogen werden kann.
Nur auf diesem Weg ist aber *Osterglaube* im Unterschied zu *Osterwissen* möglich, d. h. eine Gewißheit, die im Herzen verwurzelt ist und nicht ein Wissen, das im Kopf steckenbleibt und das Herz leer läßt.
Natürlich wäre es eine Illusion zu glauben, alle Schwierigkeiten wären ausgeräumt, wenn man sich an dieses Konzept hält. Die Kinder werden selbstverständlich fragen, wie das denn war mit der Auferstehung Jesu, und sie werden es ganz genau wissen wollen. Aber vielleicht helfen Ihnen diese Überlegungen, solchen Bedürfnissen der Kinder nicht einfach nachzugeben. Ganz klar ist auch, daß der Glaube an die Auferstehung nur in einem langen Prozeß entwickelt und entfaltet werden kann und niemals unverlierbar gewonnen wird. Aber vielleicht hilft man den Kindern, den ersten Schritt auf diesem Weg zu tun.

Vorschlag, wie man die Geschichte der Emmausjünger (Lk 24.13–35) Kindern erzählen könnte

Einige Tage nachdem Jesus getötet worden war, gingen zwei von seinen Freunden von Jerusalem zu einem Dorf. Das Dorf hieß Emmaus. Die beiden Freunde glaubten, sie hätten Jesus für immer verloren. Sie waren sehr, sehr traurig, weil sie Jesus lieb gehabt hatten.
Als sie so gingen, kam plötzlich Jesus zu ihnen. Aber weil sie so traurig waren, schauten sie ihn gar nicht nicht richtig an. Sie erkannten ihn nicht. Sie waren ja auch sicher: Jesus ist tot.
Jesus fragte sie: »Warum seid ihr denn so traurig?« Sie antworteten: »Ja weißt du denn nicht, was passiert ist?« – »Was denn?«, fragte Jesus. Die beiden sagten: »Das mit Jesus von Nazareth. Das war unser Freund. Es war der beste Freund, den du dir vorstellen kannst, und wir haben ihn so lieb

gehabt. Wir haben geglaubt, daß er König von Israel wird. Aber er ist zum Tode verurteilt und hingerichtet worden. Heute morgen haben zwar ein paar Frauen gesagt, sie wären an seinem Grab gewesen und da hätte ihnen ein Engel gesagt, daß Jesus lebt. Aber das kann ja gar nicht wahr sein.«
Jesus antwortete: »Was seid ihr doch dumm! Begreift ihr denn nicht, daß das alles so kommen mußte. Aber es ist nicht alles aus, wie ihr meint!«

»Emmausgeschichte«, Tuschezeichnung, 6jähriger Junge

Den beiden Freunden tat gut, was Jesus sagte, er tröstete sie. »Bitte bleib doch noch bei uns«, baten sie ihn, als sie in dem Dorf Emmaus ankamen.
Jesus blieb. Sie aßen zusammen zu Abend.
Jesus brach das Brot, segnete es und gab es ihnen, wie er es früher immer getan hatte, wenn sie zusammen gegessen hatten.
Da gingen den beiden die Augen auf: »Das ist ja Jesus!!« erkannten sie.
Jesus ging weg.
Jetzt wußten die beiden: Jesus lebt tatsächlich. Und vor lauter Freude und Glück konnten sie es nicht mehr in Emmaus aushalten. So schnell sie konnten, liefen sie nach Jerusalem zu den anderen Freunden.
Als sie dort waren, riefen sie glücklich: »Es ist wahr. Jesus lebt. Wir haben ihn gesehen.«

Grobziel: Die Kinder sollen erfahren, daß Jesus gestorben ist.

Element 1	Inhalt	Aktion Erzieher	Aktion Kinder	Methodische Hinweise	Medien	Didaktischer Kommentar
Die Kinder sollen erfahren, daß Jesus gekreuzigt wurde.	Es gab Menschen, die ihn nicht verstehen konnten und sich gegen ihn wandten (z. B. Heilung am Sabbat [Mk 3.2]). Jesus wird gefangengenommen und an das Kreuz geschlagen. Jesus stirbt am Kreuz.	Erzählung anhand des Bilderbuches: Jesus ist auferstanden (1. Teil). Im Anschluß an die Erzählung der Kreuzigung Jesu kann die Erzieherin auf das Kreuz im Kindergarten hinweisen. Gebete aus: Kinder reden mit Jesus S. 136 bis 165 oder	freies Gebet. Eltern einbeziehen z. B. Besuch in der Kirche.	Kleingruppe Kinder sollen zum freien Gebet angehalten werden.	Bilderbuch: »Jesus ist auferstanden« von der Württ. Bibelanstalt Stuttgart. Geschichte vom Tod Jesu siehe Anhang Gebetbuch: Kinder reden mit Jesus Kath. Bibelwerk Stuttgart	Der Tod Jesu soll zurückhaltend erzählt werden, weil für Kinder eine genaue Schilderung zu belastend ist. Mit dem Hinweis auf das Kreuz muß man vorsichtig sein. Sensible Kinder können durch eine Vorstellung des gekreuzigten Jesu verstört werden.

Grobziel: Die Kinder sollen erfahren, daß Jesus gestorben ist und Gott ihn wieder zum Leben erweckt hat.

Element 2	Inhalt	Aktion Erzieher	Aktion Kinder	Methodische Hinweise	Medien	Didaktischer Kommentar
Die Kinder sollen erfahren, daß Jesus wieder lebt.	Geschichte der Emmausjünger.	Einführung von Osterliedern, z. B. Hört ihr's läuten ... O du schöne Osterzeit ... Freut euch ... Erzählen der Emmausgeschichte.	Evtl. malen nach der Geschichte.	Altersgleiche Kleingruppe. Dem Kind möglichst keine Bildvorlagen geben. Ganze Gruppe	Emmausgeschichte siehe vorher. Materialien zum Malen Die Lieder stammen aus »Kindergebete zum Singen« von Lilly Zarncke, Verlag, Styria 1972 und »111 Kinderlieder zur Bibel« von Gerd Watkinson, Verlag Ernst Kaufmann, Christophorus Verlag ^{5}1972	Wichtig ist, daß die Kinder wissen, *daß* Jesus gestorben ist, weniger wichtig ist, *wie* das geschah. Ähnliches gilt für die Auferstehung. Entscheidend ist, *daß* Jesus lebt, nicht *wie* sich die Auferstehung abspielte. Der kindlichen Phantasie sollten keine falschen Anreize gegeben werden.

Grobziel: Die Kinder sollen das Osterfest als Fest des Lebens erfahren.

Element 3	Inhalt	Aktion Erzieher	Methodische Hinweise	Medien	Didaktischer Kommentar
Die Kinder sollen erfahren, daß an Ostern die	Jesus lebt! Wir freuen uns, daß er lebt und daß	Ausdruck der Osterfreude: – durch die Osterkerze = Licht (Symbol für den Auferstandenen)	Einzelne Kinder werden in die Vorbereitung mit	Zubehör – Raum- und Tischdekoration,	Ostern ist das Fest der Auferstehung. Wenn aber nur Jesus auf-

Element 3	Inhalt	Aktion Erzieher	Methodische Hinweise	Medien	Didaktischer Kommentar
Auferstehung Jesu gefeiert wird.	auch wir leben. Seine Auferweckung ist Zeichen und Hoffnung für die Auferweckung von uns allen. Weil Jesus lebt, feiern wir ein Fest.	– durch Blumen, Eier, Hasen (Symbol für das Leben): – Verzieren von Kerzen – Verzieren/Färben von Ostereiern – Herstellen von Tischschmuck. Kinder bereiten gemeinsam mit der Erzieherin den Raum für das Fest vor: Tischschmuck, Osterkerze ... Vorschlag für *Osterfeier:* – Osterlied: singen und musizieren, Osterevangelium vorlesen – Bildbetrachtung – Gebet – Tanz zur Musik – Osterkörbchen suchen – Eltern einbeziehen	einbezogen Gesamtgruppe	Osterkerze, Musikinstrumente, Schallplatten	erstanden wäre und wir nicht hoffen dürften, daß auch Gott unser Leben nicht im Tode läßt, so wäre dieses Fest eigentlich für uns bedeutungslos. Aber wenn Jesus gestorben ist wie wir, werden wir auferstehen wie er. Deswegen ist Ostern das Fest des Lebens und der Hoffnung, daß dieses Leben eine gute Zukunft hat.

Felicitas Betz

Kreuzmeditation mit Kindern

Mir war die Aufgabe gestellt, mit drei- bis sechsjährigen Kindern am Karfreitag eine Feier zu gestalten – in der Zeit, da ihre Eltern am Karfreitagsgottesdienst teilnahmen. – Ich beschloß, mit den Kindern eine Kreuz-Meditation zu versuchen. Mein Ziel dabei war, den Kindern auf eine ihrem Alter entsprechende Weise das Kreuz als Kreuzung zweier Richtungen in ihr Gespür und in ihr Körpergefühl zu bringen.

Vorbereitung

Die Kinder waren für die Kar- und Ostertage aus der ganzen Bundesrepublik zusammengekommen. Sie waren mir fremd und auch untereinander kannten

sich nur wenige. Ich hatte die Möglichkeit, an zwei vorhergehenden Tagen mit ihnen Kontakt aufzunehmen.
Mein Plan war, die Karfreitagsfeier mit einem gemeinsamen Reigengang zu beginnen (als eine Art Introitus). Nach meinen Erfahrungen ist das eine gute Weise, um so kleine Kinder, die von irgendwoher aus der Zerstreuung kommen, zu sammeln und zu sich kommen zu lassen. In dem Lied »Es sungen drei Engel ein' süßen Gesang« (Gotteslob 186) bietet sich dazu eine sehr schöne Melodie an, die schon dieser Altersstufe angemessen ist. Die beiden 15- bis 20minütigen Treffen mit den Kindern am Mittwoch und Donnerstag nutzte ich, um sie mit diesem Lied vertraut zu machen.

Um den Kindern einen Zugang zum Text zu verschaffen, kann man eine kleine Geschichte erfinden, z. B.: Da lebte einmal ein Mann, der war einen weiten Weg gegangen. Er wollte heraus aus der Stadt, ins Freie. Nachdem er eine Zeitlang gewandert war, kam er auf eine schöne Waldwiese. »Da bleibe ich ein wenig, hier ist es schön«, denkt er. Und er setzt sich auf einen Stein und schaut und lauscht. Da ist es ihm, als höre er einen leisen Gesang. Er horcht ... ja – es ist, als würde gesungen ... leise, aber sehr schön. Die Töne gehen ihm richtig ans Herz. So schön hat er noch nie singen hören ... Das geht eine Weile so. Dann ist es vorbei. – Als er wieder heimkam, mußte er immer noch an dieses wunderbare Singen denken. Es klang noch in seinem Ohr. »Es war, als hätten Engel gesungen«, meinte er. Und er machte ein Lied aus seinem Erlebnis und sang:

Es sungen drei Engel ein' süßen Gesang
der in dem hohen Himmel klang.

Sie sungen, sie sungen alle so wohl,
den lieben Gott wir loben solln.

Wir heben an, wir loben Gott,
rufen ihn an, es tut uns not.

Wollen wir dieses Lied auch einmal singen? ...

Am ersten Tag lernten wir nur die ersten beiden Strophen, am zweiten die dritte dazu und jedesmal gleich in langsamem Schreiten in der Kreisbewegung. Die Kinder machen gern mit und beruhigen sich innerlich dabei.
Die Eltern wurden gebeten, mit den Kindern zwei möglichst gerade gewachsene Stöcke zu suchen, die beide gleich lang – etwa 30 bis 40 cm – sein sollten. Ferner sollten die Kinder in einen Plastiksack eine Anzahl Steine sammeln und zur Feier mitbringen.

Die Meditationsfeier

Wir hatten einen schönen großen Raum zur Verfügung, der normalerweise als Kapelle dient. Es gab aber keine Kirchenbänke, sondern nur Hocker, die ich vorher alle an den Wänden entlang aufgestellt hatte, um einen möglichst großen freien Raum in der Mitte zu gewinnen. Es kamen etwa 25 Kinder, die kleineren – es waren auch zwei- bis dreijährige darunter, mit einem Elternteil. Die Kinder brachten ihre Stöcke und Stein-Säckchen mit und

nahmen zunächst auf den Hockern Platz, bis sich alle versammelt hatten. Dann begannen wir mit unserem Lied und dem ihnen schon vertrauten Schreittanz. Im Anschluß daran ließ ich sie um mich auf dem roten Kokosteppich lagern.

In meiner Vorbereitung hatte es mich einiges Kopfzerbrechen gekostet, eine Weise zu finden, um den Kindern die beiden Elemente des Kreuzes, die Vertikale und die Horizontale, nahebringen zu können – bis ich schließlich auf die Idee kam, daß diese Richtungen in der Natur ja vorgezeichnet sind:

das Gras, die Sträucher, die Bäume wachsen von unten nach oben – die Bäche die Flüsse, die Würmer, die Schlangen, die Mäuse bewegen sich auf der Horizontalen.

Ich knüpfte also mit den Kindern ein Gespräch an: »Habt ihr schon gesehen, wie frisch grün das Gras jetzt wieder wächst? – Habt ihr auch schon genau geschaut, wo es herkommt? – aus der Erde – und wie wächst es dann weiter? Die Kinder zeigen mit der Hand die Richtung. »So wächst das Gras.« Wir sprechen es zusammen, indem wir langsam die Bewegung von unten nach oben mit beiden Händen machen. Aus unserem Satz vom Wachsen könnten wir ein Lied machen, wer will mal versuchen, es zu singen? Sofort meldet sich ein Kind und singt in einfacher Pentatonik: mit dem Kuckussprung (kleine Terz nach unten) beginnend und zwei abwärtsführenden Ganztönen fortfahrend ist ein kleines Lied entstanden, das wir alle wiederholen (dreimal), immer mit den Händen der Bewegung von unten nach oben nachspürend. Auch die Blumen, die Sträucher und Bäume wachsen so, wissen die Kinder – wir müssen also einige »Lieder« singen, auf eine Anregung hin erfinden sie auch andere Melodien... Unsere letzte Überlegung war: »Wie wachsen die Kinder?« – und bei diesem Lied genügte natürlich nicht die aufwärtssteigende Handbewegung: wir standen auf und streckten uns. Denn groß werden und in die Höhe wachsen, das möchten alle Kinder.

Wenn ich eine Kindergärtnerin wäre – so dachte ich – würde ich die Kinder nach diesen ausgiebigen Streckungen im Stand zur Ruhe kommen lassen. Ich würde sie anregen, die Augen zu schließen, und in ihrem Körper von den Fußsohlen bis zu den Kopfhaaren der Bewegungsrichtung von unten nach oben nachzuspüren und es für diesen Tag genug sein lassen. Dann kann diese Erfahrung ausschwingen und sich »setzen«.

Nun aber waren wir bei einer Kreuzfeier und sollten weitermachen. – Die Kinder hatten von der Anhöhe, auf der wir wohnten, alle den Fluß unten gesehen. »Wie fließt denn der Fluß da unten, kommt der zu uns heraufgeflossen?« – »Nein, der fließt so!« zeigen die Kinder. Und so beginnen wir unsere Singspiele noch einmal in der Horizontalen: »So fließt der Rhein!« – »So kriecht der Regenwurm!« – »So krabbelt der Käfer!« – »So läuft die Maus!« – »Das Lied kann man noch weitersingen«, sagt ein kleiner Junge – »O, sing es uns doch vor!« und er singt: »So läuft die Maus aus ihrem Haus!«...

Als dieses Spiel sich zu erschöpfen beginnt, lasse ich die Kinder ihre Stöcke in die Hände nehmen und leite sie dazu an, einen Stock so zu halten wie die Bäume wachsen und den anderen so wie die Bäche fließen – »Das ist ein Kreuz!« sagen sie. Mit Hilfe der anwesenden Erwachsenen versuchen wir, die Kreuzgestalt festzuhalten. Ich hatte Bindfäden vorbereitet, mit denen wir die Stöcke zusammenbanden. Die Kinder legen die Ergebnisse vor sich auf den Boden...

Nachdem sich die mit der Tätigkeit verbundene Unruhe wieder gelegt hat, rege ich die Kinder an, ihr Kreuz vor sich einmal genau anzuschauen. »Und

jetzt macht einmal die Augen zu. Vielleicht könnt ihr euer Kreuz innerlich sehen? Gelingt es?« Manche können es, andere nicht. »Versucht es noch einmal, vielleicht geht es jetzt. Zuerst schaut euer Kreuz auf dem Boden an. Wenn ihr euch schön ruhig dabei haltet, könnt ihr besser sehen! Und jetzt schließt noch einmal die Augen ...« Wir versuchen es noch ein drittes Mal!
Darauf stellte ich mich mit ausgebreiteten Armen vor die Kinder: »Schaut einmal, was bin ich denn jetzt?« »Ein Kreuz« sagen sie sofort. »Bist du auch ein Kreuz? Komm, zeig es mal!« Und du auch? und du auch? – »Wir probieren es einmal alle!« – nachdem wir auch für unsere Entdeckung: »Ich bin ein Kreuz« eine Melodie gefunden haben, versuche ich, die Erfahrung der Kreuzgestaltigkeit ihres Leibes in den Kindern noch etwas zu vertiefen. Wir bilden zwei Reihen, so daß sich immer zwei Kinder gegenüberstehen. Mit ausgebreiteten Armen gehen sie aufeinanderzu, während wir singen: »Ich bin ein Kreuz – du bist ein Kreuz«, dann berühren die Partner sich an den Handflächen und gehen einmal im Kreis herum, dazu singend: »Wir sind ein Kreuz«.
»Jesus hängt auch so am Kreuz«, sagt ein Kind. Also nehmen wir diesen Beitrag auch noch mit auf: »Es ist, als würde Jesus zu uns sagen: ›Schaut her, ich bin auch ein Kreuz.‹« Eigentlich mußte das Auffassungsvermögen der Kinder erschöpft sein und die Pädagogin in mir regte sich: »Es ist genug.« – Aber der Erwachsenen-Gottesdienst war noch nicht zu Ende – und wir hatten ja noch die Steine! – Schließlich beschwichtigte ich »die Pädagogin«: – es geht hier alles so unangestrengt vor sich, ob die Kinder jetzt unter Aufsicht draußen spielen, oder wir hier noch etwas zusammenbleiben, das bleibt sich schließlich gleich.
Bei meinen Vorüberlegungen war mir der Einfall gekommen, mit den Kindern ein Kreuz zu begehen – als eine Art »Kreuz-Weg«, aber eben anders als gewohnt, weil ganz im Zeichen bleibend und auf dieses ausgerichtet. Deshalb hatte ich die Steine mitbringen lassen; ich wollte, daß durch sie begrenzt ein Kreuz-Raum mit vier Balken-Feldern und einem Mittel-Feld entsteht. Die Kinder sollten innerhalb der Felder von den vier Enden aus langsam in die Mitte schreiten – und wieder zurück. Ich weiß aus meiner eigenen Kindheit, daß mich singende Prozessionen, die jedes Jahr an den Bittagen und am Markus-Tag an unserem Haus vorüberzogen, sehr stark beeindruckt haben, und von meinen eigenen Kindern, daß sie im Alter von 4–6 Jahren mit einem Gesichtsausdruck, der innerste Beteiligung verriet, an dem dorfüblichen Faschingsumzug teilnahmen, und daß man ihnen in diesem Alter am Kindergeburtstag mit einem kleinen Umzug – womöglich mit Lampions – die größte Freude machen kann. Deshalb hoffte ich, mit dieser Kreuz-Begehung das Herz der Kinder zu erreichen. Und ich hatte mich nicht getäuscht: Sie geriet – ohne daß dies beabsichtigt war – zum Höhepunkt der ganzen Feier. Das Erlebnis läßt sich schwer beschreiben, aber die Kinder konnten sich in diesem Gehen innerlich so stark beteiligen, daß in ihrem Singen und Gehen eine starke innere Ruhe und Kraft anwesend wurde, die

wie eine geistige Macht für diese Zeit unserem gemeinsamen Tun eine andere Dimension öffnete.
Wir hatten für mein Vorhaben ein etwa 8 mal 8 m großes quadratisches Feld zur Verfügung. Ich hatte mir vorher schon die Felder ungefähr markiert und ließ die Kinder nun ihre Steine holen: »Wir wollen jetzt mit unseren Steinen ein großes Kreuz legen, hier auf dem roten Teppichboden.« Die anwesenden Erwachsenen halfen ein wenig zu dirigieren, und die Kinder legten emsig Stein für Stein. Das war eine willkommene hand-werkliche Beschäftigung, die ein schön entspannendes Moment darstellte. Am Schluß bestaunten wir das Werk – denn mindestens aus der Erwachsenen-Übersicht sah das Gebilde auf dem roten Untergrund und mit den Unebenheiten, die die Kinder eingebaut hatten, tatsächlich wunderschön aus. »Schaut, jetzt haben wir vier Wege gebaut, die wie Straßen in die Mitte führen. Wir wollen jetzt in diesen Wegen gehn und ein Lied dazu singen. Unser Lied soll heißen: O Kreuz, du heiliges Zeichen, wir gehn in deine Mitte mit jedem unsrer Schritte.« – Ich verwandte dazu die alte Kreuzlied-Melodie »O du hochheilig Kreuze«:

Text: Konstanz 1600
Melodie: Erfurt 1630

Aus: Magnificat Nr. 390, Gebet- und Gesangbuch, Regensburg

So gingen und sangen wir dreimal, hielten einen Moment inne und beschlossen dann unsere Feier mit unserem Anfangskreis.
In einer Kindergruppe, die täglich zusammenkommt, könnten die Elemente dieser Feier nach und nach erarbeitet werden. Sie könnten etwa zwei bis vier Wochen lang die Morgen-Besinnung bestimmen. Es ließe sich noch allerlei einfügen: zum Beispiel die Bezeichnung mit dem Kreuzzeichen – wie unvorbereitet wird sie oft mit den Kindern vorgenommen. Auch das Evangelium von Jesu Zuwendung zu den Kindern ließe sich in diesem Zusammenhang den Kindern nahebringen: »Ehe Jesus mit ausgebreiteten Armen am Kreuz hing, hat er vorher schon einmal die Arme so weit gemacht und gesagt: ›Kinder, kommt zu mir!‹ – Wollt ihr einmal hören wie das war? . . .«
Mit dem Kreuz als Heils-Zeichen läßt sich aber auch in Kindergruppen arbeiten, die dem Christentum entfremdet sind und ohne daß Jesu Namen

dabei genannt wird. Die Kinder werden es als wohltuendes Spiel begreifen, das sie mit einem Stück Welt-Wirklichkeit vertraut macht und ihnen gut tut, ja ihnen zum Heile-Sein verhilft.

Siegfried Hornauer

Brauchtum zur Osterzeit

Sicher kennen Sie Breschnew, L. I. Breschnew?! Dieser mächtige Mann hielt es für wichtig genug, auf dem 25. Parteikongreß der KPdSU im Rechenschaftsbericht des Zentralkomitees nicht gerade über Ostereier zu sprechen, aber »neue Riten für den Sowjetbürger« zu empfehlen, weil sie zur »Atmosphäre eines echten Kollektivismus und echter Kameradschaftlichkeit« gehören... Das neue, sozialistische Brauchtum bringt die für die Menschen bedeutsamen Ereignisse in kollektiver, symbolischer und ideologischer, bildhaft-emotionaler Form zum Ausdruck. Es erfüllt wichtige soziale, weltanschauliche und ideologische Funktionen. Riten verschönern nicht einfach nur das Leben. Das neue bürgerliche Brauchtum wird als einer der wichtigsten Faktoren der kommunistischen Erziehung der Werktätigen angesehen.

Ein weiteres Zitat: Einer der Vorkämpfer der liturgischen Erneuerung, P. Josef Andreas Jungmann S. J. schrieb: »Der religiöse Volksbrauch ist gewissermaßen die Weiterführung, die Fortsetzung der Liturgie über den Kirchenraum hinaus ins Volksleben hinein, ins Leben des Dorfes, ins Leben der Familie. Es ist eine äußere Zone, die sich überall dort um die Liturgie legt, wo Religion im Volk lebendig ist, von der Liturgie selbst dadurch abgehoben, daß darin nicht mehr die kirchliche Autorität führend vorangeht, sondern, daß es sich um spontanes Wachsen aus der Seele des Volkes handelt. Manche alten Bräuche werden absterben, wenn ihre Vorbedingungen nicht mehr vorhanden sind; dann müßten sich aber neue Bräuche bilden, selbst wenn es nicht mehr Volksbräuche im vollen Sinn wären. Solches Brauchtum ist notwendig als Stütze des inneren religiösen Lebens.«

Würde sich Breschnew sehr anstrengen müssen, um unser Brauchtum zu Fall zu bringen: der Krampus, der Knecht Ruprecht, der Schmutzli, das Christkindchen, der Osterhase, die Ostereier...? Was bedeutet uns unser Brauchtum? Das Brauchtum um das Osterfest zum Beispiel? Darüber zu schreiben bin ich nämlich eingeladen worden. Und zu schreiben über Ostereier und Eierfärben. Bis dorthin ist ein weiter Weg. Oder bleiben wir gleich bei den Eiern, bei den Ostereiern? Da sehe ich kein Problem. Man kauft Eier, Zitrone, Farbe. Die Farbe rührt man an. Mit der Zitrone reibt man die Eier ab, damit die Farbe die Schale färbt. Die Eier taucht man in die Farbe. Dann sagt man: »Das sind Ostereier«. Fertig. Die Farbe kann rot, blau, grün, gelb sein. Man kann sie auch bemalen, wunderschön bemalen und mit Versen versehen ... Man kann aber auch die Kinder zusammenrufen und ihnen zeigen: »Hier sind Eier, Zitrone und Farbe. Und jetzt beginnt das große Eierfärben!« Und alle schauen zu. Und alle wollen wahrscheinlich mitmachen. Wenn Sie gut genug Eier färben können und gut genug singen können, ei, dann singen Sie zum Färben: »Wir färben Eier rot und grün, und blau und gelb, wie die Blumen. Die Blumen hat der Frühling gebracht und die Eier auch!«

Natürlich gibt es da doch ein Problem. Wie, wenn die Kinder fragen?! Also, da gibt es eine wunderbare Antwort, sie klingt ein wenig umständlich, aber sie ist richtig: »Man muß sich geduldig dazu erziehen, ein neues Gespür für die vielfachen menschlichen Möglichkeiten der Freude zu bekommen, die uns der Schöpfer eröffnet hat, z. B. die leidenschaftliche Freude am Dasein und am Leben ...« Das ist entnommen aus dem Apostolischen Schreiben »Gaudete in Domino« von – Sie werden es vielleicht nicht vermuten – von Papst Paul VI.

Hat der Satz aus dem Apostolischen Schreiben, das der Papst zum Höhepunkt des Heiligen Jahres, zu Pfingsten 1975, geschrieben hat, etwas mit Ostereiern zu tun? Ostereier haben etwas mit der leidenschaftlichen Freude am Dasein und am Leben zu tun! Ostereier sind eine der vielfachen menschlichen Möglichkeiten der Freude! Allerdings fehlt uns meist das Gespür für solche Möglichkeiten der Freude. Darum muß man sich wohl ein neues Gespür dafür anerziehen. Es bedarf einer behutsamen und geduldigen Erziehung zu diesem neuen Gespür für die vielfachen menschlichen Möglichkeiten der Freude, die uns der Schöpfer geschenkt hat.

Ostern und Ostereier, einfach zur Freude! Natürlich kann man in den Eiern ein Symbol für das Dasein und das Leben sehen und in den bunten, buntesten, am schönsten verzierten Eiern ein Symbol für die Freude über das wiedererwachte Leben, das der Frühling mit sich gebracht hat. Man kann auch ein Symbol für den zu neuem Leben erstandenen Erlöser daraus machen. Wie Sie es den Kindern sagen, ist Ihre Sache, je nach deren Alter, Verhältnissen, Art des Lebens und Grad der religiösen Entwicklung. Wichtig ist dabei, daß Sie selbst dieses neue Gespür für die vielfachen menschlichen Möglichkeiten der Freude haben.

Die Eier kann man aufessen. Man kann sich aber zuerst an den Farben freuen, und an dem Ei ohne Schale und an dem Dotter im Eiweiß ... Haben die Kinder schon einmal gesehen, wie ein Küken aus einem Ei schlüpft? Man kann aber auch Eier austauschen, man kann aber auch Eier dahinrollen lassen, man kann sie auch um die Wette rollen lassen, man kann sie auch mit einem Löffel um die Wette von einem Teller in den anderen tragen – spielen kann man mit den Eiern! Man kann die Eier verstecken und sie suchen lassen. Man kann auch, wenn die Eier versteckt sind – hoffentlich hat niemand durch die Finger gespitzelt! – rufen: »Der Osterhase war da!« Und dann darf man erst suchen und finden.

Da haben wir ihn, den unvermeidlichen Osterhasen, der sich überall so in den Vordergrund drängt, mit Brille auf der Nase und Korb auf dem Rücken, der reihenweise in den Schaufenstern steht, glitzernd von lauter Flitter und Krimskrams! Der Osterhase, der so mächtig ist, daß er den auferstandenen Sieger über Tod und Teufel verdrängt! Der Osterhase, was ist er denn schon anderes als noch einmal ein Symbol für das Leben und die Fruchtbarkeit wie die Eier und die Blumen und die Vögel und die grünen Bäume und die Sonne, Zeichen für die Freude, die uns der Schöpfer schenkt und der Erlöser wiederschenkt! »Osterhasen vermehren sich wie die Karnickel«, sagte einer. Entschuldigung! Also Zeichen der Fruchtbarkeit. Aber wie es den Kindern sagen!? Das ist Ihre Sache. Aber keinesfalls sollten Sie sagen: »Der Osterhase war da und hat die Eier gebracht!« in der Absicht, die Kinder glauben zu machen, daß der Osterhase wirklich die Eier gebracht und womöglich vorher auch gelegt habe. Das ist nämlich Schwindel, Lug und Trug. Das tut ein anständiger Erzieher nicht! Wie soll man Ihnen denn sonst glauben, wenn Sie den Osterhasen vorschwindeln? Dann sagen Kinder eben: »Es ist gar nicht wahr, es gibt keinen Osterhasen, kein Christkind, keinen Nikolaus. Wer weiß, ob es überhaupt einen lieben Gott gibt. Die Großen lügen alle!« (Das hab' ich nicht erfunden!) Man kann also sehr wohl ein Eierversteck*spiel* spielen und rufen: »Der Osterhase war da!« Das gehört halt zur Spielregel. Der Osterhase ist halt auch ein Symbol für das Dasein und das Leben, das neue. Seit uralter Zeit. Niemand kann sagen seit wann. Man kann nur sagen, in diesem oder jenem Schriftstück ist zum ersten Mal vom Osterhasen die Rede. Mancherorts sagt man auch, der »rote Hase«, der Hahn, der Fuchs, der Kuckuck, der Storch, der Kranich, der Auerhahn, ja, sogar der Palmesel bringe die Ostereier.
Aber da sehe ich nun doch ein Problem. Es ist so, als feierten wir Ostern auf zwei Ebenen. Auf der Ebene des natürlichen Lebens und auf der Ebene des übernatürlichen Lebens. Das Ei kann man gerade noch als Zeichen für den Auferstandenen oder die Auferstehung Christi deuten, aber den Osterhasen und all das neue Leben in der Frühlingsnatur? Ja, alles ist ein Gleichnis, freilich! Aber der Papst sagt in »Gaudete in Domino«, dieses Gespür für die natürliche Freude sei eine der Voraussetzungen für die *übernatürliche* Freude. Die übernatürliche Freude ist die höhere Ebene, auf der sich dann *unser* Osterfest abspielt.
Ist es nicht ein erfreuliches Zeichen für die Lebendigkeit unserer Kirche, daß die Liturgie in Erneuerung begriffen ist? Nicht wahr, es wäre doch lächerlich, wenn man sich heute noch eine Osterbeichte auf einem »Beichtzettel« bestätigen ließe oder wenn man heute noch nach einer Osterbeichte dem Beichtvater ein Osterei, das *Beichtei,* in den Beichtstuhl reichte. Wie *sinn*-voll ist es aber, daß der Priester den Beichtenden nach der Beichte mit den Worten entlassen kann: »Geh hin in Frieden und verkünde in der Welt die Wohltaten Gottes, der dir vergeben hat.«
Freilich, wie aber dann verkünden? Aus dieser Frage könnte sich ein Brauch,

ein neuer, entwickeln. Etwa so ganz persönlich: Der Mann der gebeich. hat, kehrt heim zu seiner Frau, gibt ihr einen Kuß und sagt: »Du, ich habe gebeichtet. Der Friede sei auch mit dir!« Der Vater könnte ja auch seiner ganzen Familie seinen Frieden wünschen, den er empfangen hat. Wäre das so abwegig?

Wir brauchen neue Bräuche! Viele alte Bräuche sagen uns doch nichts mehr, deshalb *brauchen* wir sie auch nicht mehr. Dann sollten wir sie auch nicht mehr gebrauchen. Das ist eine wichtige Überlegung für die Erzieher jeglicher Art. Können wir den *Brauch* noch *brauchen,* dem gemäß man die Asche des Osterfeuers auf den Acker streut, um die Mäuse zu verjagen? Können wir den Brauch, die Pferde nach dem Osterritt durchs Kirchentor in die Kirche gucken zu lassen, noch brauchen? Sicherlich nicht! Aber wir brauchen Bräuche, nicht zu irgendwelchen erzieherischen ideologischen, propagandistischen, psychologischen Zwecken, sondern aus einem inneren Bedürfnis heraus! Wie sollen wir denn in der Welt, unsere Weise zu leben ausdrücken, unsere Wünsche für die anderen; Gottes Wohl für die Menschen verkünden?! Durch kleine Dinge, ganz kleine Dinge: z. B. das Kreuz an der Wand mit einem Blumenkranz schmücken, ebenso eine Osterkerze für die Familie, sie auf dem Familientisch bei den Familienzusammenkünften anzünden, das Osteressen festlich bereiten (Eier, Brot, Fleisch = neues Leben, Andenken an sein Leiden und Auferstehen), und natürlich einen guten Wein dazu! Also Ostermahl halten! Gemeinschaft feiern und Halleluja singen, und einander die Hände reichen und einander den Frieden des Auferstandenen wünschen, andere, vor allem die Alleinstehenden besuchen und einladen. Man muß ja nicht immer in der Wohnung sitzen, man kann ja den Osterspaziergang machen, den *Emmausgang,* vielleicht voll von Osterfreude, voll von Freude über Seine und unsere Auferstehung!

Man könnte auch, wie zu Weihnachten so auch zu Ostern, in der Familie eines der Osterevangelien gemeinsam lesen oder erzählen, Lieder singen, musizieren, Bilder betrachten, selber Bilder malen – die Osterfreude einfach sichtbar, hörbar, riechbar, schmeckbar und greifbar machen. Und darstellende Spiele ließen sich auch spielen! Das uralte Spiel vom Gang der drei Frauen zum Grab, um den Leichnam Jesu zu salben! Steht da die *Entmythologisierung* im Wege? Ich würde sagen: Was man aus dem Evangelium noch vorlesen darf, das darf man auch noch spielen! (Oder müssen wir warten, bis einer ein neues Evangelium geschrieben hat?)

Aber das sind Vorschläge, die sich im intimen Raum der Familie oder unter Erwachsenen und Jugendlichen verwirklichen lassen, mag man meinen. Aber wo hat der Kindergarten hier seinen Platz? Vor allem auf das darstellende Spiel möchte ich noch einmal hinweisen. Ob nicht unsere langweilige Palmprozession in der Pfarrei lebendiger würde, wenn wir mit den Kindern schon *Einzug Jesu in Jerusalem* spielen würden? Ob wir nicht schon drei Wochen vor dem Gründonnerstag mit den Kindern *Abendmahl* spielen sollten? Und wie ist es mit der tröstlichen Erzählung von Emmaus?

Fürchten Sie eine Vorwegnahme des Spieleindrucks? Wie oft muß man denn ein Märchen, eine Geschichte erzählen, und zwar immer in der gleichen Weise! Die Spannung der kleinen Zuhörer läßt nicht nach, bis ihnen die Geschichte nichts mehr sagt. Bis sie die Geschichte nicht mehr »brauchen«. Mit den Bräuchen ist es auch nicht anders. Wenn sie uns nichts mehr sagen, sollten wir sie einfach stehen lassen, ohne ihnen nachzuweinen. Aber neue Bräuche finden! Vielleicht erwüchse aus einem öfters wiederholten Spiel ein Brauch: *unser* Weihnachtsspiel, *unser* Osterspiel. Man muß sich also umblicken in seinem Lebensbereich, um zu entdecken, was noch an Bräuchen lebendig ist und das dankbar aufgreifen, von der Sinnwurzel der Bräuche her. Oder spontan neue Feierelemente erfinden, erschaffen und bei der Wiederkehr des Festes wiederholen, solange sie uns etwas sagen, oder solange wir durch sie etwas sagen, aussagen, ausdrücken, künden, verkünden können. Ist uns nicht eine wunderschöne Aufgabe gestellt, durch Spielen, Brauchtum-leben, -erleben und -schaffen, durch Festefeiern einerseits die Herzen, die Gemüter, die der Kleinen und die der Großen, zu *erfreuen,* andererseits aber die übernatürliche Freude zu verkünden, anzukündigen, Frohbotschaft zu verkünden? Glaube, Liebe, Hoffnung weckend.

Bildnachweis
Renate Friedländer 190, 192, 193, 195, 196, 197; Eleonore Gottfried-Massa 87, 88, 89, 92, 93, 94, 96; Walter Kettler 57; KNA 108; Archiv K. H. König 19, 40/41, 173, 174, 216, 221; Scala, Florenz 29; Knut Philipps 184, 187; Otto Ubbelohde, © Elwert Verlag, Marburg 48; P. H. Zumbrunn 117.

Hans Herbert Deißler, Karl Otto Frank, Solveig Jauss, Peter Chr. Kern, Christa Konietzko, Alexander Sagi

Der Freiburger Modellkindergarten

Herausgeber: Zentralverband katholischer Kindergärten und Kinderhorte Deutschlands e.V., Freiburg. 320 Seiten. Kartoniert

Dieses Buch bietet der Erzieherin und Sozialpädagogin unter dem Gesichtspunkt optimaler Gesamtförderung im Vorschulalter eine Fülle praktischer Anregungen für die tägliche Arbeit. Im ersten Teil werden das theoretische und didaktische Konzept des sechsjährigen Modellversuchs dargestellt und Fragen der Umsetzung in die Praxis erörtert. Einbezogen sind: heilpädagogische Arbeit, religiöse Erziehung, rhythmisch-musikalische Erziehung sowie das kindliche Sprachverhalten in Spielgruppen. Über die wissenschaftliche Begleitung wird berichtet. Stellungnahmen der Erzieherinnen und der Eltern, ein Kapitel über die beteiligten Kinder und Überlegungen zur Übertragbarkeit des Freiburger Modells auf andere Kindergärten bieten zusätzliche Hinweise für die eigene Arbeit. Der zweite Teil enthält unmittelbar für die Praxis geeignete »Projekte und Materialien«.